华章经管
HZBOOKS | Economics Finance Business & Management

本书是国家自然科学基金重点项目
（项目编号：71832007）的研究成果之一

赵曙明 ● 编

# 通达之道

江苏交通控股有限公司
经营管理案例集萃

## 图书在版编目（CIP）数据

通达之道：江苏交通控股有限公司经营管理案例集萃 / 赵曙明编 . —北京：机械工业出版社，2020.9

ISBN 978-7-111-66418-5

I. 通⋯ II. 赵⋯ III. 交通运输企业 – 投资公司 – 企业经营管理 – 案例 – 江苏 IV. F512.753

中国版本图书馆 CIP 数据核字（2020）第 160720 号

# 通达之道
## 江苏交通控股有限公司经营管理案例集萃

| | |
|---|---|
| 出版发行：机械工业出版社（北京市西城区百万庄大街 22 号） | 邮政编码：100037 |
| 责任编辑：孟宪勐 | 责任校对：李秋荣 |
| 印　　刷：北京文昌阁彩色印刷有限责任公司 | 版　　次：2020 年 9 月第 1 版第 1 次印刷 |
| 开　　本：170mm×240mm　1/16 | 印　　张：18.25 |
| 书　　号：ISBN 978-7-111-66418-5 | 定　　价：69.00 元 |
| 客服电话：（010）88361066　88379833　68326294 | 投稿热线：（010）88379007 |
| 华章网站：www.hzbook.com | 读者信箱：hzjg@hzbook.com |

版权所有·侵权必究
封底无防伪标均为盗版
本书法律顾问：北京大成律师事务所　韩光 / 邹晓东

# FOREWORD 序 一

　　江苏交通控股有限公司（以下简称江苏交控）是一家在交通基础设施建设与管理方面创造了大量"江苏奇迹"的大型国有企业，目前下辖子公司 34 家，拥有职工近 3 万人，总资产突破 5700 亿元，是名副其实的行业领头羊。近年来，江苏交控提出了"一主两翼，双轮驱动"的发展战略，以及"宽度一厘米，深度一百米，长度一千米，高度一万米"的战略思维，企业的综合竞争实力和持续发展能力得到显著提高，奠定了江苏交通大省、交通强省的地位。在江苏交控领导的邀请下，我带领研究团队多次走进江苏交控，深入调研、了解了江苏交控企业建设和管理创新的方方面面。本书就是在与江苏交控领导和职工深入交流的基础上创作的。

　　"问渠哪得清如许，为有源头活水来。"本书汇集的 20 多个鲜活的经营管理案例，全部来自江苏交控管理部门和基层单位经营管理的一线实践，每个案例都从不同的侧面反映了江苏交控如何以"交通强省、富民强企"为使命，围绕"建成具有国际视野、国内一流的综合大交通国有资本投资公司"为目标而进行的革新与奋斗。其中既有科学清晰的顶层设计，也有落细落小的基层创新，两者结合，对江苏交控的发展与创新进行了比较全面的阐述。

　　本书共分为六篇，分别为改革创新篇、品牌创建篇、投资融资篇、人才发展篇、风险防控篇、党建文化篇。整本书的布局安排反映了江苏交控"一主两翼，双轮驱动"的战略布局，提炼了江苏高速、营运养护、服务区商业模式创新等的先进经验，以及江苏交控作为省级投融资发展平台在投融资方面的大胆探索和优势。同时，本书还紧密围绕当前江苏交控的三大难题"钱从哪里来""人往哪里去""险从哪里防"展开的开拓性实践进行了总结和思考。

本书的编写得到了江苏交控各部门和各所属企业的大力支持，特别是蔡纳、陈刚、陈君、贡慧文、高峰、洪茹、蒋海晨、焦徐睿、林苗苗、刘路、宁卿、盛黎、孙林枫、孙仕云、宋江春、佟鑫、王二飞、武广传、谢晓旺、严向阳、叶恒红、尹蔚峰、于兰英、张泉、张西亚、张小林、张永飞、郑俊秋、郑志雨、周晓帆等在案例素材整理和撰写方面做了大量的工作。感谢江苏交控人力资源部的组织和协助，感谢佰德（中国）人力资源集团董事长高辉原先生的沟通和协调。我特别要感谢江苏交控董事长蔡任杰先生对此项目的重视和支持，感谢赵宜萱、周路路、秦伟平、李晋、李召敏、施扬、张宏远、曾颢、蔡静雯、张敏、李进生、李茹对参与写作的部门和下属单位提供的培训与指导，尤其是赵宜萱老师和周路路老师在案例撰写前提供了撰写案例的体例和要求。值得高兴的是，由赵宜萱、李茹、李进生、顾德军撰写的《现代"驿站"的华彩蝶变——江苏交通控股高速公路服务区商业模式创新之路》于2019年9月入选第十届"全国百篇优秀案例"。同时，我还要感谢机械工业出版社华章公司王磊、欧俊和张竞余在该书编辑和出版过程中的大力支持。

囿于眼界和视野的局限、精力和能力的制约，本书必然存在种种不足。对于书中的疏漏、偏差乃至讹误之处，敬请读者谅解。

南京大学人文社科资深教授、商学院名誉院长、博士生导师

赵曙明　博士
2020年元月于长沙

FOREWORD | 序 二

  本书由一群默默无闻的高速公路的维护者、经营者、管理者、服务者写下的"如何使江苏高速公路成为中国高速网上通达之道"的案例故事汇集而成。

  自1931年世界第一条高速公路在德国诞生以来，世界各国的高速公路伴随着世界经济的发展而快速成长。目前，高速公路已经成为联系各国不同区域以及不同国家之间最重要的交通纽带。

  江苏省是中国经济文化最发达的省份之一，江苏高速公路起步于1996年，当年11月28日，沪宁高速公路江苏段的正式通车，标志着江苏高速公路通车里程"零"的突破。此后，江苏高速公路建设也如驰上快车道的汽车，呈现不断加速的趋势。据不完全统计，目前江苏全省高速公路里程已达4830千米，密度居全国各省区之首。在江苏"十五射六纵十横"高速公路网络的背后，却是日益增长的维护、经营、管理的压力。

  成立于2000年的江苏交控是江苏高速公路最重要的管理者和维护者。作为江苏省重点交通基础设施建设项目省级投融资平台，江苏交控负责全省高速公路、铁路、机场、港口、码头等重点交通基础设施建设的投融资，全省高速公路的运营和管理，以及相关竞争性企业的资产和市场经营管理。目前，江苏交控运营的高速公路里程达4229千米，占全省高速公路通车总里程的88%。公司下辖34家企业事业单位，拥有员工近3万人，管养6024座高速公路桥梁、8座跨江大桥、132座特大桥、1659座大桥、4228座中小桥、3条隧道、349个收费站、94对服务区。

经过多年发展，江苏交控逐步构建了以综合交通基础设施为主体，以金融投资和"交通+"为两翼的"一主两翼"产业发展格局，逐步成为大型省级国有资本投资公司。2005年、2011年、2015年连续三届在全国干线公路养护管理大检查中名列前茅；2016年以来，又先后被评为"全国社会扶贫先进集体""江苏省优秀企业""江苏省文明单位""全国先进基层党组织""全国五四红旗团委"……

在这一系列荣誉的背后，究竟蕴含着多少令人难以想象的艰险曲折，究竟有多少鲜为人知的默默无闻者奋斗的故事，还有多少可供借鉴的成功与失败，或许，本书能为读者提供答案。

本书由六大部分组成，共收录江苏交控维护管理和运营的28个典型案例。

在第一部分"改革创新篇"中，读者可以看到江苏交控人立于时代潮头大胆改革、锐意创新的经验和做法，包括大力推进服务区转型升级，改革招标与采购管理体制，推进交通信息化建设水平的全面提升，大家从中可以深刻感受江苏交控人不断探索经营管理改革创新之路的执着，也能从这些探索中咀嚼出企业发展中的拼搏与进取的人文精神。

第二部分"品牌创建篇"，主要聚焦于江苏交控以营运管理高质量发展为抓手，创建"苏高速·茉莉花"和"苏式养护"两个蜚声全国甚至走向世界的高速公路管理养护品牌，这些案例从不同角度、不同方面向人们讲述了江苏交控不断创新高速公路运营、管理、维护的五个侧面。

第三部分"投资融资篇"，着重讲述江苏交控基于"一主两翼"的战略布局，着力破解"钱从哪里来"的经营难题，通过全国首家金融租赁公司成功上市、供应链金融模式的不断迭代创新、高速公路广告资源的整合融资等多个案例，全方位展示了江苏交控系统在金融创新和"交通+"上采取的大胆尝试和取得的丰硕成果。

第四部分"人才发展篇"，汇集了江苏交控如何创新年轻干部培养选拔机制、创新人力资源建设思维、改革人力资源管理体系，如何探索解决改革中模式创新和技术升级带来的人员转岗分流等现实问题的若干小故事。细细读来,大家可以感受到江苏交控人"聚英才而用之"的人才理念和对员工细致入微的人文关怀。

第五部分"风险防控篇"用四个案例,剖析了江苏交控如何成功有效地开展企业政治巡察,如何筑牢企业风险的"金字塔",以及在财务管理和运营管理风险控制方面开展的一系列创新尝试,这些办法、措施有效地解决了企业在经营中始终面对的"险从哪里防"的管理难题。

第六部分"党建文化篇"用四个案例,展示了江苏交控如何以"五力先锋"为依托开展扎实有效的党建工作;如何以"四通""八达""九道"的文化图腾为载体,创建"通达之道"企业文化体系;如何使用"五聚工程"打造自己的"家·船"特色文化;如何通过"员工食堂"这个小环节让员工健康生活、快乐工作。这些富有特色的企业党建文化,不但增强了企业的凝聚力、向心力,也为企业保持蓬勃向上的朝气,提供了强大的原动力。

纵观全书,正如各位作者所言,当前,随着江苏经济的转型发展,构建现代综合交通运输体系已经成为江苏省委、省政府"交通强省"的基本战略。面对高速公路行业的激烈竞争,面对社会公众不断增大的出行量和更好的出行服务期望,如何更好地提升道路安全、提升服务质量、提升通行效率始终是江苏交控思考的重大问题。

从书中使用纪实性手法的各个案例,读者可以感受到,江苏交控人在不断探索现代企业特别是高速公路科学化、规范化管理的道路上,有过困惑和迷茫,有过挫折和失败,有过痛苦和悲伤,但他们始终以江苏交控人特有的坚守、执着和努力,披荆斩棘、砥砺前行,不断书写中国高速公路史上一项又一项恢宏的业绩,不断描画迈向世界品牌的新蓝图、新征程。

"欲把苏道盘执手,终执练路当空舞。"在顶住高速公路雨雪雾霾保通畅的压力,经历取消收费站人员分流的痛苦,厘清经济效益和社会效益兼顾的追求,摸清如何防控企业风险等各类新情况、新变化之后,江苏交控人已经比过去走得更实、更稳、更快,由他们创建的崭新的通达之路,已经出现在江苏大地上!

愿本书的出版能让"同声者相求,同志者相好",也希望千万普通的出行者能通过本书,感知江苏交控人的成就,领略他们的风采,理解他们的工作!

南京大学人文社科资深教授、商学院名誉院长、博士生导师

赵曙明　博士

CONTENTS | 目　录

序一
序二

## 改革创新篇　　　　　　　　　　　　　　　　　　　　　　001

### 从"灰犀牛"到"新蓝海"
——江苏高速公路服务区经营模式创新变革侧记　　　002

### 现代"驿站"的华彩蝶变
——江苏高速公路服务区经营模式创新之路　　　　　016

### 羽化成蝶再高飞
——招标与采购管理体制改革创新　　　　　　　　　028

### 智慧高速入云端
——江苏高速公路信息化建设特色之路　　　　　　　039

### 梦里水乡　诗画江南
——全国高速公路首家园林式服务区打造纪实　　　　049

### 抬腿上云　跑步稽查
——"云端"港口稽查系统堵逃记　　　　　　　　　056

拓展渠道　交叉覆盖
　　——构建"互联网+"的ETC客户发展及服务模式　　062

## 品牌创建篇　　071

行苏高速　品茉莉香
　　——"苏高速·茉莉花"营运管理品牌创建　　072

打造走向世界的公路养护品牌
　　——江苏高速公路"苏式养护"诞生记　　081

敢问路在何方
　　——安全管理难题攻关记　　090

保畅之路如何走
　　——构建联动式"消堵消患"路网管控模式　　098

历经曲折得真经
　　——江苏高速公路养护工程排水路面技术及应用攻关记　　106

## 投资融资篇　　117

资源整合　投融联动
　　——三方协力破解"钱从哪里来"的难题　　118

改革驱动　转型引领
　　——全国首家金融租赁公司登陆A股主板市场　　128

拥抱供应链金融
　　——高速公路通行场景金融产品设计　　139

序幕正在拉开
——高速公路广告经营变革的新尝试 　　147

## 人才发展篇 　　157

"交控牌"年轻干部是这样炼成的
——创新型年轻干部培养选拔机制实践 　　158

五维驱动　五力支撑
——以"人才+"思维破解人才发展难题 　　172

破解"人往哪里去"
——多渠道转岗实现人尽其用 　　180

四段突破燃活力
——江苏现代路桥的人力资源体系改革探索之路 　　190

## 风险防控篇 　　201

三足鼎立筑防线
——企业风险的"金字塔"管控 　　202

巡察利剑到末梢
——国有企业开展政治巡察工作范例 　　209

多措并举，开创安全发展新局面
——聚力推进安全生产水平持续提升 　　217

问效风险管控
——高管中心财务信息化革新之路 　　226

## 党建文化篇 241

锻造五力先锋　铸塑卓越党建
——"苏交控·五力先锋"党建品牌建设纪 242

"四通""八达""九道"的文化图腾
——创建"通达之道"企业文化体系 250

开启心灵之门的"金钥匙"
——"四大工程"凝聚企业向心文化 259

快乐工作　健康生活
——员工小食堂做活"舌尖"大工程 270

# 改革创新篇

唯改革者进,唯创新者强,唯改革创新者胜。江苏交控准确把握时代发展脉络,在服务区建设、信息化建设、内部管理等方面采取了大胆有效的改革创新举措,改革成果有目共睹,企业面貌焕然一新。

# 从"灰犀牛"到"新蓝海"

## ——江苏高速公路服务区经营模式创新变革侧记

【内容摘要】　　本案例回顾了江苏交控转变服务区经营发展思路，大胆破除机制障碍，推进服务区商业模式创新转型，开展服务区硬件提档升级，实现服务区服务质量和服务区运营管理的经济效益"双提升"，探索出一条具有江苏特色、体现江苏交控特点的服务区经营发展之路的历程。案例呈现的探索服务区商业模式，积极引入社会资本参与服务区转型升级，拓展服务区运营的内涵和外延，实施一区一策、打造主题服务区等方面的成功经验和实践典范，对行业乃至国有企业推进供给侧结构性改革、落实国有资产保值增值的要求具有借鉴价值和启迪意义。

【关键词】　　高速服务区；转型升级；"双提升"

# 引　言

　　"九五"至"十五"计划期间，伴随着江苏高速两次建设高潮，江苏高速公路服务区逐步发展，形成了江苏高速公路服务区的初步格局和风格特色。然而，受管理经验、传统思维、运营人才队伍、体制机制等制约，长期以来，江苏交控管辖的94对高速公路服务区，服务设施较为落后，仅能提供简单的购物、餐饮、加油服务，经营处于长期持续亏损的状态。随着服务区软硬件设施的老化、人力资源成本的增长，亏损面有进一步扩大的趋势。国有资产的增值保值面临风险，且难以满足出行群众在服务种类和服务品质方面日益提高的品质出行需求。服务区经营的背后，隐藏着一头巨大的"灰犀牛"。

　　近年来，围绕国家"供给侧结构性改革"的要求，江苏交控积极落实供给侧结构性改革、交通强省战略和国有资产保值增值的要求，大力推进服务区转型升级，满足了出行群众多样化、品质化的服务需求，极大提升了服务区的经营效益，走出了一条具有江苏特色、体现江苏交控特点的服务区经营发展之路。服务区从2015年年底亏损2.58亿元，到2018年年底实现利润5600万元，三年净增利润3亿元以上，创造了令人瞩目的经营业绩，在国有资产经营管理上开辟了一片"新蓝海"。

## 一、案例背景

### （一）"吐槽"不断的服务区"老四样"

　　"开了半天车，本来想进服务区好好补给一下，结果里面啥都没有，不在饭点，服务区只有粽子和烧饼，烧饼店还提前关门了，粽子也没有煮好的。不加油、不休息的话，感觉不用停了。"

　　"开车去苏北，在服务区停留了一下，发现那里又旧又小，只有几个小型的铺位，卖些小吃、瓶装饮料啥的。厕所也小得出奇，好在卫生条件还可以。"

……………

几年前，随便翻一翻"大众点评"等主流旅游美食类 App，这样评价服务区的不在少数。在出行群众眼中，服务区典型的"老四样"就是：粽子、开水、加油站、厕所。其他业态难觅踪影，更别说满足群众高品质的出行需求了。

在原有的经营模式下，服务区的经济效益长期低下，国有资产面临不断失血的状况。一对服务区仅保安、保洁等物业投入一年就要200多万元。"现有体制下，服务区是不可能盈利的，能提供好基本服务就不错了。"当时大多数业内人士是这样判断的。

2015年年底，江苏交控曾经算了一笔细账，全系统服务区全口径成本核算下，平均每对服务区要亏损300余万元，全系统90多对服务区，每年亏损接近3亿元。"不谈盈利，只算保本，这就意味着服务区要比上年多赚3亿元利润。实体经济赚到3亿元，这是一件多么困难的事情啊！"当时的江苏交控服务区主管部门负责人如是说。

### （二）现实版"纳克斯贫困恶性循环理论"

服务功能不足，经营业态单一，经济效益不佳，管理趋于同质化，难以彰显江苏形象、体现地方特色、展现高速风貌……服务区存在的这些明显短板，引起了江苏交控领导层的高度重视。为此，江苏交控党委在广泛调研和征求意见的基础上，制定了服务区发展统领性文件。文件征求意见稿一出台，其中两条规定就引发了广泛争论：

"确保服务硬件提档升级。推进全系统10%以上的服务区整体改造；推进50%以上的服务区局部改造，包括停车场、卫生间等硬件满足发展需求。硬件改造经济适用，全面引入绿色环保服务区建设理念。"

"确保经营创新转型成效显著。全面实施多样化、品牌化经营转型；实行自营餐饮原辅材料、便利店商品等大宗物资的集中采购配送制度；实现自营、外包大众商品销售推行'同城同价'定价原则；全面施行以成本控制为核心的预算管理体系，力争三年内90%以上路桥单位服务区实现扭亏为盈。"

"现在，江苏交控对路桥单位效益考核非常严格，服务区长期以来就是亏损大户，我们再追加投入，亏损面可能进一步扩大，影响了考核结果，这个责任谁承担。"面对服务区改革，围绕"转还是不转，投还是不投"，很多单位领导有顾虑，持以上观点的不在少数。让大家困惑的是，正是服务区长期严重亏损，才造成了对服务区投入不足，导致公共服务设施建设滞后，经营者对商业提档也缺乏信心和决心。然而，没有硬件环境的提档和商业业态的转型，就难有经济效益的突破，这又要求经营者加大投入。这两者似乎是矛盾的，服务区运营也就陷入纳克斯贫困恶性循环理论中难以扭转的"死循环"。

## 二、不能守着金山银山"没饭吃"

### （一）服务区不能再亏下去了

2015年，江苏交控党委书记、董事长蔡任杰到任伊始，就深入考察调研江苏交控高速公路板块运营情况，特别了解了服务区经营情况。作为拥有多年企业管理经验的专家，在了解服务区经营效益情况时，他敏锐地察觉到，服务区如果再不转型升级，不仅会失去新一轮发展机遇，也会导致人民群众对服务区服务质量和运营能力的极大不满，更会加剧亏损。服务区转型升级时不我待、势在必行。在考察宁沪高速服务区时，蔡董事长果断提出崭新的思路："黄金通道要产生黄金效益""要打造一批在世界有知名度、在全国有地位、在江苏有影响的服务区，以更好地满足社会公众多样化、品质化的需求"。

新定位催生新理念。江苏交控党委进一步统一思想，提出服务区经营发展思路必须要从早期的"社会效益优先"，迅速向"以高质量发展为主线、以旅客满意为最大追求，同时更加注重国有资产的保值增值，全面深入推进服务区服务质量和经济效益的'双提升'"转变。

"双提升"以来服务区的效益情况如图1所示。

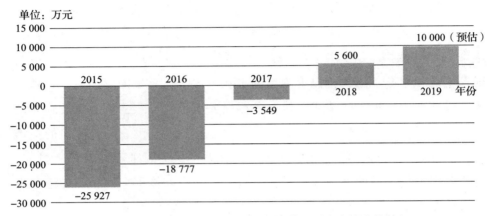

图1 "双提升"以来服务区的效益情况（完全成本核算）

### （二）这就是金山银山

近年来，随着自驾游、房车游、乡村生态游、民俗文化游、风情小镇游等新兴旅游业态的兴起，依托高速公路旅游出行的人越来越多。省内外中短途旅游出行的人群中，使用高速公路出行的比例超过了90%，这就是服务区刚性消费群体。

全国高速公路服务区消费力估算如表1所示。

表1　全国高速公路服务区消费力估算

| 序号 | 项目 | 数据 |
| --- | --- | --- |
| 1 | 油品收入 | >1 000亿元 |
| 2 | 商业收入 | >200亿元 |
| 3 | 从业人员 | 约20万人 |
| 4 | 商业收入超亿元的服务区数量 | 约10对 |
| 5 | 商业收入超5 000万元的服务区数量 | 约50对 |

具体到江苏省的服务区，这里有一组数据：

"17亿"。江苏高速公路网2019年出口流量预计达6.7亿辆，全年运送旅客约 17 亿人次。小长假旅游高峰期间，江苏高速公路网更成为旅客出行的首要选择。2019 年，仅国庆 7 天假期，路网出口日均流量就达到 320 万辆，峰值日均流量达到了 336 万辆，7 天累计运输以探亲、旅行为主要目的的出行群众近 1 亿人次。

江苏高速公路一年的客运量，相当于地球 1/5 以上的人口，是美国人口的 5 倍、英国人口的 25 倍、澳大利亚人口的 70 倍，其中旅游出行的人群占了相当比重，是一个巨大的商业消费群体。

"4 亿"。江苏服务区预计年接待旅客量达到 4 亿人次，其中阳澄湖、梅村、沙溪等服务区年接待旅客量超过 4000 万人次。这是一个什么样的概念，表 2 提供了一个参照。

表 2　2018 年全国机场年旅游吞吐量排行表

| 序号 | 机场 | 本年累计（万人次） | 同比增速（%） |
| --- | --- | --- | --- |
| 1 | 北京/首都 | 10 098.3 | 5.4 |
| 2 | 上海/浦东 | 7 405.4 | 5.8 |
| 3 | 广州/白云 | 6 979.0 | 6.1 |
| 4 | 成都/双流 | 5 287.7 | 6.2 |
| 5 | 深圳/宝安 | 4 943.9 | 8.2 |
| 6 | 昆明/长水 | 4 708.8 | 5.3 |
| 7 | 西安/咸阳 | 4 465.3 | 6.7 |
| 8 | 上海/虹桥 | 4 362.8 | 4.2 |
| 9 | 重庆/江北 | 4 159.6 | 7.4 |
| 10 | 杭州/萧山 | 3 824.2 | 7.5 |

一位来自专业经营机场商业的跨国公司拉加代尔旅行零售（上海）有限公司的高管感叹道：人流量超过 4000 万的机场，全国也仅有 9 座。年客流量达到 4 亿人次，一个省客流超过 4000 万的服务区就有好几个，这样规模的商机，我们想也不敢想。

"7.5/2200"。目前，江苏服务区入区顾客人均消费 7.5 元，而这一数字在"十二五"末仅有 3 元左右。上海迪士尼乐园 2018 年营业收入达 240 亿元，全年接待游客近 1100 万人次，人均消费近 2200 元。即使除去门票收入,其单客消费水平也是服务区难以企及的(见图2)。

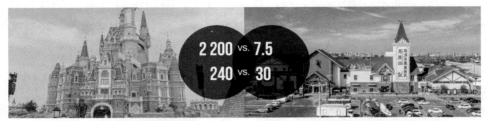

上海迪士尼乐园2018年营业收入达240亿元,全年接待游客近1 100万人次,人均消费近2 200元,人均消费是上海春节黄金周游客人均消费的两倍,已与部分亚太线出境消费水平相当

江苏交控所属90多对服务区年均接待旅客4亿人次,商业总收入30亿元,人均消费仅7.5元

图2 上海迪士尼乐园与江苏交控所属服务区的对比

尽管单客消费额还很低,但江苏交控人并不沮丧和失望,而是看到了新商业蓝海下的无穷潜力——与城市商业体要吸引人进入不同,服务区入区旅客数量相对稳定,经营具有一定的垄断性质,有快速消费的刚性需求。"如果人均消费达到50元,那么还有好几倍的盈利空间,相信通过我们的努力,这个目标很快就可以实现。"江苏交控服务区管理者信心满满地说。

### (三)思路一变天地宽

1. 把脉开方

如何把不可能变为可能?摆在江苏交控服务区经营管理者面前的,有两大亟待解决的课题。

一是面对"新蓝海""消费升级""流量经济",如何实现"流量变现""业态提质",把车流、人流变为企业现金流、效益流,满足出行群众品质化、多样化的旅途消费需求,同时实现经济效益倍增、国有资产增值?

二是面对"人民群众对美好生活的向往",彻底解决服务区老旧小、公共服务设施陈旧等老大难问题,如何让高速公路服务区搭上"服务升级"的时代快车?

对此,江苏交控认真分析问题原因,"号脉诊病、开方找药",探索出具有江苏特色的服务区发展之路。

2. 理念破局

"1+2+3"：理念的转变和创新很关键。自 2015 年起，江苏交控转变发展思路，先后出台了三套指导性意见。

"1"，即一个文件统一思想认识，解决"怎么看"的问题。2015 年，江苏交控印发《关于进一步提升高速公路服务区服务质量和经营效益的实施意见》，首次要求将服务区经济效益与社会效益同等对待，全面推进服务区运营管理"双提升"，明确发展思路，制订了发展计划，为全省服务区快速发展奠定了基础。

"2"，即两个文件阐述改革路线，解决"怎么办"的问题。2016 年、2018 年，江苏交控先后制定印发《江苏交通控股系统服务区发展 2016—2018 三年行动计划》《关于推进服务区高质量发展三年行动计划（2018—2020）》，通过一年打基础、两年抓提升、三年见成效的规划步骤，先后确立服务区转型升级"六项工程""十五个重点工作计划""六大重点任务"，拉开了服务区转型升级的序幕。

"3"，即探索创新三种商业模式，解决"怎么干"的问题。江苏交控立足实际，坚持一区一策，在全国率先探索创新三种服务区商业模式，具体如下。

一是以"平台+品牌"模式，尝试新型租赁形式。以苏通大桥服务区"平台+纯品牌"和仪征服务区"平台+品牌+自营"两个创新思路，尝试平台招租模式。

二是创新整体外包模式，同步考量"四要素和一办法"（以下简称四一法），即同步考量"改造投入和租赁资金、改造和经营方案、合作品牌档次、营运管理理念"和"科学监管办法"。招租时，从早期的以价格为主导，价高者得，逐渐过渡到 360° 综合考量，综合素质全面者得。

三是整体外包＋特定条件模式（平台拓展），凸显服务区品牌特色或文化特色。江苏交控尝试了两种形式。一种是整体外包＋品牌集成。比如，正谊、宣堡服务区要求市场上知名品牌占比达到 90%，本地特色品牌达到 10%，并指定部分核心品牌。另一种是整体外包＋文化特色。比如，在对外招标之前，沪宁高速阳澄湖、芳茂山服务区，就确定了阳澄湖服务区要按照"梦里水乡、诗画江南"主题，打造"一街三园"（观前街、留园、拙政园、狮子林）苏州园林特色服务区；芳茂山地处常州，有世界知名的常州恐龙园，因此芳茂山定位为世界首个恐龙文化主题服务区，以打响恐龙特色、地方品牌。

### 3. 机制破冰

江苏交控大胆破除机制障碍，提出试点打造江苏高速 2.0 版服务区的思路。仪征、苏通大桥服务区率先试水服务区商业模式创新和硬件升级。转型升级前，这两对服务区均采用简单自营的模式，经营业态单一且长期亏损。2015 年，两对服务区完全口径核算累计亏损近 1000 万元。

改革中，两家单位边干边思考、边干边摸索。针对用什么样的商业模式、激励机制如何创新、监管体系如何建立、人往哪里去等问题，召开了数次研讨会加以研究，最终确定以自有资金投入为主，在苏通大桥服务区实施"平台＋纯品牌"，在仪征服务区实施"平台＋品牌＋自营"两种创新思路，尝试服务区转型升级、商业创新改革试点。

2016 年，两对服务区采用"搭建平台，筑巢引凤"的方式，投入自有资金先后完成改造。改造后，星巴克、肯德基、谢馥春、百客户外等国际国内知名品牌首次入驻江苏高速服务区，服务区经营业态超过 14 种。仪征服务区日均营业额增加 96.33%，经营效益提升 81.53%，并在当年实现营业收入翻番。苏通大桥服务区日均营业额超 20 万元，同比增加 229%，当年实现营业收入 8690 万元，利润同比增长 226%。2018 年，苏通大桥服务区品牌商户营业收入近亿元，创造了服务区经营的"苏中奇迹"。

### 4. 借船出海

"十三五"以来，江苏交控结合国家混合所有制改革的东风，借船出海、借帆远航，积极引入社会资本参与服务区转型升级，很好地解决了

"钱从哪里来"的难题。

2016年12月,江苏宁沪高速公路股份有限公司(以下简称宁沪公司)经过对"资金、方案、品牌、理念"的综合评选,率先招标梅村服务区6年的经营权,创造了吸引1亿多元社会资本参与投资、188天完成改造的"梅村效益""梅村速度"。目前,新梅村服务区共有国内外32家品牌入驻,经营项目多元化、品牌化、国际化。2018年春运期间,其更创下了日接待客流逾26.7万人,实现单日营业收入超百万元的梅村新纪录!在经济效益大幅增长的同时,社会效益也提升了。改造后的梅村服务区向社会提供了近500个就业岗位,彰显了国企对社会责任的有力担当。

采用同样的模式,世界首座恐龙主题服务区——芳茂山服务区、中国最美园林服务区——阳澄湖服务区,于2019年先后惊艳亮相,迅速成为网红打卡地。

近年来,江苏交控通过经营权转让、经营场地租赁等多种形式,多渠道融合非公资本参与服务区运营,参与全省服务区运营的非公主体已经超过50家,"十三五"以来引入投资额达10亿余元,创造就业岗位13 000余个。目前已初步形成民营资本、国有平台合作共赢的局面,实现了"以资源换效率""向黄金通道要黄金效益"的目标。

5. 精准滴灌

江苏交控敏锐地觉察到,在征收模式的变革之下,未来高速公路服务区将更加开放、更加融合,要实现其高质量、可持续发展,功夫应下在商业之外。必须大力拓展服务区运营的内涵和外延,在服务水平、内部管理、"服务区+"、一区一策、主题服务区打造等方面实施精准滴灌。

2019年9月,在江西召开的服务区高级研修班上,江苏交控副总经理顾德军介绍道,未来江苏交控要围绕三大主题,着力打造特色服务区。

主题一:以山水为主题,体现江苏山水江南的灵动隽永。比如,东庐山服务区以山水为主题,以"服务区+旅游"为主线,串点成线,打造集自然山水风光、帆船基地、房车营地、集装箱民宿、集装箱酒吧、假日酒店等为一体的服务区，绘制出山水相融的"东庐美境"。

阳澄湖服务区（见图3）汲取吴冠中大师水乡水墨画灵感，借鉴苏州园林特色内涵，建有涵碧、荷风、木樨、修竹四座迷你园林，尽显苏州园林韵味。此外，阳澄湖服务区修建景观河道，采购江南百年古桥立于河上，在屋顶布置国内体量最大、高度最高的人工天幕，绘制江南水乡特色景观，最终达到"不入苏州城，尽览姑苏景"的目的。

图3 阳澄湖服务区

主题二：以人文为主题，展现江苏历史文化的源远流长。比如，将沙溪服务区主题定位为"都市海派，天下粮仓"，建筑以圆形粮仓为基本外形，立面以竖向金黄色的木质构件为主，杆件通过高低、横向渐变，达到风吹麦浪的动态效果，给人独特的记忆。停车区进行颜色划分，承载不同的设计主题，分别赋予"春播""夏种""秋收""冬藏"四个主题，表达五谷丰登的美好寓意。

将五峰山大桥服务区主题定位为"千年文明，东渡之旅"。以"鉴真东渡"为主脉络，体现服务区主题的国际新高度，借由这根主脉络串起早茶、漆器、古筝等一系列扬州当地文化，使服务区成为世界认识扬州的"窗口"。

主题三：以混搭风为主题，彰显江苏的传承与包容。将㴲湖服务区原建筑提档升级，主题定位为"春秋城堡"，新建部分的主题定位为"秋水长天"。设计上充分体现"以现代手法，诠释古典造型"的理念，呈现中国式"卢浮宫印象"，展现"落霞与孤鹜齐飞，秋水共长天一色"的优美意境。

将太湖服务区西区主题定位为"墨韵紫砂"，东区定位为"太湖听涛"，采用混搭式风格来展现服务区多元化的主题特色。西区建筑造型取欧式坡屋顶建筑的元素风格，打造稳健经典、契合紫砂古朴淳厚的建筑形象。东区主体建筑取贝壳的优美形态，展现"太湖听涛"的胜境。

阳澄湖、芳茂山服务区主题化营业后的变化如表3所示。

表3 阳澄湖、芳茂山服务区主题化营业后的变化

| 阳澄湖服务区"梦里水乡 诗画江南" | 芳茂山服务区"恐龙主题" |
| --- | --- |
| 服务区日均断面流量87 858辆 | 服务区日均断面流量107 779辆 |
| 自2019年7月18日正式营业后：日均入区车辆同比增长16.23%；日均营业收入同比增长189.83% | 自2019年2月21日正式营业后：日均入区车辆同比增长23.44%；日均营业收入同比增长204.95% |

## （四）转型升级显成效

### 1. 社会、经济效益双提升

江苏交控蔡任杰董事长以"四小四大"（小窗口、大民生；小空间、大舞台；小岗位、大作为；小实体、大效益）概括了近年来服务区"双提升"的成果。2018年7月18日，全国政协副主席、交通运输部党组书记杨传堂专题调研仪征服务区，给予江苏服务区发展成就充分评价。同年5月2日，《新华日报》在头版头条位置，以《小窗口、大民生 小空间、大舞台——江苏服务区，这样华彩蝶变》为题报道了江苏交控系统服务区转型升级、服务公众的创新成果。

自2015年年底开展"双提升"工作以来，江苏高速公路服务区已发展为百亿级规模的巨大商业消费、能源消费市场，服务区经营效益也显著提

升了，实现了"小实体、大效益"，为国有资本增值做出了突出贡献。服务区经营收入平均增长77.62%，营业收入增长75.6%，由2015年完全成本核算亏损2.59亿元，2016年减亏7150万元，2017年又减亏1.5亿元，到2018年扭亏为盈，实现盈利5600万元。预计"十三五"末，服务区经济效益会更加显著。

2. 实现三大变革

近年来，江苏交控服务区变化主要体现在"三个三"方面，在向省领导介绍江苏高速服务区发展经验时，江苏交控副总经理顾德军总结如下。

一是针对"三大痛点"，实现"三大转变"。针对服务设施老、整体形象旧，服务品质低、群众体验弱，盈利能力差、经营效益亏三个痛点，先后推进服务区发展由服务保障为主向社会效益、经济效益兼顾的"双提升"转变，由自主单一经营为主向市场化、多元化经营转变，由简单粗放服务向精细化、品牌化服务转变。

二是克服"三大难题"，催生"三大举措"。针对资金缺乏、人才缺乏、品牌缺乏三大难题，采取"借船出海，借帆远航"的资本运作战略，引进社会资本、创新资金运作模式，对服务区进行整体升级改造。采取"理念创新，模式变革"的商业转型战略，引进专业管理团队，有效化解了人才缺乏难题，创新了商业发展模式。通过运用"品牌引领，品质服务"的便民为民战略，一批主题服务区打造完成，服务质量和形象得到质的提升。

三是抓住"三大机遇"，产生"三大效应"。"十三五"以来，江苏交控紧紧抓住交通强省发展、体制改革转型、服务需求提升"三大机遇"，将服务区打造成为城市的延伸、旅途的驿站、文明的窗口、温馨的家园。服务区转型升级已经开始由面子向里子，在社会和经济效益上率先实现了突破。经济效应显著，国有资产保值增值效果明显。社会效应显著，为民出行服务措施扎实。品牌效应显著，商业业态更加多样化、品质化。初步形成服务区发展"江苏效应"，服务区"双提升"发展的经验在全国范围内引起高度关注、广泛认可。

## 三、启示

江苏交控服务区硬件提档升级，商业模式创新转型成效显著，公共服务能力满足了公众的更高需求，打造了自主品牌"苏高速·茉莉花"，实现了江苏交控服务区的"借船出海"。如何继续打造一批在世界有知名度、在全国有地位、在江苏有影响的服务区，以更好地满足社会公众更高的需求，还需要江苏交控人奋力探索、不断实践。

# 现代"驿站"的华彩蝶变
## ——江苏高速公路服务区经营模式创新之路

【内容摘要】———— 在我国社会主要矛盾发生变化,以及国家供给侧改革和发展交通强国的战略背景下,本案例以江苏交控高速公路服务区为研究对象,探讨江苏高速公路服务区如何通过商业模式创新,实现服务区经营扭亏增盈和服务质量的全面提升。案例对五对服务区所代表的三种商业模式及其独特之处进行了精要介绍,阐述了江苏高速服务区"江苏模式"的落地方式,以期从服务区商业模式创新的角度启发管理者思考。

【关键词】———— 商业模式;创新升级;江苏模式

# 引 言

2019年1月在江苏交控2019年度工作会议上，江苏交控党委书记、董事长蔡任杰提到，2018年，江苏交控高速服务区餐饮商超营业额达20亿元，租金收入达4亿元，实现经营利润1亿元，全年接待全国各地到访江苏高速服务区调研人员达2000余人次，在全国形成了"江苏模式"。回顾过去3年江苏交通控股高速服务区的发展，蔡任杰董事长感慨颇多。2015年，江苏交控90多对高速服务区亏损近3亿元，同时，交通运输部下发了《进一步提升高速服务区服务质量的意见》。如何实现服务区经济效益扭亏增盈和服务质量的全面提升，这对刚刚出任江苏交控董事长的蔡任杰来说是一个全新的挑战。

## 一、案例背景

2015年年初，面对江苏交控高速服务区经营亏损的实际状况和国家提升服务区服务质量的要求，刚刚上任的蔡任杰董事长对服务区开展了一系列实地调研。在调研过程中，蔡董事长发现，江苏交控高速服务区资源丰富，但资源利用率不高的传统经营模式制约了服务区资源效益的发挥。

### （一）问题重重，路在何方

调研结束后，蔡董事长主持召开了第一次服务区工作研讨会，与各所属单位负责人深入讨论目前服务区工作中存在的现实问题。

"改革开放以来，我国经济飞速发展，人民物质生活水平日益提升，出行人已不再只是客运、货运司机，大量私家车主成为服务区的服务对象。同时，无论是运输司机还是私家车主，他们对高速服务区的需求已不再是简单的吃饭、如厕、加油，出行人和出行人的需求发生了变化，而我们的服务理念和内容没有改变。"江苏高速宁靖盐经营发展有限公司（以下简称宁靖盐公司）负责人束经理首先从服务对象和服务内容上找问题。"随着物质生活水平的提升，出行人的需求变得多样化、品质化，服务要想跟得上，就需要加大经济投入进行改革，但我们不少服务区都处于经营亏损状态，不具备实施改革的条件。"宁沪公司负责人顾总提出目前发展存在的瓶颈。

经过讨论发现，目前问题主要集中在两个方面。①服务区服务质量：服务区整体环境卫生差，洗手间脏、乱且异味严重；节假日车辆高峰期服务区拥挤严重，秩序混乱；食品只有盒饭、粽子、鸡蛋等，种类单一且价格高于服务区以外的同类商品；服务区硬件基础设施陈旧，出行人使用体验较差。②服务区经济效益：江苏交控90多对高速公路服务区不少处于连年亏损状态，以仪征服务区为例，2013年和2014年亏损达600多万元。亏损带来的经济缺口影响了服务区的服务质量，两者恶性循环，阻碍了服务区发展。

研讨会后，江苏交控管理层对研讨会内容做了进一步梳理和研究，并于2015年9月下发了《关于印发〈关于进一步提升高速服务区服务质量和经营效益的实施意见〉的通知》（以下简称"双提升"方案），要求各所属单位认真学习，并结合自身情况提交服务区改革方案。

### （二）寻寻觅觅　确定方案

依据"双提升"方案的要求，江苏交控各服务区立即成立改革工作小组，从地理位置、地区经济发展水平、旅客类型、经营状况等方面对各服务区进行自我分析，同时赴我国包括台湾在内的其他地区及日本等的高速服务区开展调研。

经过调研，改革工作小组发现，高质量的服务区在延伸性服务和经营模式方面做出了新的探索，如我国台湾地区、日本等的服务区通过第三卫生间、司机之家等方式对服务质量进行细节提升，个别省份的服务区将餐饮和商铺等经营权部分外包，实现了服务区经营业绩提升，这给各改革工作小组带来不少启发。但工作小组也意识到，部分经营权外包存在商户品牌意识薄弱，片面追求经济效益而忽视食品卫生、公共安全等潜在风险，认为江苏交控高速服务区在改革过程中应在品牌意识和服务区监管等方面进行创新。

2016年年初的第二次服务区工作研讨会上，所属单位对服务区的改革方案进行了汇报，初步确定了服务区由"自营"向"自营+合作+品牌加盟""平台+监管""外包+监管"三种商业模式转型，提升服务区服务质量和经营效益的改革计划（见图1），并与来自全国和全省服务区管理、市场营销、商业设计等方面的资深专家就第三卫生间设计、服务区空间格局设计、品牌业态策划等问题进行深入交流。会上，蔡董事长要求各服务区围绕"双提升"方案中的差异化竞争战略和"一区一策"方针，创新"高速+、服务+、交通+"的理念，努力打造"布局合理、经济适用、服务规范、安全有序、生态环保、效益良好"的现代化服务区。

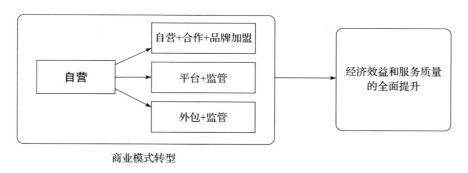

图1　商业模式创新思路

## 二、锐意进取，服务区的华彩蝶变

（一）仪征服务区："自营+合作+品牌加盟"模式

仪征服务区坐落于江苏省仪征市枣林湾，地处南京、扬州都市圈之间。改造前，服务区经营面积为3266平方米，硬件设施简单；经营采用自营模式，仅提供用餐、如厕、加油等基本服务，2015年月平均收益约118万元。

2016年仪征服务区围绕"美好宁扬，品位仪征"主题耗资700万元进行改造升级。在改扩建上，采用局部改造，没有"推倒重来"，更没有"破土出新"，最大限度地保留了原有建筑结构，改造后经营面积达4213平方米。在商业模式上，服务区没有完全转变"自营"的经营模式，而是在此基础上进行升级，打造"自营+合作+品牌加盟"的商业模式，按照"品牌、品质、品位"的要求，在招商引资和业态布局上下功夫，通过品牌引进、合作经营、品牌加盟等多种方法，充分挖掘服务区的商业资源，创建自主品牌，并与知名品牌合作，积极探索灵活的商业组合模式，形成多元业态互补共存的商业布局。改造完成后，服务区经营涉及餐饮、购物、汽修、加油、住宿、休闲、户外、工艺、家居饰品等16个业态，首月总营业收入同比增长53.32%。

更为重要的是，服务区在商业模式升级过程中，从社会责任出发，未对员工进行分流，在业态丰富的基础上进行机制创新，采取"底薪+提成"的薪酬分配体系，做到与社会餐饮、百货经营单位的薪资构成接轨。具体说，就是采取统一管理，尝试实行员工销售承包，绩效与营业收入挂钩，对员工岗位进行重新分配和调整，避免了转型带来的员工分流困境，充分调动了员工的主观能动性。"之后服务区进一步将四人承包转变为两人承包+使用小时工，进一步降低用工成本，实现两个人干四个人的事，拿三个人的工资。经过一系列机制的改革，员工人均月收入较同岗位增加了近3000元，这种员工销售承包新机制实现了员工工作满意度和服务区服务质量的同时提升。"服务区杨主任介绍道。

### （二）苏通大桥服务区："平台+监管"模式

江苏苏通大桥服务区位于沈海高速，紧邻长江北岸的国家级南通经济技术开发区，2016年9月转型前，服务区占地面积为105亩⊖，营业面积为

---

⊖ 1亩≈667平方米。

600平方米，硬件设施陈旧，布局严重落后，传统动线不合理；经营采用自营模式，仅提供用餐、如厕、加油、汽修等基本服务，业态仅限餐饮、便利店，2015年日均营业额仅为6.24万元，全年亏损400多万元。

2016年苏通大桥服务区耗资6000多万元开展转型升级，从基础设施改造来看，截至目前总占地面积150亩，总营业面积达9665平方米，新建货车、危险品车、畜牧车等大型车辆停车场，新增充电车位和残障车位，参照《城市公共厕所设计标准》（CJJ14—2016）新增厕所蹲位118个，极大缓解了节假日大流量期间驾乘人员如厕难的问题，为驾乘人员提供了更加便捷周到的服务。从商业模式来看，服务区实行"自营"到"平台+监管"的转型，实现了传统功能性服务到小型商业综合体的转变。本着"专业人做专业事"的理念，服务区委托专业咨询公司对服务区开展商业策划和招商工作，探索"保底租金+提点"的招商模式，选择综合评价优秀的企业参与经营，经营业态涵盖餐饮、便利店、免税店、户外休闲集合店、家纺等，满足了不同消费群体的多样化需求，日均营业额达20.54万元，2017年经营利润达473万元，2018年达559万元，服务区扭亏增盈。从服务区监督管理来看，为督促商户提升服务品质，服务区采用与商户"只签三年合同"的模式，以增强对商户的考核和筛选，并在此基础上成立首个服务区商业协会，加强对商户的监督与管理，督促各商户认真履行合同约定的各项责任和义务，确保服务质量。转型后的服务区，实现了服务能力、服务品质和服务水平三提升，司乘人员满意率达98%。

另外值得注意的是，江苏交控"双提升"方案推行后，各个服务区根据要求对厕所、停车场进行了升级改造，增加了免费Wi-Fi、手机充电站、ETC充值点等便利设施。普遍提升的同时能否满足旅客的细节需求？苏通大桥服务区从其地理位置和出行人方面找到了突破口。

服务区紧邻南通市经济技术开发区，开发区内日本和我国台湾地区的企业较多的特点要求服务区不仅要服务好大陆旅客，还要兼顾台商和国际旅客的要求。尽管国际知名品牌利润空间小，但为了积极开展国际化对接，提升服务体验，也为了充分发挥品牌效应以带动其他业态的发展，服务区在最终的招商决策中依然决定引入肯德基、星巴克等国际知名品牌，以期全面提升服务区的品牌形象和经济效益。此外，国际和我国台湾地区旅客对服务区公共卫生、公共环境的重视使得公司负责人在重视经济效益的同时加大了对服务质量进一步提升的关注，宠物临时托管区解决了私家车主公共区域携带宠物的乱象，"司机之家"应对了一些旅客对长途司机洗手间赤膊洗漱不文明行为的不满，使出行人休息环境更加和谐，服务区满意度进一步提升，初步实现了江苏交控"国际视野、国内一流"的战略目标，以及服务区升级改造系统化、管理精细化、经营差异化、关注顾客需求个性化和主题特色化的"五化要求"。

### （三）梅村、芳茂山、溱湖服务区："外包＋监管"模式

与仪征和苏通大桥服务区类似，梅村、芳茂山和溱湖服务区 2016 年转型前，从服务能力看，三对服务区仅涉及餐饮、如厕、加油、汽修等基本服务，人工成本高，硬件设施陈旧且布局严重落后。从商业模式看，梅村和芳茂山服务区以自营为主，兼有租赁经营，即餐饮、商品、加油为自营，小吃、夜间超市、汽修为租赁经营；溱湖服务区采用初级外包模式。从经营业绩看，芳茂山服务区 2015 年亏损达 250 万元，梅村和溱湖服务区凭借地理优势和经营优势，2015 年略有盈利，但利润并不算高。转型开始后，三个服务区均选择"外包＋监管"的商业模式，将服务区经营权整体外包给第三方企业，服务区仅负责对承包企业的经营过程进行全方位监管，同时依据"一区一策"的改革要求，三个服务区做出了不同的探索。

#### 1."梅村方案"之大型商业综合体

"时尚而特别的服务区玻璃外墙设计、巨大的 LED 屏幕、超市、咖啡店、面包房、美食广场、水果商店、工艺品店、服饰店，进入服务区，有种进入万达广场的感觉。"旅客王先生和妻子手牵手在梅村服务区悠闲地逛着。服务区中的"爱马仕"、"抖音"里的网红服务区，是现在出行人口

中的梅村服务区；流量最多、规模最大、效益最好是目前服务区业内人员口中的梅村服务区。梅村服务区如何实现从低盈利到经济效益大幅增长、旅客好评如潮的华丽转身？

2016年11月，梅村服务区率先开启"外包+监管"的改造转型之路。经过严格的招标程序，梅村服务区将经营权整体外包给民营企业嘉兴市凯通投资有限公司（以下简称凯通公司），同时由该公司负责服务区的改造工程并承担全部改造费用。从拆到建，梅村服务区和凯通公司齐抓共管，一气呵成，仅用188天时间，20 000平方米的现代化旅行综合体拔地而起。转型后，梅村服务区引进各类业态30余家，拥有汉堡王、猫屎咖啡、DQ冰激凌等国际品牌，品牌效应形成的同时，带动了服务区经济业绩的大幅增长，日营业额由改造前的29万元上升到50万元，充分显示了服务区超强的聚客能力和消费潜力。2018年，梅村服务区以4600万元的年租金收入加上自营油品利润，成为全国首个净利润近亿元的服务区。

如果说将服务区经营权整体外包为梅村服务区经济效益的提升开启了大门，那么梅村服务区管理层对经营的监管则为服务区经济效益和社会效益的提升做了最好的守护。在整体外包背景下，服务区虽然不直接涉及经营，但对风险防控能力提出了更高的要求。为避免服务和经营质量出现整体下滑，确保不发生整体服务品质下降和食品卫生及公共安全事件，梅村服务区一方面及时按合同约定理顺与承包企业的关系，清晰界定双方的权力和义务；另一方面着力调整管理架构，创新监管手段。在管理架构调整上，努力打造有执行精神、进取精神、主人翁精神、服务精神的监管团队，建立梅村监管人员与凯通管理人员按职责分工基础上的一对一沟通机制和互融互通交流机制；在创新监管手段上，既重视编制服务规范类、经营管理类、外包监管类等18本口袋书，夯实外包监管的制度基础，又积极探索基于"QQ群和微信群的痕迹化"管理手段。通过责任的划分和管理的细化，服务区力求有效防范系统性风险，努力打造"清""亲"型外包监管关系，积极探索外包监管经验。

2."与国企合作"之芳茂山恐龙主题

"这里有好多恐龙模型，还有恐龙休憩乐园、恐龙玩具'世界'，真有意思，我可以再待一会儿吗，妈妈？"第一次到芳茂山服务区的小旅客童童拉着妈妈的手央求道。与梅村服务区一样，芳茂山服务区由"自营"转型为"外包+监管"的商业模式，不同的是，芳茂山服务区通过公开招标方式将经营权整体外包给以打造恐龙文化主题为竞标方案的国有企业——常州龙城旅游控股集团（以下简称龙控集团）。服务区由龙控集团出资改造，并借助龙控集团在商业模式运营上的经验和常州恐龙园的主题特色，将服务区打造成为汇集餐饮、娱乐、文创产品和基础服务的"恐龙文化主题服务区"。通过空间环艺、VR光影科技、9D电影互动游乐、恐龙休憩乐园及沉浸式体验等形式，服务区将恐龙主题文化融入饮食、购物、休憩、娱乐等各类经营业态，挖掘体验式消费的潜力，同时开辟了文创产品消费的新路径。2018年6月改造完成后，服务区日均销售额在原来10万元的基础上翻一番，经营业绩扭亏增盈。

"我们当时选择龙控集团一方面是希望借助恐龙文化主题打造特色服务区，延长旅客进区停留时间，以增加消费，提升销售业绩；另一方面是考虑龙控集团作为国有企业有更强的社会责任意识，有利于我们提升服务区的社会效益。在后期的监管过程中，龙控集团的做法也与我们的预期相吻合，比如在服务区重建过程中，龙控集团特别重视消防安全，所有设计和施工完全严格遵守消防安全规定，从没有因为考虑节约成本而触碰安全底线，这是我们服务区风险防范与监管过程中最为重视的一环。为做好与芳茂山服务区的管理合作，龙控集团专门成立了由21名员工组成的管理团队，专门对接服务区的管理工作。通过与龙控集团的合作，服务区环境、卫生、服务均得到提升。又如，在品牌引进方面，龙控集团不仅考虑利润点，更考虑整个服务区的品牌高度，升级后的服务区经营业态达十几种，首次使必胜客、Costa进驻高速服务区，并使汉堡王、肯德基、必胜客三个洋快餐品牌齐聚一个服务区。"芳茂山服务区孙主任说道。

梅村服务区和芳茂山服务区巧借民企和国企力量，使民企的资本、经营模式优势和国企的资源优势形成巨大合力，通过经营权整体外包以零投入撬动上亿元建设投资，实现了服务区的改造升级。

3. "服务区＋旅游"之溱湖文化探索

溱湖服务区坐落于泰州市境内，毗邻国家 5A 级旅游景区——溱湖湿地。溱湖服务区原本的商业模式即"外包＋监管"，江苏交控推行服务区转型升级后，溱湖服务区依据自身的经营现状和地理优势，在保持商业模式不变的基础上对经营方式进行了升级。其依托溱湖景区，深入挖掘地方旅游资源，着力打造"服务区＋旅游"特色，拓展和延伸服务区功能，扩大交通服务供给，提升出行品质。

进入溱湖服务区大厅，顶部的水乡渔网装潢、室内悬挂的各种渔具以及二楼的"溱潼会船风情小镇"，无不蕴含着溱湖文化；各家店铺的仿真古屋、公厕隔墙的青砖灰瓦马头墙，时时渗透出溱潼古镇文化；服务区外场设立的宣传橱窗、灯箱，始终宣传着溱湖及溱潼古镇的历史文化。通过"三个文化"的打造，溱湖服务区的旅客变游客，在休闲购物的同时，也对地方文化产生了好奇。以文化为载体，溱湖服务区以"品牌化、特色化、品质化、多样化"对业态进行了重新规划，增加了猫屎咖啡、五芳斋粽子等知名品牌，开发"溱湖八鲜""老土灶"等特色菜肴和"泰州三麻"等地方特色商品，增设工艺品店、书店等休闲消费场所，拓展浙江皮草、南通纺织品等品类，以地方特色为引领，打造了服务区商业经营新模式。注入地方文化理念的商业模式升级使得服务区经济效益比升级前翻一番，日均销售额达 10.2 万元。

"商业模式升级后，我们也对监管方式进行了优化，推行四个全过程，即全过程参与市场经营、全过程参与日程管理、全过程参与人员培训、全过程参与安全管理，打造人员管理、区域环境、内业资料、公示内容、标志标识五个管理模块，探索智能化管理、信息化运行、云平台共享等未来发展路径，实现服务区硬件设施全面升级，服务内容增加，服务质量全面提升。"溱湖服务区束经理介绍道。

在文化植入、区域资源开发、特色管理改造理念的指导下，溱湖服务区着手与溱湖度假区签订"交通＋旅游"合作协议，设立旅行社网点，增设风景区门票销售及机票、火车票代购点，建设"溱潼会船风情小镇"，未来还计划开辟服务区至旅游景区的专线，增设自驾游房车营地等，力求将服务区打造成为地方旅游文化的窗口，在"服务区＋旅游"的发展规划上做着自己的探索。

### （四）改革创新显成效

1. 社会效益

实施"双提升"方案后，各服务区按照"统筹规划、因地制宜、适度超前、经济适用"的原则，对老旧服务区进行了改造。首先是服务质量方面，从硬件设施升级入手，对停车场进行扩容，并实行大小车分类停放；对公共卫生间进行提档，创新管理方法，彻底解决厕所地面湿滑、脏乱、通风不畅、布局不合理、照明不科学、无障碍设施不完善等问题，改造后服务区厕所统一按照旅游3A级打造，第三卫生间、母婴室等服务设施成为标配；从能源设施改造入手，对照明系统、用水系统进行升级，如部分停车场改用智能照明电灯、无积水环保路面，部分服务区加装太阳能停车棚方便新能源汽车充电，采用中水回用系统节约水资源；从安全设施入手，对储油罐区域进行围挡隔离，落实高清监控、出入区车牌识别、电子巡更等技防新手段；从服务延展能力入手，因地制宜地开展出行信息服务、网络便捷服务、苏通卡充值服务、旅游咨询服务、交通气象服务，提供母婴室、家庭卫生间、客运接驳等。各种设施的改造进一步提升了服务区的公共服务能力，为出行人提供良好的体验，服务区顾客满意度不断提高。

2. 经济效益

"双提升"方案实施以后，各服务区以"连锁化、品牌化、多样化、专业化"为发展目标，以"统一管理、专业经营、利益共享、风险共担"为经营原则，创新"自营＋合作＋品牌加盟""平台＋监管""外包＋监管"三种商业模式。从经营格局和业态来看，餐饮种类多样化，中式餐饮、西式餐饮、休闲小吃满足了不同群体的各种饮食种类需求；餐饮品质升级，肯德基、星巴克、罗森、合麦龙（与麦德龙合作的超市）等知名品牌进驻；经营种类丰富，商超、土特色产品、工艺文化品、旅游产品、文创产品、体验类服务等相继出现。从经营管理看，完善招商方案，强调对经营商"经营方案、经营理念、经营经验、品牌影响力、经营目标和收入提成比例"六个因素的比选，恰当地提高准入门槛，招商过程公开透明；引入竞争机制，同一线路各区之间形成"交叉竞争、差异经营、高低搭配"的经营生态，主营业态引入不同经营商经营，避免同一路线、同一主营业态由独家经营形成新的垄断；强化外包监管，细化外包合同，建立日常考核评价系统，强调外包单位的文明服务和诚信经营，重视各种安全风险的防范。从经营效益看，截至2018年年底，全系统服务区餐饮商超营业额达20亿元，租金总收入达4亿元，实现经营利润1亿元。

## 三、启示

经过近三年的努力，江苏交控部分高速公路服务区完成了硬件设施提档升级，商业模式创新转型成效显著，这些服务区通过合作、品牌加盟、外包和搭建平台等方式，实现了服务区经营的"借船出海"，打造了高速服务区的"江苏模式"，创建了"苏高速·茉莉花"自主品牌。然而长路漫漫，"自营＋合作＋品牌加盟""平台＋监管""外包＋监管"三种商业模式能否在江苏地区尚未完成转型升级的服务区甚至全国的高速公路服务区中推广？这三种商业模式是否有优劣之分？在服务区发展差异化竞争战略和"一区一策"要求的背景下，现有的三种商业模式还能做出哪些经营改进，能否探索出其他商业模式，江苏交控高层管理者正在奋力探索。

# 羽化成蝶再高飞

## ——招标与采购管理体制改革创新

【内容摘要】 本案例描述了江苏交控针对招标采购管理中分散采购、管办不分等问题,通过制定相关规章制度,建立独具特色的招标与采购电子交易平台,打造公共服务、采购、监管一体化信息系统,实行时限采购管理和操作执行各个环节的协调联动,整合系统内评审专家的资源优势,逐步探索出管办分离、集中采购的管理体制改革之路,形成了一系列管理体制改革成果,为公司高质量发展提供了新动能。这无疑是国有企业深化管理体制改革,促进企业又好又快发展的实践典范。

【关键词】 招标采购;管办分离;集中采购

# 引　言

在市场经济体制下，招标与采购是企业以公开、公平、公正的方式获得社会资源的重要手段，是企业合规经营、提高效率、降低风险的重要保障。江苏交控成立近 20 年来，已发展成为资产规模最大的省属国企，年采购规模近 60 亿元。

招标与采购在公司经营管理中的地位非常突出，但也面临着一系列问题。从自身角度来看，全系统招标与采购一直存在分散采购、管办不分、非公开招标项目管控欠缺、部分项目采购应招未招等问题，已经无法适应公司高质量发展的需求。从外部环境来看，国家和各省近年来都在积极推进实施招标与采购改革，陆续出台和修订一系列法规制度，进一步放宽必须进行招标的工程建设项目规模标准，鼓励采用电子化招标方式提升采购效率，赋予采购人更多决策权，以实现高效择优的目标。此外，公司的招标与采购管理新的政策方向和制度要求也不相适应。

面对这些新的形势和问题，江苏交控党委书记、董事长蔡任杰指出：我们要更加清醒地认识到，江苏交控招标与采购领域还存在许多不规范现象，在省委巡视、监事会检查、专项审计和党委巡察中，反映最多的就是这方面的问题。因此，采购管理体制改革是公司落实全面从严治党、加强廉政建设的必然要求。通过改革创新、制度设计、规范流程等手段，改变现有采购管理模式，解决招标采购中难点、堵点、痛点问题，既能完成省领导交办的任务，也能提升公司的管理水平。

## 一、案例背景

江苏交控在招标采购管理上设有采购工作领导小组，领导小组组长由江苏交控分管采购工作的领导担任，其他成员由江苏交控相关部室负责人、部分所属单位相关领导代表担任（见图 1）。

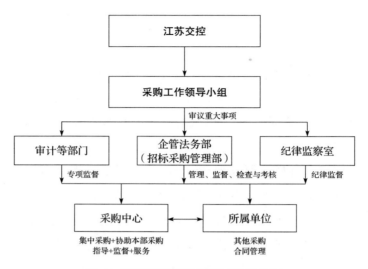

图 1　江苏交控采购组织工作示意图

企管法务部（招标采购管理部）是江苏交控采购工作的归口管理部门，并作为领导小组的日常工作机构，对江苏交控系统采购活动实施指导、管理和业务监督。公司设立采购中心，主要负责组织实施江苏交控系统集中采购活动、研究制定电子交易平台有关操作规程和管理规定等。

2017 年 7 月 25 日，江苏省委常委、省纪委书记蒋卓庆来江苏交控调研时专门要求，江苏交控每年这么多的采购任务，要把建立集中采购中心作为防范风险的重要措施。

2018 年年初，公司董事会审计与风险管理委员会照例听取上一年度公司主审会计师事务所的年报审计报告。报告中披露的管理类问题接二连三地指向招标与采购工作，一个个应招未招、不按规范招标、招后合同违规的问题暴露出来，白纸黑字地写在专项报告中特别引人注目。"这已经不是第一次出现的问题了，几乎每年都有招标与采购管理方面的问题暴露出来，而且还是审计查出管理类问题中占比最高的几大问题之一，公司对此应该给予足够的重视！"公司外部董事、董事会审计与风险管理委员会主任委员许长新教授严肃地说。

招标与采购管理，已经成了制约公司高质量发展的痛点问题。这一难题，摆在了刚刚转任公司企管法务部部长的丁国振面前。那一年，也是公司开展高质量发展创建一流企业三年行动的第一年，"对标找差 创新实干"是2018年的主题。抓住这一契机，大家开始调研学习，寻找破解难题的答案。当走进山东高速集团（以下简称山东高速）、浙江省交通投资集团有限公司（以下简称浙江交投）等同行业兄弟企业调研学习后，丁国振部长在回来的路上就和部门的同事交流起来：管办分离、集中采购，推动招标与采购管理体制改革，应该是唯一的出路。

## 二、招标与采购管理体制改革之路

### （一）集思广益定改革

改革势在必行。时间异常紧迫，全面对标、取长避短是推进改革的有效途径，企管法务部又先后赴国家电网有限公司（以下简称国家电网）、中国石油化工股份有限公司（以下简称中国石化）、安徽省能源集团有限公司（以下简称皖能集团）等企业开展实地调研学习。在中国石化，工作人员详细介绍了易派客电子商务平台。易派客是中国石化结合公司物资采购与供应实际建立的集采购、销售功能于一体的电商平台，采用"互联网＋"的运营模式，于2015年4月1日正式上线。"让采购更专业"的管理理念，更是让大家感触颇深。根据工作安排，企管法务部在调研报告和统计分析的基础上，对初步拟订的改革方案进行了进一步细化和深化。招标与采购工作政策性很强，改革工作邀请了拥有丰富实务经验的专业人员和第三方咨询机构，群策群力，多次商讨改革思路与方案。

作为公司重大改革事项，招标与采购管理改革得到了公司领导班子的高度重视。公司党委听取了招标与采购管理体制改革的专题工作汇报，最终形成"统一管理、管办分离、分级负责、分类实施"的改革思路。

（1）实行五个统一管理机制，即建立江苏交控全系统统一的管理制度，制定统一的操作流程标准，使用统一的评审专家库，使用统一的供应商库，在统一的信息化平台上规范操作运行。

（2）落实管办分离体制，即江苏交控层面招标采购管理部与采购中心实现管办分离，所属单位层面归口管理部门与业务部门实现管办分离。

（3）实行分级负责的管理体制，明晰各级管理职责，形成管理、实施、监督相分离的内控机制。

（4）按照四类实施。

1）达到依法必须招标标准且必须纳入政府招标交易平台实施的，由各单位按照法定程序实施。

2）列入江苏交控系统年度集中建设管理、集中采购计划的项目，各单位提出项目具体需求，由江苏交控统筹实施。

3）未列入集中采购计划，但采购金额达到一定标准的，由各单位在交易平台实施。

4）其他小额和零星采购项目由各单位自行组织实施。

在推动改革的过程中，公司着重考虑了"四个导向"。

一是政策导向。认真研究国家和地方关于招标采购管理的最新政策文件，邀请专家和第三方咨询机构听取专业意见，充分贯彻落实这一领域改革的最新精神。

二是问题导向。江苏交控系统的招标与采购工作的一些问题在省委巡视、监事会检查、巡察审计等历次检查中浮现出来，这些问题比较集中，也比较突出。在发现这些问题之后，公司又深入开展了基层一线调研，对招标采购情况进行了彻底的大数据统计分析，找准了问题根源。

三是对标导向。通过对标发现，同行业企业和大部分省属国企都在原专业部门的基础上组建了内部招标机构，加强了采购计划、集中采购管理，消除了原来分散采购以及分散于多级的传统管理模式，在降本增效、规范运作方面发挥了重要作用。采取统一管控，实施集中采购的招标和采购管理模式，已经被当前央企和基础设施投融资建设类企业广泛采用。

四是管理导向。招投标工作政策性、敏感性很强，业务范围广，操作流程环节多，公司招标与采购每年都涉及大量金额，在具体的实施过程中存在较大的廉政风险。为加强招标与采购廉政风险防范建设，促使相关人员廉洁规范从业，有必要对招标与采购工作进行改革，加大管控力度。

经过近一年的筹备，2019年4月15日，招标采购管理部和采购中心成立，招标与采购改革工作迈出了实质性、关键性的第一步。江苏省国资委副主任李秀斌在揭牌仪式上发表讲话表示："江苏交控的这次改革是符合企业改革方向的，这一轮国有企业改革中央顶层设计已经做得非常周密，关键在于落实，特别是在体制机制和市场化机制运作方面有更高的要求。很多的改革举措需要落地，像我们招标的环节、采购的环节属于企业围墙以内的改革，建立更加有效的机制，提高我们的效率，降低我们的成本，这都符合改革的精神。所以我觉得要表明一个态度，就是从国资委、国资监管角度，履行出资的角度，对江苏交控做出这样的一个改革决策是支持的。"

## （二）聚焦三个体制之"变"

### 1. 从分散采购到集中采购转变

改革前，江苏交控系统下属各单位一直自主开展本单位的采购工作，采购工作相互独立。在新的管理体制下，集中采购包括江苏交控系统集中采购和各所属单位集中采购，即实行两级集中采购，江苏交控系统内能够形成一定规模优势的大宗、批量且标准化程度较高的工程、货物、服务，通过集中采购有利于质量控制或节约采购成本的，列为江苏交控系统集中采购项目；各单位可以统一采购的项目，列为各单位集中采购项目。采用集中方式采购，以提高集约化采购的效益。

### 2. 从管办不分到管办分离转变

从招投标与采购管理职能部门设置来看，大部分所属单位都设有工程等业务部门，采购项目的立项、实施、支付等流程的决策权未能有效分离，缺乏制衡机制，有的单位未根据人员变动及时调整，对采购项目的审议流于形式，没有按规定对采购项目实施计划管理。在新的管理体制下，秉承"分置采购权力、强化监督制衡"的原则，成立招标采购管理部和采购中心，在江苏交控层面招标采购管理部与采购中心实现管办分离，所属单位层面归口管理部门与业务部门实现管办分离。明晰各级管理职责，形成管理、实施、监督相分离的内控机制，对采购活动的事前、事中、事后进行有效管理。

3. 对非必招项目的管理从无序到有序转变

江苏交控对所属各单位的非必招项目管控力度不够，各单位对相关政策和规定的把握不一，尤其是单一来源的采购方式，部分单位会扩大单一来源的适用范围。新的管理体制下，将所有采购项目分为四类实施：一是达到依法必须招标标准且必须纳入政府招标交易平台实施的，由各单位按照法定程序实施；二是列入江苏交控系统年度集中建设管理、集中采购计划的项目，各单位提出项目具体需求，由江苏交控统筹实施；三是列入集中采购计划，但采购金额达到一定标准的，由各单位在交易平台实施；四是其他小额零星采购项目由各单位自行组织实施。同时推行统一管理，建立江苏交控全系统统一的管理制度，制定统一的操作流程标准，使用统一的评审专家库，使用统一的供应商库，在统一的信息化平台上规范操作运行，加强对非依法必招项目的有序管理，确保招标采购工作规范、高效、廉洁开展。

### （三）开启三个管理之"新"

#### 1. 设立新机构

一是在组织领导层面，成立采购工作领导小组。由江苏交控分管招标与采购工作的领导担任组长，成员由江苏交控企管法务部、营运安全事业部、工程技术部、审计风控部、财务管理部、信息中心、采购中心等部室的主要负责人，以及高管中心、扬子大桥、现代路桥等所属单位的主要负责人担任。二是在监管层面，设立招标采购管理部。其与企管法务部合署办公，主要负责组织制定江苏交控采购管理制度；审核年度集中采购目录和计划；对采购管理工作进行监督、检查与考核；采购项目涉及的投诉事项调查与处理等工作。三是在操作层面，设立采购中心。其主要负责江苏交控系统采购电子交易平台管理与维护；集中采购活动实施；采购大数据分析；对所属单位采购活动进行业务指导、监督与服务等工作。采购中心办公地点设有主要功能区，设置两个电子开标室（1小1大）、1个电子询标室、3个电子评标室、1个洽谈室、1个监控室、1个公共服务区。采购中心场地建设将开标区与评标区物理隔离开，通过人脸识别技术、实时监控等对开评标过程全程监控，并支持不见面开标、远程异地评标等功能。

2. 制定新制度

根据管理体制改革需要，配套制定江苏交控系统基本制度、专项制度、操作规范三级规章制度，涵盖江苏交控、采购中心、所属单位等各管理、实施层面，做到有据可依、按章办事。形成《江苏交控招标与采购管理办法》基本制度，《供应商库管理办法》《评审专家库管理办法》《采购工作领导小组议事规则》《所属单位招标与采购管理实施细则》等专项制度，《江苏交通控股有限公司采购中心工作手册》《信息系统操作指南》等操作规范为一体的采购管控闭环制度体系。目前，《江苏交控招标与采购管理办法》《采购工作领导小组议事规则》《评审专家库管理办法》《供应商库管理办法》已正式印发；《所属单位招标与采购管理实施细则》由所属单位根据公司已印发的4个制度，结合各自实际制定；其他操作规范由采购中心和所属单位逐步制定，以满足开展各项工作的需要。

3. 建设新平台

根据本次招标与采购改革的总体部署，建立具有江苏交控系统特色的招标与采购电子交易平台，打造公共服务平台、采购平台、监管平台；在信息化建设方面可实现信息发布、招标采购、监督检查、价格分析、供应商管理等功能；在实体建设方面，可实现集中评标、实行全程线上监管、变声询标、网络开评标等功能。该平台为全面推行电子化招标、推广使用标准化采购范本、提高招标采购效率、建立公司的供应商库和评审专家库提供了信息化保障手段，实现对采购过程的可追溯性查询，为线上全面监管奠定了基础。目前，信息化平台建设已完成。

### （四）实施效果评估

招标与采购改革是江苏交控党委做出的重要决策，推进招标与采购改革必然要改变现有采购管理体制，必然触动现有利益格局，这是企业采购管理体系重构的过程，也是推动的难点所在。此次改革在提升专业化采购水平，提高工作效率，降低企业成本，保证采购质量，促进廉洁从业等方面发挥了重要作用。

一是采购价格更优。集中采购的规模效应很快显现。2019年公司开展了第一个集中采购项目——车辆保险集中招标，效果非常好，整体降低费用30%。作为公司2019年的"1号工程"，取消省界收费站的相关工作年底前要全部完成，时间紧、任务重、头绪多。尤其ETC门架钢结构项目是关系到取消省界收费站工作全局的基础项目，由于集中采购部署早、行动快，江苏门架钢结构采购单价相较其他省份低2万元左右，节省成本20%以上，既体现了集中采购的规模效应，也大大减少了所属各单位分散采购的工作量。在公务车辆的采购方面，包括轿车、商务车、小型客车等，经过采购中心与汽车厂商的洽谈，最终达成意向为公司提供最优的集团采购优惠政策，价格均低于2019～2020年度江苏省政府采购汽车协议供货公开招标价格。2019年专用皮卡车的采购，全系统共计采购75辆，最终中标价格为1261.6万元，较官方指导价节约135.6万元。2019年江苏省政府协议供货皮卡车折扣率为7.58%，而江苏交控集中采购各车型折扣率达到9.26%～10.58%。

二是采购流程更优。招标与采购改革遵循统一制度、统一流程、统一标准、统一平台的要求，利用现代电子信息技术，把管理、业务和监督嵌入流程，促进采购管理和操作执行各个环节的协调联动，实现采购活动的全程在案、永久追溯。在技术对接方面，紧扣"国际视野、国内一流"的定位不偏离，采用移动电子签章（手机盾）来实现日常采购活动中签章、身份识别及解密的需要。手机盾安全性极高，不依赖硬件密码芯片，用软件实现可靠的密码设备、密码运算将 CA 数字证书及签章集成在手机 App 中，通过扫码、人脸识别、指纹识别等方式实现身份认证与电子签名；摆脱了传统 CA 锁需随身携带的弊端，降低了使用成本，极大提升了用户体验感。在审核对接方面，完成供应商入库审核第三方系统天眼查对接工作，通过天眼查核实供应商的基本信息、财务情况、资质能力、企业业绩、企业风险等信息，并公示供应商信息来接受社会监督。

三是采购管理更优。公司立足自身，建设高水平的评审专家库。其目前已完成工程、货物、服务三大类覆盖 81 个类别 338 名评审专家入库登记，整合系统内评审专家的资源优势。坚持开放，高效率建设供应商库，制定了"供应商分类标准"，包括工程、货物、服务三大类 24 个类别和 110 个细类。遵循"宽进严管"原则，充分保护竞争，避免形成不合理门槛，目前已有 1539 家供应商完成备案登记。逐步完善信用评价模块、监督管理模块、数据分析模块，运用智能化系统进行多方审核；运用大数据分析，对标书之间的硬件信息、计算机机器码、软件加密锁码等进行"雷同性分析"，扼制围标串标行为。

## 三、启示

改革赋重任，无日不趋新。

江苏交控通过制定相关规章制度，建立独具特色的招标与采购电子交易平台，打造公共服务、采购、监管一体化信息系统，实行时限采购管理和操作执行各个环节的协调联动，整合系统内评审专家的资源优势，探索出管办分离、集中采购的管理体制改革之路，形成了一系列管理体制改革成果，为公司高质量发展提供了新动能。实践证明，推进采购改革必然要改变现有的采购管理体制，必然要触动局部利益格局，这是企业采购管理体系重构的过程，也是推动的难点所在，所以必须切实加强领导和沟通，形成合力，稳步推进。

# 智慧高速入云端

## ——江苏高速公路信息化建设特色之路

【内容摘要】——— 本案例描述了江苏交控针对高速公路信息化管理系统存在的共性问题，秉持开拓思维，大胆突破常规，探索创新发展，持续打造领先行业的云平台。案例呈现的基于公有云的高度统一的协同指挥调度云服务平台，真正将"互联网＋"、云计算、人工智能和大数据等理念落地，使之成为现实，极大地提升了路网管理的响应协同能力和公众服务水平，对全行业信息化建设产生了重要影响，起到先导示范作用，具有一定的学习借鉴和启迪价值。

【关键词】——— 云计算；公有云；调度云平台

# 引　言

信息化是新时代经济社会发展的主要引擎，信息化的浪潮正在迅速改变人们的生活方式以及各行各业的工作模式。相比之下，高速公路交通行业领域内信息化运用与建设显得相对滞后。在使用高速公路出行过程中，社会公众大多使用高德、百度等互联网公司提供的服务，而较少使用来自高速公路管理部门提供的信息服务。

江苏高速公路信息化建设起步较早，更多侧重于外场感知层建设。由于江苏高速公路是分段建成、分段管理的，之前信息化系统一直沿用分散建设模式，大多基于"路段维度"，各路段、各系统中的数据和信息难交换、难融合，高速公路指挥调度业务系统存在着信息不共享、操作不统一、业务不协同、数据不汇聚、生态不健全等问题。高速公路信息化建设成果的获得感低，服务的可达性差。这些问题既是江苏高速公路指挥调度系统的顽疾，也是全国其他省份高速公路交通管理系统中存在的共性问题。

## 一、案例背景

江苏高速公路的建设密度居于全国前列，路网车流量巨大。据不完全统计，全省每天高速公路上有近 200 万辆汽车在行驶，最高日流量已超过 370 万辆，每年高速公路指挥调度业务系统处理的交通事故等突发事件超过 10 万起。

2015 年之前，江苏交控仍然延续着传统经典的 IT 建设模式，即以硬件建设为主，重硬件轻软件，借助"硬件堆叠"搭建信息化系统。经过实践检验，该模式投入巨大且效率很低。为此，江苏交控决心进行大胆的尝试，即充分运用云计算技术推动业务创新，将信息化系统设计建设为"云平台"，通过"云"为各使用方提供信息共享与应用服务。

要完成这样一个史无前例的转变，面对的困难和挑战也是巨大的。江苏交控信息中心主任孙幼军认为,"我们信息化建设为什么会阻力重重、举步维艰,原因在于没有互联网的基因,缺少支撑互联网信息技术运用的环境和与之匹配的制度等方面。因此,推进信息化建设,必须解决好两大难题:一是扩大范围的安全问题;二是使用方法的环境问题。解决好困扰我们的这两大问题,是推进信息化建设的关键所在。"

## 二、云端高速的建设之路

问题找到了,建设的思路也就有了。2015年下半年,在江苏交控领导的大力支持下,经过信息中心全体成员的反复研究论证,企业信息化建设之路的发展思路逐渐清晰起来。选择云计算技术,努力构建一个"云上的、统一的、敏捷的、协同的"平台(见图1),才是企业顺应信息化建设发展浪潮,实现企业信息化管理与经营的必由之路。

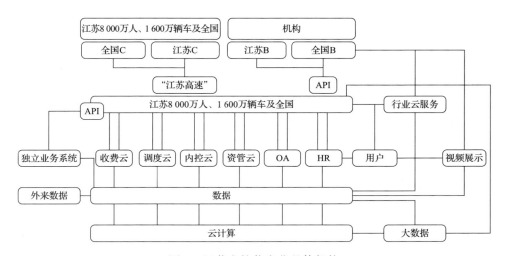

图 1  江苏交控信息化整体架构

### (一)基于公有云,打造全新业务平台

针对云平台建设究竟是选择"私有云"还是"公有云"的问题,信息中

心大胆突破常规的设计思路，选择了"公有云"。这在当时整个大环境下，显得不可思议。很多企业提起"公有云"都非常谨慎，普遍认为"公有云"不安全。由于自己没有掌握服务器，总觉得存在安全隐患。许多企业纷纷投入大量的人力、物力自建"私有云"。江苏交控信息中心则从不同的视角看待这个问题，认为"公有云"具有无可比拟的优势，与公司业务结合之后的"行业云"，更是企业信息化未来的发展方向。

信息中心比较了华为云、阿里云、腾讯云等多家国内知名的云平台，按照自主可控的原则，测试了上百个用于匹配业务场景的功能项，最终选定青云的公有云服务。青云是中国企业服务产业的独角兽公司，掌握先进的云计算服务技术，有希望成为全球顶尖的ICT供应商。通过使用"公有云"，江苏交控IT建设成本呈数量级下降，极大地节约了项目建设成本；建设时间大为缩短，建设路网指挥调度平台第一版上线仅用了三个月时间，就实现了可覆盖江苏全省路网的指挥调度业务；建设精力更为集中，企业无须关注硬件资源和基础平台的实现方式，而是把主要精力和资源集中在上层应用软件开发上，有利于新技术的应用创新；平台成长性得到保证，从IaaS层到PaaS层，再到SaaS层，公有云平台上的应用中心有了越来越多的应用服务。

信息中心成立三年，在没有购买任何硬件的条件下，江苏交控门户网站、财务管理、人力资源管理、综合管理、路网调度、工会、团青活动、在线学习等100多个大小系统在云端平稳运行。主机与容器数量约为600台，防火墙、路由器、交换机等网络设备的数量约为900台，各种类型的云端隧道约1000条，各种类型的安全规则约10 000条。信息中心主任孙幼军表示，"大家都认为公有云不安全，实际上恰恰相反"。信息中心曾经用专用工具对云平台进行透扫测试，结果平台抗住了两分钟内14万次攻击，这是所有被测单位里表现最好的，事实证明了公有云在安全方面的可靠性。

## (二)创新发展,输出"江苏智慧"

### 1. 初心不忘,匠心独具

2017年3月,江苏交控开始新建基于公有云的全省统一的协同指挥调度云服务平台(以下简称调度云),同年6月便上线试运行。调度云真正将"互联网+"、云计算、人工智能和大数据等理念落地成为现实,极大地提升了路网管理的响应协同能力和公众服务水平。

调度云是一个理念创新的"云服务",它"来自云,成为云",它以业务链为核心,依托丰富的云上先进技术与服务,深度提炼业务流程,它和管理体制、模式、架构解耦合,适用于所有高速公路指挥调度业务。调度云平台建设以"互联网+交通"为思路,采用"云、管、端"的总体架构和云计算技术应用架构(见图2)。

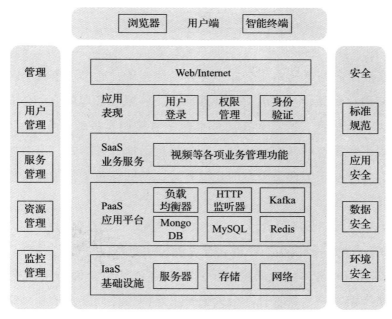

图2 调度云平台应用架构

平台应用的软件系统框架可用"四梁八柱"概括:"四梁"包括事件处

置系统、智能侦测系统、协调联动系统、统计分析系统;"八柱"指视频监控、情报板、语音、里程桩、综合路况、气象、单兵、视频对讲八大功能板块(见图3)。

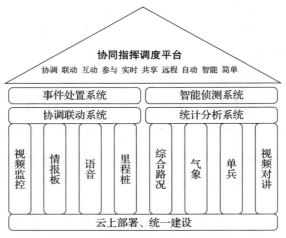

图3 调度云平台功能架构

调度云面向高速公路的全体管理者与使用者,通过一个云平台,直接服务于交通运输部、各省级交通管理部门、各路段管理单位、公安、路政以及广大社会公众,所有人在同一平台上直接调看资源、互动处置事件,真正实现了数据实时共享。调度云平台采用敏捷开发模式,不断增加新功能、新服务,基于公有云平台的建设方式,彻底颠覆了传统建设模式,并取得了显著成效。

2. 不鸣则已,一鸣惊人

调度云平台一经推出,便得到管理者和社会公众的充分肯定。

对管理者而言,目前调度云平台已经在江苏省全面应用,支撑4800千米高速公路网的运营管理,极大提升了路网指挥调度水平和一路多方协同能力。2018年处理事件超过10万起,平均到达时间为21分钟,平均处置时间为15分钟,处置效率和水平极大提升。相比传统建设方案,仅节省的设计费用就超过2000万元,节省数据中心建设费用数亿元。

对于公众来说，调度云极大地提升了驾乘人员出行体验，这无疑也是驾乘人员的一大福音。高速公路监控视频通过云平台集成后，只要关注"江苏高速"微信公众号，坐在家里就可以查看每一路高速监控视频，提前掌握路况，提前安排出行计划。在特殊天气条件下，还可以随时查询高速公路收费站是否封闭，这比以前盲目上路便捷很多。在互联网时代，"粉丝"数就是最好的证明，点击量就是最好的指标。目前，"江苏高速"微信公众号"粉丝"数已经突破百万，月活用户数超过20万，日最高访问量超过3500万。

2018年6月，江苏交控受邀出席世界智能交通运输大会，并向同业同行展示了调度云平台。现场一经展出便引起了行业内的高度关注，中央电视台新闻频道和中国财经报道分别对江苏交控调度云进行了报道，交通运输部和科技部的领导也亲临现场给予了很高的评价。交通运输部路网中心李作敏主任高度评价调度云，认为调度云在我们国家具有标志水平（见图4）。

图4　中央电视台报道调度云平台

大会圆满结束后，部分省同行前来江苏进行深度交流，也表达了想要复制应用江苏调度云平台的意向。其实，江苏交控起初使用云架构，就是希望调度云能够成为提供SaaS服务的行业云平台，通过互联网，利用云平台造福交通行业。本着开放、平等、协作、敏捷、分享的互联网思维，云平台可以实现跨地域、跨层级、跨组织架构的数据汇聚与共享输出，向系统内外不同性质的相关管理与服务主体和社会公众输出信息，创造巨大的社会价值。

3. 临时受命，不负使命

2018年8月31日，交通运输部公路局、路网中心在南京组织专题会议，要求发挥"江苏经验"，在原有基础上拓展建设"国家公路网运行监测管理与服务实验平台"，于"国庆"前实现G2京沪高速沿线视频的云上汇聚、分发。

江苏交控信息中心、江苏通行宝智慧交通科技股份有限公司（以下简称通行宝公司）、南京感动科技有限公司（以下简称感动科技）接到任务后，立即分兵多路，奔赴G2沿线京、津、冀、鲁、沪5省市9个路段公司进行调研和对接，迅速开展方案制订、桩号采集、网络对接、设备调测、平台开发等工作。面对视频格式混乱、网络架构不清、协调难度巨大的情况，在短短30天内，集中投入50人，行程超过2万千米，于9月30日中午成功实现G2全线1396路道路视频全部上云，并供各级管理部门及社会公众调看，"实验平台"第一阶段建设任务顺利完成。

2018年"十一"黄金周期间，交通运输部党组书记杨传堂，部长李小鹏，副部长戴东昌、刘小明等领导分别来到部路网中心，视察节日期间公路运行情况及"实验平台"建设情况。在部路网中心指挥调度中心大屏前，工作人员向部领导展示了"实验平台"有关功能，介绍了江苏调度云在高速运营管理以及社会公众服务的场景应用。部领导对"实验平台"的建设思路和阶段性成果高度肯定，对社会公众能利用手机实时观看道路视频的创新举措高度赞扬。"国庆"假期期间，"江苏高速"最高同时在线21.6万人，视频点击量超过1亿次。

截至目前，江苏交控的调度云平台已获得"数字江苏优秀实践成果奖""IDC 中国信息与数据转型领军者奖项""中国数字化转型与创新凌云奖"等多项大奖。

4. 追梦不息，前进不止

2019 年，调度云平台继续迭代升级，大力发展信息服务新生态，上线收费站开关状态定制推送、服务区高空瞭望与饱和度展示、高速气象服务和"一键救援"等多项拓展功能。深化一路三方合作，与省公安交警总队合作研发"快处快赔"，提供高速公路轻微事故快速处理入口，汇聚高速交警车辆实时位置信息。

调度云已经取得了令人瞩目的成绩，但信息中心主任孙幼军在接受媒体采访时表示，目前的调度云平台，只是完成了整体目标 30%～40% 的建设内容。下一步，要按照江苏交控领导的要求，持续打造"实用、管用、好用"的平台，继续为全国高速公路营运管理输出"江苏智慧"。

### （三）持续打造创新领先行业的云平台

随着调度云等云服务的应用拓展，江苏高速公路运营管理与服务智能化水平明显提升，并且大量减少了硬件与运维投入。江苏交控将原先花费在建设运维上的时间与成本转投到业务创新层面，实现了优质、快速、低成本打造最佳业务平台的愿景，已经取得丰硕的阶段性成果。

但随着信息化建设的深入，发展变革进入"深水区"，仍遗留的"分散式"模式、"烟囱式"架构，数据无法汇集和信息被遗漏、被分割的问题亟待彻底解决。因此，要突破传统思维模式，以创新思维应对变局，以战略思维引领变局，实现企业数字化转型，创造数字经济更大价值；以统一平台为抓手，以各类、全部、实时数据云上汇聚为途径，推动技术融合、业务融合、数据融合，打破壁垒，形成覆盖全面、统筹利用、统一管理的数据共享平台，实现顶层设计目标。

对于一个千亿级国企来说，转型力度如此之大、步伐如此之坚定，是非常罕见的。正如江苏交控蔡任杰董事长在谈到最初构建调度云平台的动力时所说的："首先，我们是在落实总书记和省委、省政府的要求，最大的动力是总书记提出'交通强国'，省委、省政府提出'交通强省'，省委娄书记提出'改善中国交通是最紧迫、最重要的事情'，这些要求激励我们围绕高速公路开展一系列的创新工作。其次，我们有一支特别能吃苦、特别能奉献、特别能攻关的信息化团队，坚持'以我为主，自主可控'，这是非常重要的。下一步我们会在体制机制上创新，更快、更好地推动信息化建设，引领企业高质量发展。"

## 三、启示

创新只有起点，没有终点。江苏交控将继续坚定不移地投身到信息化时代浪潮中，积极推进生产经营要素数字化、在线化、协同化，深入推进互联网技术、物联网技术和新型传感技术的应用，强化高速公路的车、路、环境等感知监测体系建设，努力让江苏交控早日驾上"调度云、内控云、收费云、服务云、资管云、党建云"这"六朵祥云"，在更高层次上实现智能交通的跨越发展和智慧高速在"云"中穿梭。

# 梦里水乡　诗画江南

## ——全国高速公路首家园林式服务区打造纪实

【内容摘要】——　本案例描述了宁沪公司践行"服务区＋文化""服务区＋旅游"理念，按照服务区经营模式转型"3+3"方案，以打造国内高速公路服务区新标杆为目标，依靠创新成功实施阳澄湖服务区改造，完美呈现以"一街三园"为原型，以"梦里水乡，诗画江南"为主题的全国首家园林式服务区的实践历程。本案例呈现的以文化立意，把企业文化的精髓，赋予服务区以文明之路、温馨之路的文化内涵，打造旅游文化特色服务区的成功经验，为全国高速公路系统推动服务区供给侧改革，实现高质量发展，提供了有益的借鉴和参考。

【关键词】——　供给侧改革；宁沪高速；"服务区＋"

# 引　言

2016 年，江苏高速公路服务区开启了全面升级的步伐。2016 年 10 月，宁沪公司管理层集体审议并通过了宁沪高速服务区经营模式转型的"3+3"方案，宁沪公司 6 个服务区升级改造和经营转型大幕拉开。2017 年 4 月 16 日，江苏交控党委书记、董事长蔡任杰在宁沪公司芳茂山服务区调研时指出，服务区的升级转型要实现"升级改造系统化、管理精细化、经营差异化、关注顾客需求个性化和主题特色化"的"五化要求"。2017 年 11 月 8 日，宁沪公司率先启动升级改造的梅村服务区以全新面貌开业。2 万平方米的现代旅行商业综合体、丰富的业态品牌，赢得了社会广泛赞誉，一年时间接待省内外参观考察团 100 余批次。

如果说梅村服务区的主题是现代商业综合体，那么对于过去知名度更高的阳澄湖服务区来说，要实现继续引领全国高速公路服务区目标，这次改造又该用什么主题来体现特色化，用什么理念赋予其灵魂呢？

## 一、案例背景

阳澄湖服务区位于苏州市工业园区唯亭镇，地处京沪高速公路（G2，江苏段 K1153+609）和沪蓉高速公路（G42）重合段，西距苏州市 13 千米，东距上海市 65 千米，北倚风景宜人、碧波环绕的阳澄湖。服务区于 1996 年 9 月建成并投入使用，2005 年 5 月进行了改扩建。改扩建后的阳澄湖服务区占地面积 480 亩，主线断面交通流量 9.5 万辆，日均入区车辆 1.2 万辆。2015 年和 2017 年，服务区连续两次被评为"全国百佳示范服务区"，2009 年被评为第三届"江苏交通十大服务品牌"，2010 年被评为"全国交通运输行业文明示范窗口"。

在江苏交控系统这一轮服务区升级转型启动之前，江苏交控蔡任杰董事长多次指出："要打造一批在世界有知名度、在全国有地位、在江苏有影响力的服务区。"江苏交控系统内服务区纷纷响应，仪征服务区、溱湖服务区、郭村服务区、大丰服务区……一个个升级转型、华丽变身的成功案例，绘就了江苏高速路网上一道道夺目的风景，阳澄湖服务区就是其中最为精彩夺目的篇章。

## 二、服务区里的江南水乡

阳澄湖服务区地理位置优越，阳澄湖大闸蟹享誉全国。在全国服务区行业中，阳澄湖服务区也向来颇有名气。在新一轮的升级转型大潮中，继续代表江苏领跑全国高速公路服务区，势在必行，更是使命必达。如何实现这一目标，宁沪公司管理层开始了探索之旅……

### （一）定准主题基调

"苏州有什么？苏州最有代表性的景观是什么？"时任宁沪公司总经理的顾德军在经营层会议上抛出了这个问题。"是评弹""苏州有昆曲""苏州有江南园林"……一个个答案直指代表苏州历史文化传统的经典元素。建设思路逐渐清晰，把园林复制进服务区，让顾客在快行中慢享，在园林中消除旅途的疲惫；景观以园林为载体，以苏州观前街为原型进行商业布局，让游客在服务区体验漫步苏州古城的美妙风情。2018年年初，经过反复酝酿和构思，一个交通融合文旅概念，把阳澄湖服务区建成国内首个园林主题服务区的构想正式成型：升级改造围绕"梦里水乡，诗画江南"这个主题展开，以"一街三园"（观前街、拙政园、留园、狮子林）为蓝本设计，打造具有浓郁姑苏韵味的园林式旅游主题服务区。至此，宁沪公司对阳澄湖服务区改造这篇"命题作文"的标题正式拟订。

### （二）创新建筑风格

2018年4月，就在改造动工前，宁沪公司进一步优化改造方案，开创性地将江南民居元素运用于大型建筑设计，实现了古典与现代的完美融合。服务区主楼外立面以著名画家吴冠中江南水乡水墨画的抽象线条为元素，营造了粉墙黛瓦的人字坡天际线，通过门前大型水景的布局和宅前屋后的绿化点缀，用连绵起伏的 260 米的黛瓦白墙和错落有致的飞檐翘角勾勒出中国水乡的"如诗梦境"。主楼正门口两侧名为"涵碧"的镜面水池，面积达 1800 平方米。粉墙黛瓦、飞檐翘角倒映水面，恬淡静谧的江南水乡之风扑面而来。

### （三）复制枕水长街

"君到姑苏见，人家尽枕河。"室内长街，小桥流水，娓娓诉说着吴中大地的滋润温和，咏唱着苏州文化的隽永绵长。服务区主楼内一条长 140 米、名为"文渊河"的景观河贯穿东西，河道上架设了 5 座沟通街区的桥梁。其中，两座石桥来自苏州乡间，拥有近百年的历史，由专业人士拆解、编号后到现场按照原貌复原。河道南北的沿河街区，各类商铺鳞次栉比，商铺建筑造型古色古香。在街区上方，是高 14 米、总面积 7000 平方米的人工天幕，是目前国内体量最大、高度最高的人工天幕。置身街区，顾客犹如置身苏州繁华的观前街。

### （四）取景江南园林

"不到园林，怎知春色如许？"苏州古典园林成就了理水叠山、移步换景的妙趣，连接了直通历史文脉的深邃。把园林搬进服务区在国内服务区建设中绝无仅有。阳澄湖服务区园林面积达 1 万平方米。"荷风""修竹""木樨"三处园林曲径通幽，映带在主楼背后。在荷风园，旅客可以饱览拙政园的疏朗自然；在修竹园，旅客可以探寻狮子林的假山真趣；在木樨园，旅客可以品味留园庭院小品的精致风雅。许多旅客兴奋地表示：对没有游览过苏州园林的人来说，阳澄湖服务区简直就是免费的苏州园林"一日游"。改造完成后的阳澄湖服务区，每天进入园林游览、休憩和拍照留影的旅客人流如织。

### (五) 融入传统文化

在阳澄湖服务区的改造中，建设者将"服务区＋文化"理念和江苏交控"通达之道"的企业文化落到实处。在寸土寸金的商业区，服务区设置了传统古戏台，邀请艺人表演昆曲、评弹等经典曲目。每一次表演，都吸引了大量旅客驻足观看。服务区还建设了面积达3000平方米的非物质文化遗产展示馆，现场展示苏绣、缂丝、宋锦、核雕等苏州非遗技艺和非遗作品，供旅客免费参观，感受非遗的精湛工艺和匠心神韵。阳澄湖服务区升级后投入运营以来，非遗馆在常态下，每天参观人数近800人，重大节假日最大日参观人数更是达到1800余人之多。"在服务区建非遗馆？行色匆匆的旅客有人感兴趣吗？会不会浪费？"事实胜于雄辩，如今真实的数据很好地回应了设计之初很多人的疑问和担心。

### (六) 兼具科普娱乐

有了文化，怎能缺科技。创新不止的建设者在服务区建设非遗馆的同时，又在服务区专门建设了同样有3000平方米的科技体验馆。该馆由科普长廊、VR体验、机器人表演三大部分组成。在二楼江苏第一家机器人餐厅，15个机器人每天在有条不紊地为顾客提供传菜、送菜服务。配备了新风系统、智能人流引导系统、实时异味监测系统的智能公厕也是科技元素十足。智慧指路牌、3D全息旋屏等科技元素让旅客惊奇连连。服务区随处可见的科技元素，让服务区一系列颠覆传统的设计不仅叫好而且叫座。拥有19台VR机的科技馆每天吸引约1200人入馆，重大节假日单日人流更是超过2500人。

### (七) 尽享南北风味

阳澄湖服务区拥有各类业态品牌近50个，汇聚了无锡小笼包、吉祥馄饨、麻辣烫、云南米线、驿品鲜等东西南北中各式美食，让顾客在服务区就能"寻南北美食，品东西味道"。改造后的服务区除传统的餐饮、零售业态外，还新增了休闲娱乐和文化服务类业态，非餐饮类业态占比超过65%，打破了服务区业态布局的传统，对业态布局、组合进行了大胆的尝试。下一步，服务区还将跟阿里、腾讯、京东、抖音等开展合作，引入网红业态和网红商品，打造线上线下深度融合的消费新体验。

### （八）建设成效显著

酒香不怕巷子深。从2019年7月18日阳澄湖服务区改造完成投入运营后，运营至今，服务区累计接待国内外、省内外各级各类参观考察团181批次、3742人次。在抖音平台，旅客自发拍摄的关于阳澄湖服务区的短视频不计其数，单条播放量最高的更是超过了400万次。《新华日报》《人民日报》海外版专门对宁沪服务区，特别是阳澄湖服务区进行了专访。东日本高速公路工程公司也慕名前来，盛赞服务区规模大、品质高、管理强、服务优，某些方面超越了日本服务区，是他们见过的最具魅力的服务区之一。我国台湾地区TVBS电视台对服务区进行了一天的采访，多角度、全方位在岛内宣介阳澄湖服务区。2019年10月13日，中国公路学会在全国服务区中评选出的5家"高速公路旅游主题服务区"，阳澄湖服务区赫然在列。11月中旬，中国公路学会还在阳澄湖服务区举行"最美园林文化服务区"命名和揭牌仪式。

服务区有了人气，也聚集了财气。升级转型后的阳澄湖服务区日均车流量达到2万辆次，较改造前增长50%。日均营业收入超60万元，较改造前增长200%。重大节假日最高日营业收入超过120万元。单车平均停留时长达到40分钟，较改造前延长1倍。2019年暑期，服务区每天要吸引周边社区数百位居民前来休闲娱乐和购物消费。服务区网红效应持续不退，热度不减。

## 三、启示

宁沪公司深入贯彻江苏交控"四通""八达""九道"的企业文化，彰显

"畅行高速路，温馨在江苏"，不断满足人民群众美好出行需求的文化理念，秉承服务之道、关爱之道，以文化立意，体现出"通达之道"企业文化的精髓，赋予服务区以文明之路、温馨之路的文化内涵，为驾乘人员提供了有温度、有质感的服务。正如江苏交控党委书记、董事长蔡任杰指出的那样，人民对美好出行的需求，只有起点没有终点。如何抓住服务区供给侧改革这条主线，继续按照江苏交控"双提升"工作的战略部署，按照"升级改造系统化、管理精细化、经营差异化、关注顾客需求个性化和主题特色化"的"五化要求"，进一步明确服务区规划定位，突出企业文化主题特色，需要公司管理层继续探索。

# 抬腿上云　跑步稽查
## ——"云端"港口稽查系统堵逃记

**【内容摘要】** ——— 为精准打逃、堵塞漏洞，江苏交控营运安全事业部自行研究，搭建架构、组建流程，会同"苏高信"仅用三个月时间就开发出"云端港口优惠稽查系统"，系统通过云端模式，实现了从装货地到出海码头的全流程管控。2018年年底，系统上线次月，连云港、太仓港、南京港优惠额分别下降19%、55.46%、22.18%，2019年可避免通行费损失1.8亿元。同时，开展费用追缴，三个月时间，驾驶员主动补缴现金300余万元。江苏高速路网优惠打逃跑步进入云端效率模式。

**【关键词】** ——— 数据稽查；云端系统；全程管控

# 引　言

为精准扶持江苏省港口发展，省政府陆续出台了一系列港口优惠政策，中欧和中亚班列的优惠政策也持续落地。货运车辆在优惠政策下可以享受高速通行费用返还，这有效吸引了大量货源，带来港口货物吞吐量持续增加。但经过大数据分析，2016～2018年，全省路网免费额分别达到2.2亿元、3.6亿元、4.09亿元，其爆发式增长的态势远远超过货运增长的幅度。究其原因，很可能有部分货运车辆利用政策优惠进行逃费，经测算每年逃费额超亿元。各路桥单位的合法利益被吞噬，联网高速通行费征收环境被破坏，港口集装箱物流行业秩序被打乱。如何利用数据稽查的方式发现、解决逃费情况，是高速公路管理者面对的新课题。

## 一、案例背景

连云港港口所在地的江苏连徐高速公路有限公司（以下简称连徐公司），港口优惠金额从2016年的8789万元猛增至2017年的1.5亿元，同比增长70%，连徐公司由逐年基本实现盈利变为亏损5000万元，港口优惠金额极不正常的巨额增长引起了连徐公司和江苏交控营运安全事业部的高度警觉。

某日，一辆集卡车驶入江苏汾灌高速公路有限公司（以下简称汾灌公司）宋庄收费站，司机王师傅拿出优惠卡，免缴了江苏境内近2000元通行费。事后发现，这辆车为青岛港运输货物，没有进出连云港港口，不符合优惠条件。发现问题后，经过多方连续奋战最终查明，这是通过"优惠卡"偷逃过路费的典型案例，有11辆挂靠在同一公司的集装箱卡车利用"优惠卡"偷逃过路费，前后作案700多次，偷逃过路费总金额达159万元。

基于上述案例，江苏交控营运安全事业部立即着手开展数据收集、整理，通过系统分析，2016～2017年（10个月）连云港港口的集装箱吞吐量为 148 万个，月均仅 14.81 万个，增长 16.72%，然而该段路网港口优惠金额增长高达 63.6%，是吞吐量增长的近 4 倍！

数据不会说谎，系列数据均指向同一个问题：港口优惠车辆背后存在巨大的逃费漏洞！

## 二、抬腿上"云"的稽查

问题出在哪里？怎么解决？江苏交控营运安全事业部工作人员开始抽丝剥茧，查漏补缺。

### （一）找准一张卡片的隐患

2010 年，江苏省对进出港口运输标准集装箱的车辆施行免收通行费的政策，对进出口货物的货主全额补贴车辆通行费；2010 年 9 月，省政府相关部门出台了《关于太仓港、连云港港口运输国际标准集装箱车辆高速公路通行费优惠卡管理办法》，进出两个港口运输货物的集卡车可以免缴江苏境内高速通行费；2016 年，又出台政策增加南京港作为优惠对象。此举吸引了国内外大量货源，省内港口的业务量逐年增加。物流运输企业在政策的帮扶下，也收获了巨大利益，众多个人和企业通过个人信用、抵押不动产等多种方式贷款购车，纷纷加入港口货运的行业，一时间港口运输业迅速发展。据统计，2010～2018 年江苏省港口运输企业从 100 多家发展到 580 多家，从事优惠运输车辆由最初的 1100 多辆增长至 5700 多辆，增幅高达 500%。

当时受技术限制，"专用优惠卡"是实现车辆优惠资格的较好方式，由联网中心牵头对符合条件车辆发放江苏路网优惠专用卡，但随着时间的推移，这种"以卡定身份"的模式被运输企业钻了漏洞。具体逃费形式多种多样，有的车辆私自夹带港口以外的货物；有的全部运输非港口需要的货物，如连云港某车辆，常年利用优惠卡，运输非港口货物，车辆驶出固定收费站后，将货物运送给私人买主；还有的将指定港口作为临时中转点，货物进入其他非优惠港口。管好"专用优惠卡",成为解决问题的关键点。

### (二)开发一个有效的云系统

2018年6月,利用省政府出台中欧班列优惠政策契机,江苏交控营运安全事业部积极协调交通、财政、物价等相关部门,制定了"云端"优惠管控模式,自行研究搭建模块、完善流程,会同相关单位开发了"优惠车辆管控系统"。经过开发人员的持续奋战,短短三个月就开发完成了"云端港口优惠稽查系统"。

2018年12月,"云端港口优惠稽查系统"正式上线运行。稽查系统通过事前申报、事中审核、事后稽查的"云端"管理模式,实现了从装货地到出海码头的全流程管控。具体流程如下。

1. 事先申报优惠任务,港口局审核把关

优惠车辆开展运输任务时,提前在港口系统中申报车牌号码、优惠路径等相关重要信息,车辆根据货单驶入码头后由工作人员输入集装箱号码、数量、空重等信息,驾驶员现场确认后,车辆方可驶入高速。此时,该条数据已上传稽查系统和港口局形成数据台账。

2. 现场查验,有效预防私自夹带

车辆驶入收费站出口车道,收费员通过手持终端检索、核对车辆运输任务,并抓拍照片作为证据,一致后放行车辆,享受通行费百分百优惠,若不一致则录入黑名单,由运输企业进行申述解释,提供材料证明集装箱进出码头后,及时解除黑名单,恢复优惠资格继续享受通行费优惠。

3. 事后对已优惠车辆进行数据稽查,形成闭环管理

系统定期将享受通行费优惠的车辆运输任务与港口数据进行核对,重点对驶出收费站至码头所用时间、运输的集装箱是否上船、集装箱在收费站和码头的计重信息误差是否在合理范围内等逐一核查。实现对优惠车辆的管控范围由收费站延长至港口,及对优惠车辆从装货地到出海码头的全流程管控(见表1)。

表 1  港口优惠车辆稽查方式对比

| 序号 | 管理模式 | 申报方式 | 高速稽查 | 存在隐患 |
|---|---|---|---|---|
| 1 | 纸质单 | 运输企业自行打印纸券 | 收费员查看纸券的车辆路线 | 港口监管难，收费站无法核实纸券真假 |
| 2 | 优惠卡 | 运输企业自行刷卡 | 系统判断运输任务与实际车辆行驶路径 | 港口监管难，无法管控具体集装箱 |
| 3 | 云端港口优惠稽查系统 | 企业提前申报，港口监管 | 事中核查集装箱箱号、数量、空重状态、行驶路径，事后核查合法性 | 无 |

### （三）实施一次成功的集中追缴

2018 年 8 月，在多方沟通、密切协作的基础上，江苏交控与港口主管单位集中开展了年度优惠车辆专项稽查，重点对 2017 年享受通行费优惠的车辆运输的集装箱号码、计重信息与进出码头或"场外堆场"的数据进行核对。经查，发现逃费车次近万次，通过与港口部门共同发布公告的方式，仅连徐公司渔湾收费站就一次性收到驾驶员主动补缴的通行费 100 余万元。

随着优惠车辆稽查的不断深入，越来越多不符合优惠政策车辆被及时发现和处理。港口企业不断向江苏交控营运安全事业部工作人员抱怨，有的说情，有的做工作，有的甚至态度非常不好。在稽查开展期间，营运安全事业部负责收费工作的张西亚同志甚至接到了几个威胁电话。从另一个角度来看，各种说情、威胁的压力恰恰说明"云端港口优惠稽查系统"掐住了问题要害，解决了长期以来在港口优惠管理方面存在的问题。

### （四）收获一份惊喜的成果

"云端港口优惠稽查系统"实施四个月，截至 2019 年 4 月底，累计已有近 600 辆违规从事运输任务的车辆被现场拉入黑名单，当场补缴通行费 20 余万元。稽查系统上线次月，在从事优惠运输车辆不断增长的前提下，连云港、太仓港、南京港优惠额环比却分别下降 23.15%、45.39%、27%。按照 2018 年优惠 4.09 亿元测算，2019 年全路网可避免通行费损失约 1.8 亿元。同时，连徐公司 2019 年 1～3 月累计港口车辆优惠额 3135 万元，较 2018 年同期下降了 19.37%。

### （五）创建一个江苏的经验

面对 2019 年年底实行的"全国一张网"新政策，高速公路的收费政策、业务模式将发生根本性变革，通行费征收稽查工作也面临前所未有的新挑战。在江苏交控的统一安排下，成立了营运安全事业部稽查管理中心，统筹开展江苏全路网稽查工作。稽查管理中心通过优化三级稽查体系、搭建稽查管理模块和"云稽查"系统的深度运用，进一步提高了稽查工作的效率，实现了良好的稽查效果。下一步，稽查管理中心还将围绕"车从哪里来、车往哪里去"的思路，在有形的省界收费站被拆除后，着力搭建好无形的管控边界。

2019 年 4 月，交通运输部路网中心收费联网结算中心质量部部长王梦佳一行到江苏交控调研江苏省收费稽查工作时，对江苏省高速公路的收费稽查体系给予了高度评价，调研组认为江苏"云端港口优惠稽查系统"可以在全国推广，并对将来的全国绿色通道预约通行有启发和借鉴意义，并当即邀请稽查管理中心作为全国稽查体系建设的成员单位。下一步，稽查管理中心将积极与交通运输部路网中心密切沟通，为全国稽查体系和稽查系统建设贡献江苏力量和江苏智慧。

## 三、启示

江苏交控营运安全事业部充分利用信息化成果，借助大数据的力量，自行研究、搭建架构、组建流程，会同"苏高信"的"云端港口优惠稽查系统"，实现了从装货地到出海码头的全流程管控，使江苏高速路网优惠进入云端效率模式。如何进一步优化云端稽查系统的应用，推动稽查系统产生实效，进而将江苏模式推广运用到全国道路交通运输系统，还需要江苏交控营运安全事业部持续发力。

# 拓展渠道　交叉覆盖

——构建"互联网+"的 ETC 客户发展及服务模式

【内容摘要】　　随着全国收费公路 ETC 联网格局的形成以及"互联网+"模式的广泛应用,广大道路使用者及 ETC 用户对线上服务需求更加强烈。本案例主要讲述了通行宝公司如何以用户需求为导向,借助互联网的连接能力,立足"创新融合、拓展渠道、精准触达、提升服务"的发展理念,不断创新 ETC 发展渠道,巩固 ETC 联网发展成果,创新业务模式,搭建更加科学、有效的"互联网+ETC"客户服务平台,切实提升 ETC 应用服务能力和水平,让广大 ETC 用户得到更好的服务体验,为公司实现高质量发展的目标助力,为江苏加快实现交通运输现代化提供坚强支撑。

【关键词】　　"互联网+";云产品;智慧出行

# 引 言

8月的南京，骄阳似火。结束了一天忙碌的工作，通行宝公司南京马群网点柜员朱珠拖着疲惫的身躯准备回家，迎面跑来一位中年男士，汗流浃背，道："小姑娘，等一等，帮我办个ETC吧，我特意从高速上赶过来的！"朱珠微笑着说："您先不要急，我马上帮您办，不过我告诉您，其实您完全不用赶过来，现在可以在互联网上直接申请办理，直接享受申请—邮寄—收货—安装—使用一体化的ETC发行闭环体验。""这么方便，我一定要告诉身边的朋友，让他们少跑腿。"男士惊讶之余充满喜悦。看着客户满意的笑容，朱珠感慨万千：多亏公司抓住了发展机遇期，创新了产品布局，为广大用户带来了福音。

## 一、案例背景

通行宝公司是江苏交通控股有限公司下辖子公司，于2016年11月2日注册成立，注册资金1亿元。公司主要从事江苏高速公路ETC业务运营管理、技术研发、产品开发、客户服务和场景拓展，在江苏13个地级市设10个片区管理中心、64个自营ETC客服网点、29个客服便利点，拥有管理、技术、营销团队600多人以及多名博士、硕士和海外名校毕业的专业人才，拥有丰富的ETC运营管理经验，具备智慧交通产品研发能力。

自交通运输部下发《关于开展取消高速公路省界收费站试点工作的通知》以来，作为全国试点省份江苏的唯一一家ETC发行方，通行宝公司承担了超过800万ETC发行量的重任。ETC产业的发展达到一个前所未有的鼎盛期。随之而来的则是，广大道路使用者及ETC用户对线上服务的需求更加强烈。

## 二、"互联网+ETC"的客户发展新模式

通行宝公司始终以用户需求为导向,借助互联网的连接能力,立足"创新融合、拓展渠道、精准触达、提升服务"的发展理念,不断创新ETC发展渠道,巩固ETC联网发展成果,搭建了更加科学、有效的"互联网+ETC"客户服务平台。公司由市场部牵头成立了互联网发行小组,包括南京、无锡和南通三个互联网发行中心,并在公司所辖徐宿片区成立互联网售后客服点,以实现高效闭环管理。各发行中心均由所在片区精干员工组成,统一选派骨干柜员长指导和管理。借着"互联网+"的东风,围绕江苏交控"交通+"的战略部署要求,"E路通行"线上发行工作室顺势而生,开辟了一条"互联网+ETC"的新道路。

### (一)江苏ETC发展的前世今生

1. ETC发展的现状

2007年,交通运输部开始筹备部署全国高速公路ETC系统。2015年,ETC基本实现了全国联网。十几年来,ETC业务的发展突飞猛进,构建了全国"一张网"的新格局,也为交通运输行业提供了制度创新、技术创新、服务创新的诸多典型范例。截至2019年3月底,全国共有收费站9432个,ETC专用车道20 634条,MTC车道62 516条,混合车道1904条。ETC用户达8073万,联网区域内总通行量达9.42亿次,其中ETC通行量为4.22亿次,ETC支付使用率为44.83%。截至目前,江苏ETC用户数量更是突破1162.6万,位居全国第三。

2. ETC带来的社会效益

自联网营运以来,ETC为社会经济发展起到巨大的推动作用。ETC系统规模化的应用有效缓解了收费站交通拥堵的压力,在很大程度上节省了驾乘人员的时间,是一项惠及民生的措施。除此之外,ETC倡导的"低碳、环保"理念与国家"创新、协调、绿色、开放、共享"的发展目标

相契合。研究表明，每一万次 ETC 交易可节约 314 升燃油消耗，并减少 55.96 千克各类污染物的排放。根据数据统计，2019 年上半年使用 ETC 节省车辆燃油约 7.6 万吨，能量节约效益为 7.3 亿元。

3. ETC 发展存在的短板

ETC 以其"省时、省钱、省油"的独有特性成为人们高速出行的优先选择，并且在国家"取消省界收费站，大力推广 ETC"利好政策下，ETC 还有很大的成长空间。但是传统线下服务网点发行 ETC 的方式已经不能满足用户的办理需求，主要体现在：一是地区、经济等因素制约造成服务网点布局不均且数量相对偏少，客户办理不方便，选择途径相对局限；二是客户稽查信用体系建立尚处于起步阶段，造成 ETC 业务现阶段申请规则和流程相对复杂，业务办理效率相对低下；三是数据信息系统有待优化，办理时还需要复印证件资料留档，而档案保管条件受限，客户信息存在一定的安全风险。

## （二）让 ETC 插上"互联网+"的翅膀

管理学大师迈克尔·波特提出企业的基本竞争战略有三种，指出差异化战略是将产品或公司提供的服务差异化，树立起一些全产业范围中具有独特性的东西。实现差异化战略，可以成为在一个产业中赢得高水平收益的积极战略。因此，如何形成差异化，建立适应 ETC 健康发展的长效机制来推动 ETC 的发展，以及如何树立 ETC 的品牌效应，促进整个行业的发展，是每个 ETC 从业者亟须思考的问题。为此，通行宝公司以技术创新为驱动，以客户服务为核心，在建立线上发行服务的过程中不断摸索，利用"态势分析法"分析内部条件和外部条件，在完成环境因素分析后制订出相应的行动计划，通过"三大举措"顺利解决"三大难题"，不断推动服务模式转型升级，增加营销服务渠道和拓展应用范围，增强用户黏性。

1. 建立线上营销服务体系，解决线下网点营销宣传效果弱的难题

围绕发展前景、运营架构、合作模式等方面，通行宝公司联合微信开

发"ETC助手"小程序开展线上发行工作。同时围绕ETC助手小程序的线上客户群，重点开展线上营销活动宣传，以客户需求为导向进行产品设计，通过用户需求来拉动增长。

（1）精准触达，筛选通行MTC车道的高频用户，利用朋友圈定向推送触达。

（2）借势宣传，紧扣时下热点，开展"全民疯抢一吨油""锦鲤抽奖"等活动（见图1）。

（3）裂变营销，采用邀请好友拆红包的模式，举办"定向二维码反码"推广宣传活动，效果非常显著，目前线上订单量超过线下，日均达到30 000个。

图1　全民疯抢一吨油活动

2. 构建全流程、全自助业务模式，解决线下业务流程复杂、排队等待时间长的难题

满足客户诉求一直是通行宝公司的核心任务，通行宝公司经常能接到客户关于线下办理不便的投诉。有的客户询问现在科技发达，银行都能在线上申请了，为何苏通卡不能开通线上办理业务；有的客户则对现有网页充值的不便感到困惑，觉得流程颇为烦琐。

为此，通行宝公司充分借力腾讯征信、微信支付、腾讯优图等第三方平台功能，在微信小程序内实现了"在线申请—实名认证—绑定微信支付—在线激活—免密支付—无感通行"闭环体验的在线ETC发行平台，消除了原有客户往返奔波于客服网点的烦恼，为客户提供覆盖全生命周期的ETC服务。打开手机微信，进入ETC助手微信小程序，上传相关证件图片，即可足不出户在线办理ETC苏通卡，申办后设备将由快递送货上门，由车主自行激活安装，从"面对面"到"键对键"，完全实现全流程服务线上化，满足数据多跑路、客户少跑腿的高效便捷办理需求。

除此之外，客户可以通过手机，借助ETC助手微信小程序实现在线充值，流程简便，操作快捷；申办苏通记账卡的车主则全程享受安全可靠的办理扣费过程，智能推送消费信息，无须担心盗刷风险。本次推出的微信小程序ETC助手从多个角度切入，消除了原有线下渠道办理资料复杂、安装烦琐、充值困难等诸多痛点，解决了客户的后顾之忧，为客户带来了便利（见图2）。

3. 推出线上服务2.0，排除线上发行探索期的服务新难题

对于线上发行服务初期出现的人力耗费大、发错概率高（日均达到60套）、售后流程烦琐、货物丢件多等新的痛点，通行宝公司深刻认识到，只有持续通过系统的优化升级，才可以提升客户体验，才能继续拓宽ETC的发展之路。不久，线上服务2.0渠道破势而出。

线上发行服务2.0渠道，把原来需要发卡方安排大量人力进行的手工

写卡信息和设备信息，放到用户端并交由用户自行在线写卡信息和设备信息，借助蓝牙激活手段实现一次性写入用户信息。通过用户、ETC助手、发卡方、设备方的四方联动，将传统业务流程中的卡片和车载单元写卡信息与设备信息后置到用户收货后，用户收到的卡和车载单元（OBU）从"货对人"向"货不对人"转变，从根源上解决了难题。

图2　ETC助手四大优势

线上售后2.0渠道，则是实现售后服务线上化的改革，充分借助互联网的平台，优化服务系统，实现服务在线化，主要改善销户、二次激活、物流这个流程中出现的三大核心问题，在线上同步实现，彻底解决返寄产品的痛点，以此来减少ETC售后流程、降低售后流转压力，提高了处理效率，提升了线上售后的服务质量（见图3、图4）。

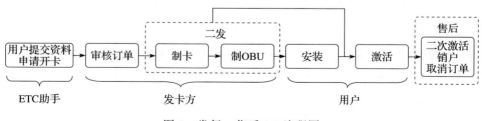

图3　发行+售后2.0流程图

图 4　ETC 申办流程

### (三)"互联网 +ETC":实施效果喜人

1. "互联网 +ETC"提供了广阔的商机

自公司实施线上发行业务以来,已累计发行 ETC 设备 156 万余套,出售蓝牙充值易设备 5 万余台,通过微信渠道充值苏通卡累计达 111.4 亿元。

2. "互联网 +ETC"增强了客户黏性

"互联网 +ETC"不仅为公司带来了巨大的经济效益,实现了成本低、效率高、体验好的目标,而且结合停车场等场景开展拓展性应用,增强了客户黏性。同时,随着线上服务 2.0 业务的上线和客户发展模式的不断创新,ETC 客户体量骤增,发行量呈井喷状态,2019 年已累计发展用户 156 万人次。

### (四)"互联网 +ETC"提高了管理效能

作为第一批与互联网合作上线的项目,"互联网 +ETC"自上线之后,提高了发行方的效率，实现了 ETC 设备从"人货匹配"到"人货通配"的转变；打通了区域发行的壁垒，实现了售前、售中、售后三个服务阶段从"面对面"到"键对键"的蜕变。相比传统 ETC，其实现了提升用户体验和节约人力成本。

## 三、启示

通行宝公司开启了江苏 ETC 的全新服务模式，为国内同行业提供了江苏经验，得到江苏交控的高度认可。如何继续优化服务平台，广拓客户发展渠道，创造良好的应用场景，打造云停车、云消费、云服务、货车金融、车生活等服务，让客户拥有良好的体验，并以此来增强用户的黏性；如何在智慧交通出行、供应链金融等方面展开一系列合作，以场景和数据作为"两翼"与"双轮"，实现交通和金融的深度融合，力争为客户提供便捷、普惠的金融移动支付体验，打造一个"互联网+ETC"的智慧出行生态圈，仍需要通行宝公司持续探索和总结。

# 品牌创建篇

　　品牌是质量、服务与信誉的重要标志,是企业参与市场竞争的重要资源。江苏交控聚焦主业、开拓创新,着力打造了"苏高速·茉莉花"和"苏式养护"两个蜚声全国乃至享誉世界的一流交通服务品牌,实现了社会效益和经济效益的双提升,为地方经济发展提供了新动力。

# 行苏高速　品茉莉香
## ——"苏高速·茉莉花"营运管理品牌创建

【内容摘要】——— 近年来，江苏交控作为江苏省重点交通基础设施建设投融资平台，始终坚持服从和服务于全省经济社会发展大局，立足"国际视野、国内一流"目标定位，牢记"交通强省、富民强企"使命，以提升营运管理高质量发展为抓手，开展了"苏高速·茉莉花"营运管理品牌创建工作，通过不断深化品牌创建举措，品牌的认知度、美誉度逐渐提升，有力推动了江苏高速营运品牌走出江苏，走向全国。

【关键词】——— 江苏交控；"苏高速·茉莉花"；品牌创建

# 引 言

当前,江苏省以构建现代综合交通运输体系为重点,不断加快推进"交通强省"战略实施。面对高速公路行业日益激烈的市场竞争,面对公众对美好出行不断攀升的社会需求,以及在道路安全、服务质量、通行效率上日益提高的需求,为进一步深化"畅行高速路,温馨在江苏"的服务内涵,进一步提升公众出行满意度,江苏交控自2018年起,开展了"苏高速·茉莉花"营运品牌创建工作。通过不断构建品牌创建体系、深化品牌创建宣传、激发品牌创建活力、培育品牌创建明星、完善品牌考核机制,"苏高速·茉莉花"品牌的集聚与示范引领效应不断增强,有力促进营运管理高质量发展走在全国前列。

## 一、案例背景

当前,社会公众对美好出行的需求不断攀升,对道路安全、服务质量、通行效率的要求不断提高。目前,江苏高速公路里程已达4830千米,面积密度全国第一,即便如此,苏南路网以及过江大桥通道仍存在大量的超饱和路段。据统计,2018年国庆节期间,江阴大桥日均车流量为13.2万辆,同比增长10.2%,较年日均增长34.7%;苏通大桥日均车流量为13.1万辆,同比增长6.6%,较年日均增长42.4%;润扬大桥日均车流量为8.1万辆,同比增长13.1%,较年日均增长62%;泰州大桥日均车流量为6.6万辆,同比增长14%,较年日均增长135.7%。由此可见,各路段已经严重饱和,江苏高速公路服务的有效供给与公众的期望值仍存在一定差距。为实现"建设人民满意交通"这一根本目标,江苏交控坚持把人民群众获得感、体验感放在首位,以满足人民群众对美好出行的需求为宗旨,深入开展品牌创建,不断挖掘"畅行高速路、温馨在江苏"的服务内涵,以品牌引领服务,较好地展示了江苏高速良好的窗口形象,提升了公众出行满意度。

## 二、"苏高速·茉莉花"品牌创建之路

一直以来,江苏高速公路在道路品质、安全保畅、文明服务方面保持较为领先的水平,"畅行高速路、温馨在江苏"服务理念更是赢得了广泛的社会赞誉。当前,江苏高速公路正处于高质量发展的关键阶段,在竞争日益激烈的高速公路行业,必须创建一个统一的营运品牌,以"看得见、握得住、叫得响"的营运品牌为抓手,深入开展品牌创建,充分发挥品牌集聚与示范引领效应,不断扩大社会影响力,让江苏高速公路优秀的管理经验"既走得出去,又引得进来",让散发着苏韵苏香的"高速茉莉花"开遍全国。

茉莉花是江苏省的省花,也是中国乃至世界的文化符号。江苏交控以满足人民群众对美好出行的需求为宗旨,通过深挖苏韵文化内涵,发掘出一朵花——江苏省花"茉莉"、一首歌——江苏民歌《茉莉花》和一条路——江苏品质高速"苏高速"的内涵联系,将"高速之路"和"服务之花"有机结合,系统策划和打造具有江苏高速公路鲜明特色的"苏高速·茉莉花"营运管理品牌,系统构建品牌体系,全面开创营运管理新局面,推动江苏高速公路服务品质和营运管理高质量发展。

### (一)"苏高速·茉莉花"之构建

#### 1.构建一个体系

江苏交控按照"苏高速·茉莉花"营运管理品牌创建需要,在广泛调研内生文化特质的基础上,编制完成了一本《"苏高速·茉莉花"营运品牌实务手册》。以述缘起、表形意、展气韵为基础,围绕一条路、一首歌、一簇花、一群人、一抹香、一韵神,塑造品牌含义,深挖苏韵文化内涵,以"馨、雅、贞、实、慧"为支撑展示江苏高速品牌窗口形象,探索"茉莉花"与江苏高速温馨服务理念的深度融合,找准品牌窗口文化的落脚点和支撑点,手册全方位系统地指导品牌创建实务操作,为江苏交控系统各单位深入开展品牌创建工作指明了方向。

2. 打造一套组合

首先，在江苏交控系统349个收费站、90多对服务区和各排障大队、调度中心等窗口安装543块"苏高速·茉莉花"形象标识，加深品牌的视觉记忆，提升品牌公众知名度，扩大营运管理品牌的社会影响力；其次，举办"绽放的茉莉"品牌征文和演讲活动，挖掘身边品牌典型，讲述身边品牌故事，全面增强广大员工创建营运品牌的主动性和自觉性，让"苏高速·茉莉花"营运品牌深植人心；最后，通过中国公路、魅力高速网、中国高速公路微信公众号等新媒体渠道发布《凝心铸品牌，美好再出发——"苏高速·茉莉花"品牌建设在江苏宁杭高速迸发勃勃生机》《全网协查高效联动重拳惩治——品牌创建的生动实践》《江苏省成功召开"苏高速·茉莉花"营运品牌论坛》《开路先锋护千里，一路芳香伴归心》等创建成果报道，全面提升"苏高速·茉莉花"品牌在全国的影响力（见图1）。

图1 "苏高速·茉莉花"营运品牌相关建设

3. 显现一派活力

一是构建"品牌孵化站"。以基层单位为孵化对象，培育各类营运管理成果落地。目前，江苏交控系统已建立23家品牌孵化站，其中通行宝公司"E路通达",苏通大桥排障大队"多功能磁吸车孵化项目"等孵化项目已经取得了实实在在的成果,江苏交控还及时总结成果经验,并将孵化成果应用于日常营运工作,推动孵化成果产生更大的经济和社会效益。二是开展"苏高速·茉莉花"品牌论坛,建立跨省交流机制。2019年7月,在江苏交控大学成功举办了"苏高速·茉莉花"品牌论坛,邀请了山东、安徽等省市的品牌创建专家和行业精英共聚一堂,共话新形势下营运管理的热点与难点,共商高速公路发展腾飞良策,让"苏高速·茉莉花"成为留得住的记忆、叫得响的品牌。三是先后举办了两届"苏高速·茉莉花"美食节暨厨艺大赛,全面提升服务区服务品质。借助新型媒体传播速度快、涉众范围广等优点成功开展了"苏高速·茉莉花"网红服务区抖音大赛,总关注量已超过1000万人次,有效提升了品牌的社会知名度。四是举办安全知识竞赛,江苏交控联合省公安厅、省交通运输厅举办"苏高速·茉莉花"杯"一路三方"安全知识竞赛,全省高速路网20家路桥单位、13市交警支队、12个交通执法单位参与,竞赛内容丰富、形式新颖,通过网络全程同步直播,累计观看点击量超过70万人次。

4. 营造一种机制

为打造营运管理品牌标杆,发挥示范引领作用,营造争先创优良好氛围,确保"苏高速·茉莉花"品牌创建工作真正落到实处,江苏交控不断完善考核评比工作机制。一是开展"苏高速·茉莉花十大人物"评选活动,以典型性、引领性、感动性为评选标准,在江苏交控选塑"十大人物",挖掘广大职工营运工作中的感人事迹,更加清晰地揭示品牌内涵,明确价值导向,从而引导员工更好地理解品牌理念、内涵,并以"榜样的力量"激励员工自觉做好品牌传播工作。二是在全系统路桥单位开展营运管理夺杯竞赛,围绕品牌创建、文化建设、基础设施、业务管理、文明服务、安全生产、关键事项等内容,修订完善品牌创建专项考核办法,优化各项考核机制,根据年度综合得分情况分五个层级授牌。三是开展"星级收费站、明星班组和明星员工"评比活动,打造营运品牌标杆,发挥示范引领作用，营造争先创优的良好氛围。在2018年，共评选出18个五星级基层单位、36个四星基层单位、33个明星班组和210余名明星员工。通过选塑社会影响大、行业叫得响的品牌先进个人和集体，江苏交控实现了以品牌创建引领、促进营运管理提升。

### （二）"苏高速·茉莉花"之绽放

品牌不仅仅是企业增强综合实力的重要载体，更是企业软实力的充分展示。"苏高速·茉莉花"营运品牌始终立足于"服务江苏、领先全国、国际视野"的创建理念，从公众出行最迫切的需求出发，以营运管理高质量发展为目标，塑造品牌良好社会形象，积极履行社会责任，将"馨、雅、贞、实、慧"这抹茉莉气韵，融入营运工作，提高营运管理效率，提升营运服务水平，为公众提供最优出行体验。

#### 1. 一种"优质"服务

江苏高速公路共有服务区105对，其中，江苏交控管辖服务区90多对。全省高速公路服务区年接待车流量约1亿车次、客流量近4亿人次，为保障社会公众品质出行，满足人民日益增长的美好生活需求，江苏交控立足打造一批在世界有知名度、在全国有地位、在江苏有影响的高品质服务区，围绕"快行慢享"服务理念，持续推进服务区转型升级和商业模式创新，突出地域化、主题化、都市化特征，推进实施"服务区+旅游""服务区+文化""服务区+能源"建设，推动了90%服务区的转型升级，实现"华彩蝶变"。一是分级分类管理，定位一区一策。按照分级管理、一区一策理念，为每对服务区量身定做转型升级方案，如以"梦里水乡，诗画江南"为主题的世界首个园林服务区——阳澄湖服务区，在开业之初便引起社会各界高度关注；世界首个恐龙主题服务区——芳茂山服务区；全国首个"shopping mall"主题服务区——梅村服务区；以"东庐美境"为主题的微旅游服务区——东庐山服务区；打造以"红思·路"革命老区文化为主题的郭村服务区；以及以美食为主题的洪泽湖服务区、盱眙服务区、溱湖服务区等。二是服务流程再造，提升服务水平。联合省文化和旅游厅开展旅游厕所创建达标活动，要求江苏交控系统服务区厕所均达到旅游厕所2A标准，重点路段达到3A级标准，还先后建设母婴室137个、第三卫生间120个、旅游信息服务中心131处、苏通卡代理点63个，建设充电站近180座、液化天然气（LNG）加气站等8座硬件设施，试点建设了苏通大桥、堰桥、新沂等服务区司机之家，全方位展现文明服务"江苏品质"。三是推广地方特色，助推经济发展。以"立足当地、融入经济、服务地方"为理念，突出服务区地域化特征，强化对区域品牌、地方农业、旅游业支持和扶持力度。同时，在"服务区+旅游"上作文章，与省旅游局签订战略合作协议，提出了助推地方旅游经济发展的一系列合作措施，并在服务区推进"水韵江苏"地方旅游特色产品展示与销售，均取得了良好的效果，也进一步体现了"江苏担当"（见图2）。

图2 "苏高速·茉莉花"营运品牌相关建设

2. 一张"畅行"路网

高标准应对恶劣天气安全保畅。在大雾、大雪等恶劣天气期间，江苏交控按照"保安全、保民生、保生产"总体要求，实行冰雪天气不封路，在2019年春运大雪中共组织116支铲冰除雪突击队，出动各类机械车辆5346台次，出动人员2万余人次，做到"一夜雪无"，获得了江苏省委省政府的表彰以及广大人民群众的高度赞扬。

高效率推进"消堵消患工程"建设。近年来，江苏高速公路流量一直处于高位增长态势，节假日期间流量进一步攀升，给路网通行带来巨大压力。为此，江苏省"一路三方"共同研究，全面实施"消堵消患"工程，力保道路安畅。通过现场调研汇总堵点隐患 89 个，征集建议意见 203 条，按照"一路一策、一点一策、一患一策"原则，高效率开展削减堵点、整治盲区、提高限速行动，路网通畅水平明显提升。

高水平应对节假日大流量保畅，2019 年"五一"期间路网日均流量高达 263 万辆，同比增长 6.4%，面对节假日流量持续增长的压力，采取"N+1""N-1"工作法钝化车流交织矛盾，实现车流从"多点无序交织"转化为"单点有序交织"。针对易堵节点、事故多发路段，增设联合驻点，实行先到先处，清障人员"挂牌上岗"，佩戴"事故快处证件"上岗作业，提高道路施救反应能力和处置效率。通过推行跨江大桥货车限时错峰出行政策、建立"港湾式"应急救援常驻点、增设"智能车道管控"系统等创新举措，有效均衡路网流量，进一步提升通行效率。

3. 一键"智慧"调度

江苏高速高度重视"科学调度、数字调度、智慧调度"建设，开发使用了品牌"云调度"指挥平台。同时，江苏高速主打用户"一键"自主便捷操作，引导公众自主查询自主规划自主处理，即开放道路视频共享，高速路况、长江轮渡视频"一键可视"；开放路网事件简要信息，高速路网通行状态、事件发生点位、收费站出入口管制状态"一键可查"；对接社会公有信息发布平台，建立人、车、路、环境、气象之间的联系，高速沿线天气状况"一键可知"；自动分析求助信息，匹配施救资源，提升救援精度，提高救援效率，驾乘人员遇到困难"一键救援"；与公安部门合作的"快处快赔"功能已于 2019 年 10 月 1 日正式上线，道路轻微事故"一键定责"。将来服务云会推进线上线下互动与融合，建立更高层级的"车路协同"甚至"车车协同"，实现"自服务"，开启高速公路"众管模式"。利用服务和用户建立有效连接，挖掘江苏高速每天 200 万个高品质客户的服务拓展价值。

4.一座"云端"平台

搭建调度指挥云平台、稽查管理云平台和经营监管云平台,扎实推进营运管理持续提升。调度指挥云平台能加强路网运行分析、应对措施研判、运行状态把控,提高主动调度、科学调度、扁平调度能力,形成合力,提升江苏高速公路一路三方的凝聚力;稽查管理云平台能利用"云端"优势开展真正意义上的大数据稽查,实现数据、图片、音频、视频等资料全流程可保存、可追溯、可使用,促进营运安全管理水平进一步提升;经营监管平台能全面收集和把控服务区经营数据,强化商品价格监管,科学分析和预判经营效果,构建完善的"外包+监管"质量管理体系。

## 三、启示

"行苏高速　品茉莉香",在品牌化创建思路引领下,江苏交控进一步提高了江苏路网的营运管理高质量发展水平。面对取消高速公路省界收费站全国一张网运营的新形势,以创建一批社会影响大、行业叫得响的"苏高速·茉莉花"品牌集体和个人为抓手,以构建一批行业领先的立体式快捷清障救援联动力量为后盾,以培植一批在国际有影响力、国内有知名度的服务区为目标,以打磨一批行业享誉度高的一流路网保畅和服务系统为重点,以提升公众美好出行体验为工作目标,提供更加温馨、更加便捷、更加优质的服务,给大家带去一抹茉莉的清香,让"苏高速·茉莉花"品牌走出江苏,走向全国。

# 打造走向世界的公路养护品牌

## ——江苏高速公路"苏式养护"诞生记

【内容摘要】——— 本案例全方位描述了江苏交控秉承预防性养护理念,不断开拓创新,用"一理念一图一平台"的方法,积极探索路面结构长期保存对策,全力打造引领行业发展的有江苏特色、在国内领先、具有国际视野的高速公路养护管理品牌——"苏式养护"。本案例呈现该公司积极推广应用优秀养护技术成果,用信息化提升养护管理质量和效益,使得高速公路路况水平始终保持全国领先,实现高速公路资产保值的成功经验,值得全行业在高速公路养护方面学习和借鉴。

【关键词】——— 预防性养护;路面结构;综合管理

# 引 言

江苏省高速公路建设相对其他省份较早,是首批面临高速公路大规模养护的主要省份之一。截至2019年10月,江苏交控管辖高速公路总里程4241千米。其中,通车10年以上的高速公路3223千米,占比76%,通车15年以上的高速公路1957千米,占比46%。从2000年开始,江苏交控率先开展了高速公路养护技术创新工作。"十二五"期间树立了全寿命周期养护理念,提出了适用于江苏省高速公路养护需求的评价方法与决策支持体系。"十三五"期间,江苏省高速公路面临严重老龄化的问题,如何通过科学养护,保持路面结构的整体稳定性,是现阶段亟须解决的核心问题。

## 一、案例背景

高速公路路面的设计使用寿命为15年,江苏省作为全国最先建设高速公路的省份之一,也同样最先面临设计使用年限末期,甚至超设计使用年限服役的情况。接近或突破了设计年限的路面该如何处理?是全部铣刨挖除重新铺筑,还是针对病害维修保持使用功能,抑或是降级使用,业内目前没有给出统一、明确的答案。什么才是路面结构长期保存的关键?什么又是最适合江苏的方法呢?

## 二、打造"苏式养护"品牌

如何通过合理的养护管理,维持优良的路况水平,避免出现路面结构性损坏,使路面使用寿命大幅突破设计使用年限,实现资产的长效保值,这是摆在全国高速公路运营管理者面前的一份考卷,江苏用"一理念一图一平台"书写着这份引领全国的答卷。

## （一）品牌架构

### 1. 一理念：一脉相承的预防性养护理念

"十一五"末，不仅仅江苏省，全国高速公路沥青路面养护工作中都存在着一些共性问题。这些主要表现为四个方面：一是路面养护技术缺乏系统性和针对性；二是路面养护决策主要依赖经验，有限的养护经费不能得到合理的利用；三是养护手段单一，科技含量不高，机械化水平低；四是管理单位对预防性养护理念的重要性和必要性认识不足。

国外无相关经验可借鉴，国内也从未开展过系统性的高速公路养护课题研究，江苏交控精准透析预防性养护理念，分别于2012年和2016年牵头开展了"十二五"路面重大专项《江苏省高速公路养护技术体系和决策支持体系研究》和"十三五"路面重大专项《高速公路路面结构长期保存技术及智能养护》。2018年，江苏交控下发了《路面养护指导意见》，编制了路面养护三年规划，确定了以路面结构性能长期保持为总体目标，全面推动路面结构性预防养护，推行绿色养护，促进精细化养护，全面提升路面养护质量。

两个重大专项的相继开展及《路面养护指导意见》的下发，翻开了我国高速公路养护工作的新篇章，不仅总结了前10年养护管理探索期的成功经验和教训，且对未来10年我国养护管理工作如何发展和提升，明确了方向。

通过项目的实施，行业管理者、专家学者一致认同江苏高速公路预防性养护"两步走"的策略："十二五"期间以高速公路功能性养护为主，"十三五"期间以高速公路结构性养护为主。其中结构性预防养护理念为国内首创，围绕此理念形成了一套与各结构层功能相匹配的保存技术。功能性养护与结构性养护一脉相承，为实现科学养护决策提供了技术支撑，确保了江苏省高速公路养护管理工作和路况水平始终走在全国前列。

### 2. 一图：一张养护技术推广应用蓝图

高速公路养护工作成功与否在于是否真正掌握了每一项养护技术，"四新"技术的难点在于新材料、新技术、新工艺和新设备的叠加。每一项成熟的养护技术都凝聚了研究团队近10年的尝试、优化、提升、验证等阶段成果。江苏省经过10多年的养护技术研究、总结与实践，从2017年开始，每年举办一届江苏交通控股系统优秀养护科研成果推广大会，向全国的养护同行展示了一张江苏高速的养护技术推广应用蓝图。

养护科研成果推广分全面推广类、扩大应用类、扩大验证类三个类别，其中地热再生技术、排水沥青路面技术、泡沫温拌沥青路面技术、刚性自锁式预应力CFRP板锚固系统加固桥梁技术、江苏高速公路路面网级养护决策系统、封层黏结层洒布与沥青混合料摊铺一体机、高速公路路面养护及运营阶段减排评估技术、不黏轮黏结层材料、大跨径桥梁缆索检测技术、预应力空心板桥底板纵向裂缝腔内灌浆处治技术、自平衡反压式单支座更换技术等11项优秀养护科研成果已经进行了推广，推广率达到江苏交控系统"十二五"期间具有推广应用价值科技成果总量的60%，应用覆盖了全部路桥和养护单位，应用推广反响强烈，效益显著。江苏交控用近20年的技术积累沉淀，将高速公路路面结构长期保存的愿景一点一点变为现实。

3. 一平台：一座云端智慧养护支撑平台

信息化是养护管理的重要手段，江苏交控高速公路信息化建设居于行业领先水平，特别是在全国率先发起成立了长大桥梁健康监测数据中心，并搭建了路面、桥梁等养护管理平台，为预防性养护提供了支撑。但是，在信息技术创新日新月异、移动互联网应用层出不穷、互联网思维的内涵越来越丰富的大环境下，江苏交控系统高速公路养护管理仍然缺乏综合信息平台，信息化手段没有在改进养护管理业务流程中起到实质性的作用，路网网络化不能满足当前的发展要求，导致业务模块之间相互独立、协调作业能力差，整体养护管理信息化水平仍有待进一步提高。

2018年7月16日，"江苏高速公路养护综合管理信息平台"顶层设计方案通过大纲评审。在该项目推进过程中，前后共进行了13次汇报讨论，针对顶层设计方案的框架、每一个系统接口、云端服务应用等宏观或细观问题都进行了充分的研讨和交流，统筹规划了平台建设的各个方面、各个层次和各个要素，实现了各类数据的云端汇聚、交互共享和融合开放，挖掘了数据间的内部关联关系。

2019年9月，日常养护、路面管理、路网决策、桥梁管理、养护计划等子系统成熟上线，科研、隧道管理、工程项目等子系统也同步展开研发，初步实现了"用数据支撑，用数据管理，用数据决策"，路网养护的数据分析应用能力进一步提升，养护管理综合效能进一步提高，为路面结构的长期保存奠定了坚实的系统基础。

该平台的建立在我国高速公路养护管理工作中是首创，通过打造"国际水平、全国领先"的"智慧高效、开放共享"的"苏慧养"高速公路养护综合管理信息平台，实现了业务管理和技术管理的融合，促进了江苏高速养护管理从规范化到标准化、精准化、信息化、智能化的转变，达到了科学养护的目标，助推江苏养护向形态更高级，分工更精细，结构更合理，管控更有效的阶段演进。

江苏高速公路养护综合管理信息平台以建成"国际水平、国内领先的智慧养护综合管理信息平台"为定位。项目最终建设水平应与国际接轨，与国内同类信息平台相比应具备建设思路独特、技术领先、实用性强、安全系数高、设计理念前瞻性强的特点。

### （二）品牌内涵

1. 决策科学化

以养护数据中心为基础，推进养护信息化建设，构建"1+3+$N$"架构的江苏交控系统养护综合管理信息系统，实现路面、桥梁养护子系统的智能辅助决策功能。

2. 管理精细化

构建起"全省一张网"，提升路网养护管理的系统化、协同化水平。努力推行养护专岗专人制，推动公路养护从传统模式向现代模式转变。

3. 专业化队伍

开展人员数量、质量、结构等方面的研究，完善各级养护管理人员配置，建立养护人才实训基地，推动产学研结合，加强养护和管理人员的能力建设。

4. 产能绿色化

不断加强再生技术、温拌技术及其他绿色养护技术的研究，建立节能减排评估方法及评估体系。确保高速公路路面废旧材料循环利用，保持回收率为100%，循环利用率达到96%以上。

5. 作业标准化

全面推进高速公路养护标准化建设，发布《高速公路养护标准体系》企业标准。以工区标准化为载体，全面建成"布局合理、规模适中、覆盖全面、功能齐全"的标准化养护工区体系，以养护标准制定与发布为抓手，系统梳理、提炼总结养护作业、工艺、管理等实用性技术，实现养护作业标准化。

### （三）品牌效益

1. 经济效益

江苏路面养护理念和方法的转变带来了卓越的经济效益，"十一五"期间江苏省高速公路初步尝试开展了预防性养护，主要为中面层、下面层和基层铣刨重铺养护方案。"十二五""十三五"期间，江苏省开始积极实施预防性养护理念，在路面病害发生初期，及时处治上面层，确保病害不向更深的结构层扩展，路网中处治中面层、下面层和基层的路段相对分别减少了501.5千米、97.4千米和15.0千米，节约直接经济成本约43 843万元。

2. 社会效益

（1）促进了行业科技进步。

江苏交控在养护管理上的不断探索、创新，为江苏连续两次在全国干线公路养护管理检查中取得综合评分第一名做出了重要贡献。

一是提出了沥青路面养护技术体系。围绕"检测、分析、决策、实施、评估"五个环节，建立预防性养护管理体系，深化了预防性养护理念在养护工程中的应用。二是加强了高速公路沥青路面养护科学决策。提出基于预防性理念的养护决策支持体系成套技术，建立了高速公路养护决策机制。三是推进了高速公路沥青路面绿色养护。基于构建的高速公路沥青路面绿色养护评价体系，开发了沥青路面养护节能减排评估软件（EEES）和路面专业评估软件（P-LCA），为管理单位选择绿色养护技术提供了决策依据。四是建立了高速公路养护和管理的标准规范体系。制定、修订高速公路养护工程管理办法，建立养护专业工程师制度，形成了检测评定、日常养护、预防养护、节能减排、就地热再生、泡沫温拌和路基养护等相关的地方性技术指南、规范、规程等。五是推动了"四新"技术的研发应用。开发了日常性养护新材料常温沥青路面灌缝胶、全天候长效冷补料、低表面能缓释型防冰涂层，研发了高速公路绿色快速养护技术就地热再生、ECA和MAC薄层罩面、橡胶沥青等，"四新"技术的研发应用提高了高速公路养护技术创新能力。

（2）实现了绿色循环养护。

"十二五""十三五"期间，高速公路养护工作中采用科学养护决策体系和养护管理体系，节省了社会管理成本。就地热再生和橡胶沥青技术的使用，有效实现了沥青路面铣刨料和废旧轮胎等废弃物的再生循环利用，节约了沥青、集料，对废旧轮胎等资源进行了再利用。路网减少了大量的路面中、下面层及基层的养护次数，同时采用预防性养护减少了大量的能源消耗和温室气体排放，具有显著的社会效益（见表1）。

表1 就地热再生和橡胶沥青技术减少能源消耗和温室气体排放情况

| 项目 | 措施 | 社会效益 |
|---|---|---|
| 节省沥青 | 就地热再生 | 7 547 吨 |
| 节省集料 |  | 144 312 吨 |
| 废旧轮胎再利用 | 橡胶沥青养护技术 | 90 519 条 |
| 节约能耗 | 减少中、下面层和基层铣刨重铺养护、就地热再生、ECA薄层罩面、橡胶沥青技术和泡沫温拌技术的应用等 | $5.13 \times 10^8$ 兆焦耳 |
| 减少碳排放 |  | 42 274 吨 |

## （四）未来之路

自"十五"初期开始江苏特色养护管理的探索，到"十二五"末期基本形成统一理念，再到"十三五"期间的不断总结提升、日臻化境，"苏式养护"一直在路上。"十一五"期间，在国内养护经验缺乏，国外养护经验借鉴意义不大的状况下，江苏省高速公路率先在全国探索养护管理工作。"十二五"期间建立了高速公路沥青路面养护技术体系和科学养护决策体系，首次提出了预防性养护理念，延伸了养护范畴，通过"十二五"践行功能性预防性养护理念，"十三五"践行结构性预防性养护理念，保证高速公路沥青路面结构长期稳定。"十三五"期间，江苏交控科研成果推广大会展示的一张养护技术应用蓝图，既是实用性科技成果的汇集，也是创新性研究理念的展示，更是推动科研成果向现实生产力转化的新起点，为养护科技快速推广、养护成果广泛转化、养护技术充分交流创造了良好的平台，激励养护科技创新、技术驱动向纵深发展，为江苏高速公路养护水平不断提升，提供持续动力。

2019年6月，作为2019世界交通运输大会备受关注的主题论坛之一，"江苏高速公路高品质养护论坛"在北京国家会议中心隆重举办。该论坛由中国公路学会主办，江苏交控承办，吸引了来自交通运输部、各省同行、美澳德等国专家及业界学者的关注，近6000人次观看了现场直播。论坛以江苏高速公路的养护理念及实践为基础，阐述了"苏式养护"的模式与内涵，介绍了江苏省在高速公路路面、跨江大桥、智慧养护等方面的理念、技术与方法。江苏交控蔡任杰董事长在论坛上详细介绍了"苏式养护"的内涵、核心价值观及表现，同时，展望"苏式养护"未来的发展：在养护管理上，将实现由粗放式管理向精细化管理，经验性决策向精准化决策转变；在技术管理上，通过引进、消化、吸收、再创新，加强养护科研平台的建设和投入，建立完善智慧养护决策系统；在产业管理上，实现由零散经营向规模经营，基础保障发展向"基础保障+产业输出"的双轮驱动发展转变。在世界舞台上"苏式养护"品牌正式亮相，在业界引起强烈反响，对我国乃至全世界养护管理工作具有重要的示范和推动作用。

江苏省高速公路养护管理工作持续创新 15 载，在养护技术和养护管理创新等领域走在了全国前列，切实提高了养护管理综合水平，提升了养护管理质量和效益，实现了提质增效的目标，树立了具有特色、走向世界的江苏高速公路养护管理品牌。

## 三、启示

江苏交控秉持"公路建设是发展，养护管理也是发展，而且是可持续发展"的理念，始终坚持担当江苏高速公路养护高质量发展的责任和使命，全力推进养护技术发展，提出了"苏式养护，匠心为你"的响亮口号，"苏式养护"品牌以"务实创新、追求卓越、品质优先、安全耐久"为核心理念，不忘初心——始终坚持追求专业和极致，牢记使命——始终忠实于社会公众和道路，不断巩固和深化引领行业发展，打造具有江苏特色、走向世界的"苏式养护"高速公路养护管理品牌。

在江苏高速公路由建设为主的时代逐步转向养护为主的时代背景下，江苏交控未来路面养护的方向是以"基层耐久、中层稳定、面层舒适"为核心的精准化养护，重点研究基层强度保存技术、沥青面层稳定性控制技术及路表功能性保存技术，在检测、分析、决策、实施、评估五个环节上下足功夫，研发出更可靠的快速无损检测技术，探索出更多的绿色可持续养护措施，为"苏式养护"品牌创造核心竞争力！

# 敢问路在何方

## ——安全管理难题攻关记

【内容摘要】 —— 本案例通过对江苏京沪高速公路有限公司（以下简称京沪公司）落实新时期安全管理工作要求，攻坚克难，改革创新，推动安全管理高质量发展历程的描述，介绍该公司破解安全管理工作中管理制度落实难、安全隐患防范难、安全意识提升难和全员参与普及难四大难题的有效办法和途径，展示安全管理工作的成功经验和做法，以期对其他企业及企业管理者有所启迪。

【关键词】 —— 安全管理；隐患防范；创新激励

# 引　言

当前，国家安全生产形势严峻复杂，习近平总书记、李克强总理均做了重要指示，为企业进一步做好安全生产工作指明了方向，提供了根本遵循。为落实中央指示精神，江苏交控提出"安全就是生命"的发展理念，对全系统安全生产工作做了进一步安排部署。在历经"1+3"安全监控工作体系、职业健康安全管理体系、标准化管理体系三个阶段后，京沪公司的安全管理工作，现已进入攻坚克难的关键时期。安全管理工作中各种矛盾问题逐渐显现，管理制度落实难、安全隐患防范难、安全意识提升难和全员参与普及难四大难题更加尖锐突出。面对新时期安全管理工作的新特点、新要求，京沪公司当时分管安全工作的副总经理黄铭有他自己独特的思考和见解。他认为，公司安全管理工作在历经三个发展阶段后，标准化管理体系仍在安全管理过程中发挥着积极作用。但仅靠标准化管理体系已无法解决现有的矛盾和问题，亟须寻找新的解决方法。新的方法又在哪里？安全管理工作又该何去何从呢？黄铭陷入深深的思考之中……

## 一、案例背景

京沪公司隶属于江苏交控，主要负责 G2 京沪高速沂淮江段（261.5 千米）、S28 启扬高速扬州西北绕城段（35 千米）、S49 新扬高速扬州段（22.8 千米）以及 G40 沪陕高速宁扬段（76.1 千米）共约 395.4 千米高速公路的运营管理工作。公司实行本部、管理处、基层单位三级管理，下设 4 个管理处、32 个收费站、9 对服务区、5 支清障大队、两家子公司。自 2000 年开通运营以来，京沪公司紧跟时代发展需求，积极提升运营管理水平，树立了良好的社会形象，先后荣获"全国交通运输系统先进集体""江苏省五一劳动奖状"等 100 余项省级及以上荣誉。

## 二、路就在这里

京沪公司成立后,历届领导班子都十分重视安全生产工作,始终把安全保障工作作为第一要务。2012年,黄铭就任公司副总经理,具体分管安全工作,更是将安全工作放在首要位置。上任之初,他就展开安全生产工作专题调研。通过调研发现,公司现今采用的是最先进的安全管理标准化体系,安全管理形势总体不错,工作平稳发展,但也还存在一些亟须解决的问题。

### (一)巧借东风逼落实

为规范安全管理工作,落实安全主体责任,根据标准化管理体系,京沪公司陆续出台了《安全生产目标管理考核细则》《绩效评价实施细则》等一系列安全生产管理制度。但随着时间的推移,黄铭发现,实行标准化管理体系保证了安全管理制度规范齐全,有章可循,并不代表制度真正得到落实。

在基层单位调研时,安全营运部徐科长也深有感触:虽然公司制定了全套的安全管理岗位制度,但在层层落实中大打折扣,甚至还有部分人员根本不知道制度的存在。在公司例会上,针对徐科长反映的这一问题,黄铭提出:任何制度脱离执行,就失去了意义。制度要想让人真正落实,必须引入考核制度,用考核倒逼制度的执行落实。只有制度跟大家的切身利益相关,员工才会重视制度。根据这一要求,公司安全营运部迅速行动起来,把安全考核纳入员工绩效的千分制考核,通过考核来促进制度的落实。

经过一段时间的试行,安全管理制度的落实确实取得了一定的成效。可就在黄铭以为可以松一口气的时候,新的问题又出现了。安全营运部叶经理反映:"公司管辖范围全长约400千米,下设4个管理处,32个基层单位。每次进行安全考核时,公司均需派出多名管理人员花费约一周的时间进行全线考核，时间长、任务重、效率低。由于各单位情况千差万别，考核标准难以统一，严了担心不公平，松了又达不到考核的目的，存在标准统一难问题。此外，还存在考核人员送人情分的现象。因此，考核工作整体落实存在困难，无法真正达到考核的目的。"

针对这一问题，黄铭组织了专题研讨，经过多轮头脑风暴及专家论证后，创新性地引入"信息化+"的思维方式，即既然人考核存在问题，那就用计算机系统来考核，借信息化这一东风"逼"落实。

首先，组织专人编写各岗位安全管理职责清单。接下来，根据清单内容，邀请计算机开发人员对安全标准化系统进行延伸开发，研发出了新的安全生产标准化管理系统（见图1）。

图1　安全生产标准化管理系统

新系统按照OEC管理方法（日事日清）的方法，规定了上至党委书记、总经理，下至一线普通员工每天的安全管理任务，并要求安全生产的重要部位、重要环节实时拍照上传系统，由系统自动跟踪、记录、考核每日工作清单的完成情况，以此实现信息化"逼"落实的目的。这一系统达到了制度易落实、标准可统一、远程可稽查、事后可追溯、考核自动化的效果。

事实证明，信息化"逼"的手段取得了显著的成效，对促进安全管理制度高质量落实起到决定性作用。压在黄铭心里的一块大石终于落下了。

### （二）妙用科技防隐患

依靠信息化"逼"，解决了管理制度落实难问题。但是，对无法预测的安全隐患又该如何解决呢？每年，公司清障作业高达8000多起。道路状况瞬息万变，安全隐患防不胜防，该如何保证清障队员的安全呢？

对这个问题，黄铭认为，应该以预防为主，而预防工作人力有限，就必须依托技术手段。但是，如何来依靠技术手段进行预防呢？经过思考，黄铭有了自主研发与外来设备引入"两手抓"的思路。在实际工作中，由于员工平时业务繁忙，很少有人愿意利用业余时间进行创新研发。同时，创新研发需要一定的资金投入，单单依靠个人是远远不够的。

为在整个公司营造良好的创新氛围，调动员工探索技术预防的积极性，在黄铭的提议下，经会议讨论，公司决定启动清障作业现场安全管控专项课题，并投入20万元专项研究资金。公司力求研制出一种在清障现场作业时，能通过声音、灯光提醒的全天候、防雨水的警示装置。

有了充足的资金支持，全公司5个清障大队积极展开研究，最终淮安清障大队研制出"第一代便携式声光电警示装置"。这种装置集警报声、爆闪灯、LED文字于一体，体积小、重量轻、便于携带，深受一线清障员工欢迎。这种警示装置还荣获江苏交控工会合理化建议一等奖，并在江苏交控全系统进行推广运用。2017年，淮安清障大队对装置进行了升级，制作了"第二代道路清障作业现场声光电警示装置"，达到举升更高、声光更强、警示更远的目标，获得了清障员工的一致好评。

全公司上下自主研发创新道路一路开花，展现了良好的发展势头。2018年，公司又专门引进采购了防撞车，为作业现场增加了安全屏障。

技术创新，超前"防"理念落实有效，公司至今为止未发生一起责任性清障安全事故，在一定程度上解决了安全隐患防范难的问题。

### (三)力办活动促意识

虽然有了制度保障及技术支持,但安全管理仍不能掉以轻心。只有居安思危,才能真正做到有备无患。夏秋季为安全事故高发期,且包含七一、中秋、国庆等重要节日,是全年安全生产承上启下重要时间段。对此,黄铭提议,以活动"促"的方式为安全生产工作保驾护航,应在每年的特殊时段开展安全专项系列活动,以增强全员的安全意识。京沪公司总经理办公会通过并采纳了这项提议,决定在每年6月份全国"安全生产月"的基础上,7月1日~10月8日开展"夏季百日安全生产竞赛"(以下简称"夏安赛")活动。通过"夏安赛"活动对教育培训、制度落实、隐患查改、设备维护、宣传氛围、台账信息等内容进行"六比六赛",调动员工参与安全管理知识学习的积极性,从而进一步强化员工安全管理意识。

为增强员工参赛积极性,创新性地引入第三方考评打分机制,对获奖单位进行表彰。迄今为止,"夏安赛"已成功举办了6届,对增强员工安全意识起到强有力的支撑作用。各基层单位负责人反映,举办"夏安赛"活动后,员工的安全管理意识明显增强,处置突发事件应急能力进一步提升,各单位安全管理工作也更好开展了。

### (四)活用制度奖普及

在安全管理实际工作中,"安全工作是形式主义""安全生产做跟不做一个样"等错误观念还或多或少存在,不重视安全管理工作的现象也时有发生。为进一步调动积极性,黄铭提议,通过实行现金奖惩机制,督促安全工作深入落实。规定员工个人安全工作考核不过关,扣除安全考核相关绩效工资。

这项方案一经提出,立即引起各方抵触。员工小黄说:"这个制度如果落实的话,我该做的工作肯定还是会做,但是感觉到被管制压迫了,感觉没什么积极性了。"基层单位管理人员反映,员工的抵触情绪很明显,原先乐意做的事都不乐意做了，甚至出现敷衍的现象。公司的法务人员也反映这一点与劳动法有抵触，觉得不合理。

没奖惩，员工工作不积极；有奖惩，员工更消极，改革一时间陷入两难的境地。到底有没有一种折中的方法，即不惩罚又能调动员工的积极性？黄铭试着换位思考，如果我是员工，我希望公司怎么做呢？换位思考，茅塞顿开。原来，员工工作最关心的是工资多少。拿到的钱越多越好，从不会有人希望自己被扣钱。很多人希望自己能够得到奖励，愿意为奖励去努力工作。既然是这样，为什么只能有严惩措施呢？完全可以只有奖励，这样肯定能调动员工的积极性。

通过换位思考和反向思维，黄铭向公司提出实行考核奖，只奖不罚。由公司设立"安全生产考核奖"制度，只奖励不罚款。根据各岗位安全生产的不同责任，确定1500～3000元不等的安全生产考核奖。

如果一个基层单位全年无安全生产事故，则人人获得安全考核奖；反之，这个单位所有人、上级管理处业务主管科室、安全职能科室和分管处长的安全考核奖全部取消。公司以奖金这一杠杆来全面调动员工参与安全管理工作的积极性，从而达到管理的目的。

这一制度出台后，全公司上下迅速形成安全管理全员尽责、相互提醒、相互监管的良好的安全管理工作氛围，全员参与普及难问题得到了解决。

## 三、启示

京沪公司通过破解一个个难点问题，进一步提高了安全管理效益，形成了稳定的安全生产态势，有效助推了安全管理高质量发展。特别是在执行安全标准化体系的基础上，它着重破解了安全管理工作中管理制度落实难、安全隐患防范难、安全意识提升难和全员参与普及难这四大难题，从中提炼出信息化"逼"、超前"防"、活动"促"和考核"奖"等精细化安全管理方式，增强了企业安全管理工作的规范性和高效性，对安全管理工作提质增效进行了有效探索,其中呈现的成功经验和做法,具有一定的标杆示范作用和推广借鉴意义。目前,京沪公司安全管理工作进入相对平稳发展的轨道。但随着安全工作的进一步推进,各种矛盾和问题也会接踵而来。比如,如何依靠网络信息手段,进一步提升安全管理的水平;如何有效运用最新科技成果,进一步增强预防安全事故的科技含量等问题仍需探索。

# 保畅之路如何走

## ——构建联动式"消堵消患"路网管控模式

【内容摘要】——— 高速公路作为当今社会公众出行的主要方式之一，因其快速、便捷、高效的特点在经济、社会发展过程中的作用日益凸显，与人民群众生产生活的联系越发紧密，高速公路已成为跨区域交通出行的重要载体。本案例以江苏高速公路"一路三方"开展"消堵消患工程"为背景，描述了江苏交控营运安全事业部针对道路资源与持续增长的路网流量之间日渐突出的矛盾，以及重大节假日大流量期间的路网安全保畅与服务公众出行在营运管理方面的难点，探索构建联动式"消堵消患"路网管控模式，破解"过江难、难过江"这一焦点问题。案例中，江苏交控采取的措施、总结出的成功经验和取得的成效，无疑对高速公路管理部门在构建路网管控模式、确保路网运营安全保畅等方面有所启发。

【关键词】——— 一路三方；消堵消患；安全保畅

# 引　言

2019年大年初六，江苏交控营运安全事业部部长徐海北站在调度指挥中心监控大屏前，长时间凝视着高速路网交通态势地图和道路监控视频。望着那一条条红色拥堵曲线逐渐延伸、一串串红色刹车尾灯不停闪烁，种种担忧和疑虑在他心头萦绕：路网车流量会增长到什么程度，道路拥堵到底是什么原因，96777客服热线接到多少投诉电话，社会公众的质疑声会有多强烈，营运管理安全保畅该从何处抓起……

"徐部长！"信息服务中心王经理打断了徐海北的思绪，"有个情况跟您汇报一下，刚才接到一个客户来电投诉，他称在苏通大桥路段已经耗费了半小时才行驶了3千米，司机说看手机地图提示该路段拥堵十几千米了，问高速公路到底有什么措施能让老百姓快点过桥回家。"

徐海北听完随即指示值班员把苏通大桥视频图像投上大屏，按照拥堵线路查找拥堵节点。原来是苏通大桥北广场多股车流交织汇集，争道抢行，行驶速度受到很大的影响。说话间，广场"喇叭口"两辆小车停止前行，两位司机下车交涉起来，拉近镜头观察，原来是发生了车辆碰擦。徐海北立即指挥值班人员联系苏通大桥调度中心，迅速安排救援车辆前往处置，到场后先让车辆靠边，恢复主线畅通。清障车辆紧随其后也到达现场，事故很快处置完毕。可是，地图上的红色拥堵曲线又多了几百米。望着眼前的这一幕，一个在他脑海沉积许久的念头逐渐闪现出来：看来，构建联动式"消堵消患"路网管控模式迫在眉睫。

## 一、案例背景

2018年，为应对收费系统变革、路网流量激增、服务需求攀升等营运管理新问题，江苏交控融合原营运安全部和联网公司职能，成立营运安全事业部，下设五个中心（即安全管理中心、稽查管理中心、服务区管理中心、调度（应急）指挥中心、信息服务中心）和五个职能部门（即综合管理部、人力资源部、技术研发部、收费管理部、财务审计部）（见图1），承担着路网营运安全管理、调度指挥管理、通行费结算管理和公众出行服务四项任务。目前据不完全统计，江苏全省联网高速公路总里程为4830千米，日均出口交通流量达180多万辆。

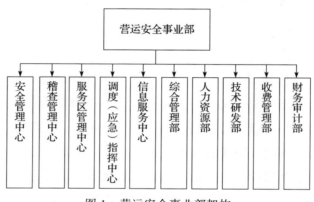

图1 营运安全事业部架构

## 二、联动式"消堵消患"路网管控模式实践

### （一）力排异议

面对当前的高速公路路网交通拥堵问题，徐海北与省公安厅交警总队、省交通综合执法局、江苏交控营运安全事业部的"一路三方"的值班人员进行了深入交流。他听到几种不同的声音，"过节就是要堵车，不堵就不是过节嘛""只有持续的堵车，才会让民众减少出行，节日期间待在家里""不需要人为消减拥堵，这太劳民伤财了，逢年过节新闻媒体铺天盖地的高速拥堵信息播报也可以影响群众的路线选择和出行意愿""只有堵车才能逐渐促使重大节假日小型车辆高速免费的政策修订或取消"……

徐海北认真听着大家的议论，但不认同这些声音。任其堵车，从民众出行意愿上做文章，是十分错误和危险的想法。确保高速公路的安全运营，为社会公众创造便捷、顺畅的通行环境一直是我们坚持不变的职责和义务，"服务路网、创造价值"更是我们刚刚提出的理念和追求，如果听之任之，随波逐流，眼看着高速公路的交通拥堵却不管不问，那就是不尽责、不履职，有悖于党员干部为人民服务的宗旨。这样绝对不行！现在必须拿出切实有效的交通组织方案和合理的管控模式消堵消患，尽快解决道路资源与路网流量之间的矛盾，让人民群众能够在高速公路上满意出行。

### （二）一锤定音

春节假期刚过，徐海北立即召开春节保畅工作总结会议。在会上，他明确指出交通运输与人民群众的社会生活密切相关，重大节假日期间的高速运营更是媒体普遍关注的焦点。保安全、保畅通、强服务是每个交通人的职责。要想人民所想，急人民所急，以科学创新的思想、务实上进的态度、灵活多变的措施，努力缓解道路拥堵，提升路网通行效率，切实保障人民群众的美好出行，不断满足人民群众的新期待、新追求。

会后，他又再次来到调度指挥大厅，注视着通行顺畅的高速公路监控画面和满眼绿色的交通态势图，他再次提出工作要求："要认真总结春运春节期间路网运行产生的新问题、新特点，节后与公安交警、交通执法部门协调配合，'一路三方'共同开展'消堵消患工程'，确保道路拥堵得到缓解。"

### （三）三方联动

3月2日，春运结束后的第一天，省公安厅交警总队、省交通综合执法局、江苏交控营运安全事业部"一路三方消堵消患领导小组"在省高速公路调度指挥中心正式挂牌成立，标志着江苏省高速"消堵消患工程"序幕正式拉开（见图2）。

要消减拥堵、消除隐患，眼下的首要问题

图2 "一路三方"路网管控模式示意图

就是要搞清楚哪里堵、哪里患。值班间隙，"一路三方"的值班领导和值班员站在系统平台的大屏前，展开消堵消患的深入探讨，一股脑扎进管控方式的研究中，有时一忙就是深夜。各路公司、交警大队、交通执法大队也积极参与"消堵消患"方案的研究制定。三方工作人员利用智能化平台对大流量拥堵路段全面梳理摸排，采集分析交通态势图、高德地图、百度地图等平台统计数据。通过与春运期间96777客服所受理的群众反映拥堵较多的路段以及节日期间的拥堵监控视频进行验证比对后，最终确定了29个路段、13个枢纽及12对服务区为"消堵消患工程"重要节点。

堵点隐患已经排查梳理出来，但是"消堵消患工程"的具体实施更需要"一路三方"的共同参与和携手推进。如果说"责任共担、齐抓共管、群防群治"的意识理念是行动指南，那么"联动协同，整合力量，统筹布局"则是行动规划。在联席会议上，"一路三方"领导小组研究部署消堵消患的组织实施，对隐患堵点分层分级，逐一制订治理计划。徐海北等人随即前往实地摸底调研，与各辖区路段管理责任单位现场商讨消减消除堵点隐患的方法措施。由于各路段、枢纽及服务区所处的位置、环境、路况及拥堵的原因各有不同，一路三方人员经过研究分析，确定以"一路一策、一堵一策、一患一策"为原则制订具体治理方案。

"过江难"一直是社会公众长期且普遍反映的问题，也成为节假日大流量期间高速公路营运管理者和出行者之间矛盾的一个主要方面。而作为省内最为主要的过江通道，江阴大桥、苏通大桥更是"难中难"。

从桥面结构来看，两座大桥都有一个共性，就是引桥坡度大，车辆爬坡速度慢，特别是大型货车，时速往往仅能达到50千米/小时，如果两辆货车并排行驶，便会造成后方车辆积压缓行。针对此通行现状，"一路三方"领导小组通过分析比对历史数据，研究决定在重大节假日期间实施黄牌货车限时错峰出行政策，为流量高峰时段桥面的通行顺畅提供了制度保障。此外，应解决长期存在的大桥主线广场喇叭口"瓶颈"现象。尤其在免费放行期间，收费站道口全部开放，多股车流同时在喇叭口聚集交汇，车辆争道抢行、变道加塞、急刹起步等现象屡屡出现，追尾碰擦等轻微事故频发。

针对此情况，"一路三方"领导小组开创性地在主线广场实施"3+2"模式的交通渠化措施，并根据节假日期间实际通行成效，进一步修改渠化方式为"3+1"模式，保证主线三股车道直通直行，边道留有一条超宽道供少量绿优货车通行，既钝化了交通节点通行矛盾，又避免因车辆交织而导致的事故多发，有效地提升了车流整体行进速度及通行效率。同时，采取启用应急车道辅助通行的方式，在上桥爬坡路段至主桥面车速较慢的桥面区间，将原有三条车道扩展为四条车道供车辆通行，从而实现桥区通行速度和通行能力双提升（见图3）。

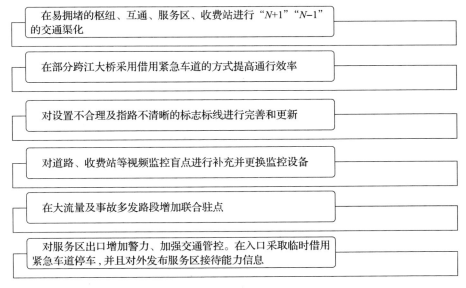

图3 综合治理方案示意图

### （四）成效初显

在正确决策部署下，经过一路三方的通力配合，道路拥堵治理初现成效。通过"消堵消患工程"的开展，清明假期，江苏省高速公路拥堵里程及节点明显缩减，道路通行效率明显提高，公众节假日出行体验明显变好（见图4）。

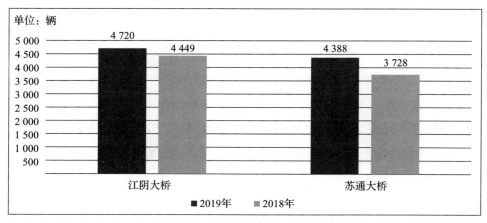

图4　江阴大桥和苏通大桥单向平均小时流量对比

江阴大桥、苏通大桥通过交通渠化以及借用应急车道辅助通行等方式，桥区通行速度和通行能力均有一定提升。据统计，江阴大桥由北往南平均通过小时流量达4720辆，较2018年同期增长6.1%，小时通行能力增加271辆，最高小时流量达5302辆；苏通大桥由南往北平均通过小时流量达4388辆，较2018年同期增长17.8%，小时通行能力增加660辆，最高小时流量达4643辆；由北往南平均通过小时流量达4764，较2018年同期增长11%，小时通行能力增加500辆，最高小时流量达5133辆。以往苏北路网车流拥堵至盐城段、淮安段、宿迁段等，清明节拥堵基本控制在南通和靖江段，北延路段大幅缩减；拥堵服务区也由春节期间的12个降到清明假期时仅有4个。当然，这些不过是部分高速公路经过三方联动、科学管控后通行效率提升的一个缩影，全省高速公路正在协同效应中经历着消堵消患的良性转变。

清明期间，96777客服受理的道路拥堵方面的投诉明显减少，而且在媒体的采访中，驾乘人员普遍反映节假日期间相比以前高速公路更顺畅了,更有驾乘人员评价"过江容易了,通行变快了,服务区好进了"。

徐海北再次来到调度大厅,看着交通态势图上拥堵红线的大幅减少,监控视频中车流顺畅行进,原先悬着的心逐渐放了下来。但是,清明节期间仍然暴露出一些消堵消患措施落实不到位、部分人员保畅意识不强等问题。针对这些问题,徐海北认为,"一路三方"还需进一步优化措施,完善方案,持续推进"消堵消患"有力开展,确保每一个拥堵节点都能及时消除。下一步,需要对"消堵消患"工作经验进行总结,组织召开案例研判分析会议,评选出典型经验、优秀试点,进一步探索总结出高速公路"消堵消患"的江苏模式、江苏经验。

## 三、启示

江苏高速公路联网营运管理有限公司针对道路资源与持续增长的路网流量之间日渐突出的矛盾,以及重大节假日大流量期间的路网安全保畅与服务公众出行在营运管理方面的难点,探索构建联动式"消堵消患"路网管控模式,破解"过江难、难过江"这一焦点问题,本案例呈现的措施、总结出的成功经验和取得的成效,无疑对高速公路管理部门在构建路网管控模式、确保路网运营安全保畅等方面有所启发。未来交通流量的日益增长、路网结构的不断变化、公众需求的持续上涨、路网运营的管理难题仍将持续存在。如何利用智能化手段实施路网车流的监测和诱导?如何在道路固有通行资源基础上进一步提升道路通行能力?如何在重大节假日期间实现断面通行能力最大化,路网流量均衡最大化,道路隐患整改最大化,始终为社会公众提供便捷、畅通、优质的高速通行环境,仍值得进一步探索实践。

# 历经曲折得真经

## ——江苏高速公路养护工程排水路面技术及应用攻关记

【内容摘要】 —— 本案例以江苏高速公路工程养护技术有限公司（以下简称养护公司）联手交通运输部公路科学研究院，依托项目实体，在江苏高速公路路面养护工程中探索推进排水路面技术及应用为样本，介绍了该公司多层级项目组织实施管理网络，层层负责；工前三方主体徒步观测，动态掌握旧路信息；建设质量双控体系，使关键工序具备双重保障"三个首创"的成功经验。案例呈现出的这一创新技术成果不仅填补了江苏高速公路路面养护工程排水路面施工技术的空白，也为排水路面施工技术在全国的发展与推广奠定了基础。更为重要的是，这一成果的创新过程，对业界相关企业的技术创新与人才培养提供借鉴和启迪。

【关键词】 —— 工程质量管理；施工工法；排水路面技术

# 引　言

2018年7月的一天清晨，下起了瓢泼大雨。在宁靖盐高速公路上，坐在车里的养护公司副总经理兼总工程师宋江春不由自主地望向车窗外。一辆辆汽车飞驰而过，路面上却没有因为大雨而产生丝毫积水。此时，一种荣誉感和自豪感油然而生，宋江春的思绪一下子回到了那段让人兴奋又紧张的日子：2014年自己带领第一批"吃螃蟹"的团队，历经重重困难，日夜奋战，终于完成了上级领导交予的将排水路面技术在江苏落地的重要任务。更让他高兴的是，经历了这项新技术研发攻关的过程，为公司各条战线培养了一批重要骨干，探索出了一条以技术创新引领"干中学"的人才培养道路。

## 一、案例背景

### （一）公司简介

养护公司是专业从事高速公路路桥养护的国有企业，具有集研发、推广、应用于一体的平台优势，与省内外高等院校、科研院所等专业科研机构团体，长期开展科研合作、成果转化、推广应用等工作，拥有丰富的科研工作经验，也取得了丰硕的科研成果。公司工程施工、养护管理经验丰富，技术储备较为充足。在沥青路面就地热再生、排水沥青路面、泡沫温拌沥青路面等施工以及相关技术的研究上，处于国内领先地位。公司曾获得中国公路学会科学技术一等奖、二等奖、三等奖；作为主要参与方编制了两个地方标准，获得"省级工法认证"，荣获江苏交控颁发的建设科研成果推广证书两个，拥有多项发明和实用新型专利。

### （二）重任在肩勇担当

"我们江苏的高速公路向来居国内引领地位，江苏交控现在又从国外引入了排水路面技术，江苏高速的技术优势将更加明显。但是让这项先进技术在江苏扎根落地是个难题！江总，养护公司科研创新能力一直都很不错，取得了很多优秀的成果。这项艰巨的任务交给你们，能不能完成啊？"江苏交控总工程师吴赞平面带微笑地问道。望着养护公司总经理江瑞龄期待的眼光，宋江春斩钉截铁地回答："请两位领导放心，我保证完成任务，国外能做好，我们一定也可以！""这个项目关系重大，我只有一个要求，只许成功不许失败。"吴赞平总工程师指示道。

## 二、破而后立解困局

返程途中，宋江春表情凝重，眉头紧锁。据他了解，美国和西欧等发达地区都在20世纪六七十年代开始研究和应用排水沥青路面。荷兰是世界上排水沥青路面应用最为广泛、研究最为深入和技术最为先进的国家之一。到目前为止，荷兰90%的高速公路路面使用排水路面，以满足降噪、排水等方面的要求。虽然在会上他信心满满地领了重任，但他深知，这个享有"顶级服务功能路面"称号的排水路面，具备迅速排除路面积水、显著增加雨天行车能见度、缩短刹车距离、降低雨天的事故发生率的优点，但作为一项新引进的技术，也存在着工艺要求高、施工难度大的难题。其在国内新建工程中虽有应用，但在高速公路路面养护工程中从未用过。从技术消化到施工设计再到具体实施，可以说都是前人没有做过的，只能摸着石头过河。这个已经在公路养护行业摸爬滚打了20余年的老工程师，此时也不免感到肩上的重担。军令状立下了，成与败不仅关乎个人荣辱，更事关全公司的荣誉，乃至高速公路用户的安全。

### （一）三级合力定架构

在急难险重任务面前，养护公司发挥集中力量办大事的优势，江苏高速公路工程养护技术有限公司、交通运输部公路科学研究院、江苏宁靖盐高速公路有限公司三股力量通过无数次会议不停碰撞，拧成了一股巨大的合力，终于打磨出公司级、部门级、项目级三层级的项目组织实施管理网络，制定了三方管理分工表和责任清单。

在搭建项目攻关团队过程中，宋江春综合考虑每位员工的个性、能力、发展潜质以及异质性，精心挑选和组建了精干的工作小组，并且充分利用这次项目平台，发现和培养了一批具有管理能力的创新人才（见图1）。

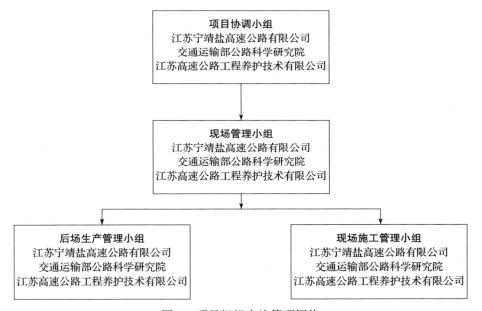

图1 项目组织实施管理网络

（二）妙计巧得"下锅米"

在高速公路路面养护工程中应用排水路面技术，当时在江苏省内乃至全国尚属空白，并无可借鉴的成熟经验。立下军令状后，宋江春亲自带队，前往省内仅有的两条排水沥青试验性道路考察。实地考察后他发现，随着时间的推移，老路面已经出现了石料脱落的问题。结合前期的科研及施工情况，宋江春判断出现问题的原因是，排水沥青混合料敏感性更高，生产、运输以及施工各环节都有可能对排水路面路用性能造成重大影响。

由于没有经验可循，在解决石料脱离的问题上，团队刚开始工作就陷入了困境。在一次项目讨论会上，交通运输部公路科学研究院公路院提出"集料中的软石含量不大于1%"的技术要求。项目攻关团队的成员立刻提出质疑："需要这么苛刻吗？再说这种石料哪家能供？"公路院仍然坚持他们的观点，双方争执不下。实际情况是，即使是养护公司历来选用的优质玄武岩，离这个要求仍有很大差距。换句话说，标准如此之高的材料可能根本不存在。

看着大家激烈地争论，宋江春却心平气和地说道："软石含量是极其重要的指标，因为一颗软石的粉碎就会导致周边石料的脱离，而粒型的饱满程度可以从根本上影响混合料的骨架咬合力。但是，项目组的质疑并非没有道理，我们何不先保留双方意见，更广泛地收集信息，然后去江苏的矿场调研一下再下结论呢？"

会后，宋江春亲自带着项目攻关团队跑遍了全江苏18家矿场，发现没有一家成品料符合要求。项目陷入无米之炊的困局，一种强烈的挫败感顿时充斥于每个人的心头，车内寂静无语。为了缓和气氛，现场技术负责人符适挑起了话题："咱们今年这个工作服质量真不错。"项目副经理陈强说："是啊，找专业厂家定制还是有保障的……"说者无心听者有意，宋江春灵光一闪："私人定制！为什么不能走私人定制的路线呢？既能形成稳定的供货渠道，质量也可控，这不就有米下锅了吗？"

然而，想要定制也并非易事，大厂不愿做，小厂做不了。宋江春三顾茅庐，终于说服了厂家。在石料加工上，通过选用优质料源、二次深度加工、专人源头把控三管齐下的方法，有效地控制了集料的粒型与性能。

### （三）九转功成黏结层

石料难题解决了，下一个难题跟着就来了。作为养护工程，势必要面对新老路面如何黏结的问题。交通运输部公路科学研究院公路院提出，使用高黏改性乳化沥青的方案。但是，乳化沥青需要一定的破乳时间。高速公路养护通常是在不影响通车的情况下占道施工，黏层养生时间过长既不利于施工，也容易造成安全隐患。有什么替代方案，谁也没法一下子提出来。那段时间，项目攻关团队每个成员的大脑都处于高度紧张状态，端着的饭碗会突然掉下，睡到半夜会突然惊醒。团队每个成员口袋里都有个小本子，上面密密麻麻地记着临时跳出来的新想法。一个个想法被否决，一条条新思路却得到拓展。

在经历了不知多少次的思想碰撞后，项目攻关团队在橡胶应力吸收层的基础上，首创了"预裹覆碎石＋橡胶沥青"的联合体方案。为了使沥青在碎石表面的裹覆达到交通运输部公路科学研究院提出的 60% 的技术指标，以进一步增强石料与沥青的黏结力。项目攻关团队通过人工手动、脉冲继电器、铺设专用加长管道的方法，终于创造出石料裹覆率高达 80% 仍然保持颗粒之间不黏结的奇迹。

在随后的跟踪检测中，项目攻关团队组又发现橡胶沥青性能随着时间推移有衰减的现象。宋江春自加压力，提出要将检测战线前移至橡胶沥青生产厂，并创新性地打造了橡胶沥青即产、即检、即洒的生产检测新模式。此举可以充分保证洒布时橡胶沥青的质量，橡胶应力吸收层也由此成为养护公司在高速公路路面养护工程中应用的新型黏结层。

排水混合料空隙高达 20%，必须使用黏度极大的沥青，以保证混合料的黏结力，才能提升抗水损害能力。但是，黏度太大，势必会让生产、施工陷入困难。怎样才能在保证高黏沥青满足技术要求的前提下，同时使生产施工具备可操作性。宋江春与现场技术负责人符适带领试验组加班加点，反复摸索，耗时近一个月，对不同厂家、不同改性剂、不同掺量的改性沥青以及不同掺量的高黏剂进行了几十组交叉模拟试验，最后终于确定了改性沥青的指标，以及与之匹配的 SBS 改性剂掺量和高黏剂掺量。

### （四）精益求精工匠心

石料、沥青、应力吸收层，一道道难关被攻克，宋江春终于有了一丝笑容。可是，新的问题又接踵而至。

这种敏感型混合料级配波动带来的影响太大，项目攻关团队一直找不到目标孔隙率与级配之间的平衡点。宋江春把技术会开在了拌合站现场，对哪一个节点可能产生问题、怎么预防、出现问题怎么排除一一进行梳理。有人抱怨说："公路院就是学术派，这种细微的控制在室内可以，在真正的拌合楼怎么可能实现？"面对这些抱怨，宋江春却从中受到启发："既然室内称量可以精准控制，那么提高拌合楼的称量精度也一定有办法解决"。一句牢骚话打开了解决问题的大门，最终项目攻关团队通过升级改造拌合楼热料称量系统，采用二次称量，降低飞料的影响，终于将称量精度控制在 0.5% 以内。

解决聚酯纤维问题也是一波三折。拌合站用传统的喷射流量计量，精度不够。宋江春带着团队尝试了多种方案，就是没有办法解决纤维在拌锅中飘浮的现象。后来，他们尝试打入骨料，这才解决了这个难题。

以往外掺剂采用的是人工投放的方式，投放的时间容易产生小幅偏差，同时存在漏投少投的风险。经过多次研究讨论，项目组最终决定在拌合楼上架设皮带传输，与生产系统相连，确保了高黏外掺剂进拌锅的时间的稳定性。后来，又进一步升级改良，加装了储仓和称量装置，实现了高黏剂的精确称量与投放。

本以为万事俱备，摊铺班长孙长明却提出了一个问题："宋总，这料子怎么压呀？公路院问我们能不能试试用胶轮碾压，国外干这么多年，谁也没敢用过胶轮啊。"胶轮的搓揉可以大幅提升路面的抗飞散能力，但是温度高了会黏轮，也没有任何先前的数据可以参考。宋江春立即组织开展室内试验，在室内初得数据后，又在生产基地的院内进行了多次试铺，摸索不同的碾压组合达到的压实效果，终于确定了合适的胶轮碾压温度。为进一步防止排水混合料黏度大导致摊铺过程中易黏轮的问题，项目攻关团队对压路机进行了改造，安装了自动喷洒系统并配置了专用隔离剂以防黏轮，确保碾压工序能顺利进行。

## （五）双控体系保质量

为严格控制生产、施工、检测过程中各关键技术环节的质量，项目攻关团队对石料、沥青两大主材，采取施工和技术服务双方共同驻场、共同检测、共同确认方可发货的方式，建立了协调有序的工序质量控制体系和质检控制体系。工序和质检两套班子分工明确，工序自检交接检，质检专检全程检，协作并行，为排水路面施工质量保驾护航。这在后来被称为"双控体系"，成为公司路面大中修项目、桥梁加固项目的质量管理常态化模式（见图2、图3）。通过排水路面施工形成的多方协作、管理创新、人才培养模式也将成为路面养护工程项目的常态。

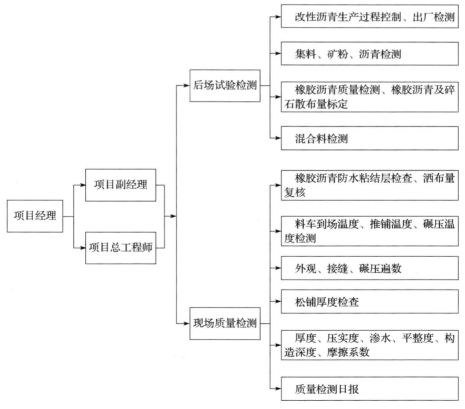

图 2　工序控制网络

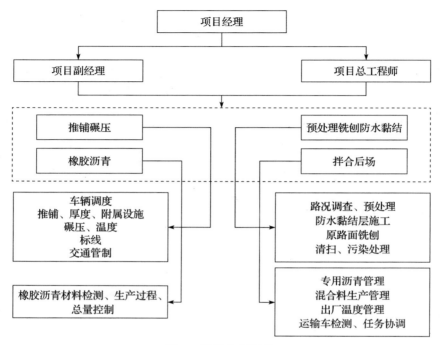

图 3　质量控制网络

### （六）天道酬勤事竟成

在排水路面第一段正式施工的前一晚，大家围坐在一起，回想这几个月来，几十场会议、几十项机改技改，失败、修改、再失败、再修改的一个个环节，宋江春眼含热泪以水代酒向黑了、瘦了、憔悴了的项目经理、拌合站站长、技术员、接缝工敬了一杯："有些事，其实我们可以不用做到这么极致。但我们是工程人，不做好对不起良心啊。"

2014 年 9 月 14 日，K102+508-K102+078 靖盐向半幅排水路面成功铺筑。来自荷兰基础设施部与环境部公路水运局高级专家 Drs. Dineke van der Burg 在施工现场激动地竖起大拇指，这也是对宋江春团队长期以来坚持拼搏奋斗的肯定与赞美。

## 三、启示

养护公司在江苏高速公路路面养护工程中探索并推进了排水路面技术及应用，实施了多层级项目组织实施管理网络、工前三方主体徒步观测、质量双控体系，创建了"三个首创"的成功经验，不仅填补了江苏高速公路路面养护工程排水路面施工技术的空白，也为排水路面施工技术在全国的发展与推广奠定了基础。如何进一步推广排水路面施工技术，将该技术的应用打造成为江苏高速养护的一张亮丽名片，需要养护公司继续探索与奋进。

# 投资融资篇

金融强则国家强,金融兴则企业兴。江苏交控抓住时代机遇,从战略平衡和全局统筹的高度布局投融资业务,稳妥地解决了"钱从哪里来"的问题,更好地担起江苏省委、省政府赋予的投融资重任,进一步提升了公司整体的投融资能力,全面提高了江苏交控系统的盈利水平。

# 资源整合　投融联动
## ——三方协力破解"钱从哪里来"的难题

【内容摘要】——— 本案例以江苏交控为研究对象，叙述了面对建设交通强国、交通强省的重大战略目标，面对公司转型升级的迫切需要，江苏交控如何保障资金供给，破解"钱从哪里来"这一发展面临的首要难题。案例从政府资源、社会资源、金融资源三个方面对公司具有的特殊价值及其行业先进之处进行了简要介绍，试图引导大家对集团公司的资本引入、产业提升、融资体系搭建等方面进行充分思考，为保障资金供给、顶层设计资本布局方案的管理者提供参考和借鉴。

【关键词】——— 政府还贷；社会资本；金融资源

# 引　言

2019年2月12日，正月初八，春节后江苏省的第一个全省性大会——"交通强省暨现代综合交通运输体系建设推进会议"在南京召开。江苏省委书记、省人大常委会主任娄勤俭，省委副书记、省长吴政隆在会上分别做重要讲话，要求充分落实党的十九大部署建设交通强国的重大决策，率先完成建设江苏交通强省的目标，利用好江苏省处于"一带一路"建设、长江经济带发展和长江区域一体化发展三大国家战略叠加区的特殊区位优势，加强高速公路、快速铁路、过江通道等项目的建设力度，江苏交控要在创新发展中发挥好交通投融资主渠道作用。加快从交通大省向交通强省迈进，更多利用市场化手段，保障项目规模化开工，这对江苏交控资金支持提出了前所未有的要求。在2019年度工作会议上，江苏交控董事长蔡任杰提出了当前公司亟待解决的三大难题，其中"钱从哪里来"是公司面临的首要问题！

## 一、案例背景

江苏交控是江苏省委和省政府于2000年成立的江苏重点交通基础设施投融资平台，经过多年的发展，江苏交控逐步构建了以综合交通基础设施为主体，以金融投资和"交通+"为两翼的"一主两翼"产业发展格局，逐步成为大型省级国有资本投资公司。

截至2018年年底，公司实现全口径营业收入522.2亿元，首次突破500亿元，实现利润总额159.4亿元，公司运营的高速公路里程达4101千米，占江苏全省高速公路通车总里程的86%，参股投资的铁路运营里程1904千米，占全省铁路运营里程的68%。企业快速发展的同时也面临着倍增的资金保障压力。

## （一）综合交通要加力

早在 2017 年，党的十九大报告就提出要加快建设交通强国的战略目标。2019 年 9 月，中共中央、国务院印发《交通强国建设纲要》，要求到 2020 年，完成决胜全面建成小康社会交通建设任务和"十三五"现代综合交通运输体系发展规划的各项任务，为交通强国建设奠定坚实基础。

经济要发展，交通要先行。江苏省交通路网虽然在全国处于领先地位，但仍存在发展不均衡、不协调的问题，江苏省从"交通大省"向"交通强省"迈进，其时已至、其势已成、其局已开。江苏交控承担了交通基础设施投融资的"主渠道"作用。据测算，到 2025 年，江苏交控全系统高速公路项目总投资将达 2389 亿元，同时还需承担对铁路集团、港口集团、机场集团等资本金出资约 470 亿元。公司未来几年年均投资任务将超过 600 亿元，为"十二五"期间年均投资规模的 4 倍，综合交通投资不断增加。

## （二）公司发展要转型

当前，江苏交控加快了结构调整和转型升级，全面提升公司综合竞争实力和可持续发展能力。在综合大交通基础设施投融资的基础上，进一步提高了大类金融资产、ETC 供应链、文化传媒、清洁能源、运输旅游等领域的投资力度，大力发展路沿经济和路延经济，形成以综合交通基础设施为主体，以金融投资和"交通+"为两翼的"一主两翼"产业发展格局，同时加快构建高速公路、金融、"交通+"三大板块资本和产业协同支持铁路、机场、港口、航空发展的"三带四"模式。"一主两翼"的产业布局，进一步放大了资本功能，发挥了集聚效应，提升了公司综合实力。为此，江苏交控每年需向金融和"交通+"板块投资近百亿元，未来还将继续保持每年百亿规模的投资规划。

## 二、"三源汇流"破解资金难题

在以蔡任杰董事长为核心的公司领导带领下,全集团敢于正视问题,善于研究问题,勇于解决问题。2019 年 3 月,江苏交控召开了"聚焦三大难题攻坚突破"研讨会,就存在的难题进行深入剖析,群策群力寻找出路。

江苏交控董事长蔡任杰在会上强调:"我们要清醒地认识到当前江苏交控正处于加快推进现代化综合交通运输体系建设的'发展跃进期',投资加快、融资困难、负债上升的'矛盾凸显期',防范风险、撤站撤岗、提质增效的'改革攻坚期'。在'三期'叠加的情况下,未来五年江苏交控还要完成 5000 亿元的投资任务,无论是投资端还是融资端,都面临着很大的压力。稍有不慎,平台融资的优势将会失去,发展后劲就会不足,企业很有可能陷入困境。"

2019 年 4 月,经过深入研究和科学论证,江苏交控下发了《关于开展"聚焦三大难题攻坚突破"主题年活动的实施意见》,提出了有针对性的问题破解方案。

### (一)充分利用政府资源

1. 高管中心:放大政府还贷平台的职能

江苏省高速公路经营管理中心(以下简称高管中心)属于公益二类事业单位,由江苏交控统一管理,负责江苏省政府收费还贷高速公路的投资运营。自 2017 年财政部规范政府收费公路融资模式后,新建高速公路的项目融资全部使用地方政府发行的收费公路专项债券,不需要自主筹资。高管中心每年经营现金净流入近 30 亿元,通过进一步挖掘高管中心的投资能力,按现有项目 40% 资本金比例来看,每年可以撬动项目投资近 75 亿元,可有效分流公司部分投资压力,缓解高强度、快节奏投资规模带来的资金保障难题。

2. 盐射高速：试点"以市为主"的建设模式

盐射高速公路全长约22.5千米，概算批复总投资约24.5亿元，由射阳县沿海投资有限公司和江苏交控共同投资建设。江苏交控探索推行了"省市共建、以市为主"的建设模式，即由盐城市主导项目投资，建成后交由江苏交控运营管理。盐射高速项目资本金为9.8亿元，江苏交控出资2.94亿元，占30%；射阳沿海投资公司出资6.86亿元，占70%。通过"以市为主"的建设模式设计，盐射高速公路继续并网运营，江苏交控出资仅为项目整体投资的约10%。以盐射高速为试点，对地方积极性较高、以服务地方为主的高速公路项目，江苏交控将进一步推广运用"以市为主"的建设模式，充分发挥地市政府平台投融资能力，在有效满足人民对美好出行向往的同时，缓解了公司的投融资压力。

3. 政府补助：争取政策红利支持

根据省铁路集团组建方案，2019～2021年，江苏省财政将拨付江苏交控250亿元资本性补助专项用于对省铁路集团出资。考虑到铁路项目运营初期将不可避免地出现大额账面亏损，江苏交控同省铁路集团协同努力，成功申请将每年资本性补助资金中的40亿元转为对省铁路集团的收益性补助。按此调整，省铁路集团和江苏交控可改善财务报表，财政厅不额外增加投入，而是发挥财政资金的最大效用，实现一举多赢。

2019年6月，中共中央办公厅、国务院办公厅印发《关于做好地方政府专项债券发行及项目配套融资工作的通知》，允许将专项债券作为符合条件的重大项目资本金。江苏交控积极向省财政厅和省发改委申请，极力争取省财政公路专项债资金补充重大项目的资本金，有效缓解了江苏交控重大项目资本金的出资压力。

(二) 有效盘活社会资源

1. 江苏租赁、通行宝公司：搭建上市公司平台

江苏交控下属的江苏金融租赁股份有限公司（以下简称江苏租赁），借

助资本市场实现了经营效益和品牌影响力的双提升，资产规模、营业收入和利润总额近年来增长迅速。2018年江苏租赁IPO上市成功，成为首家上市的非银金融租赁公司，上市为江苏交控的未来发展压实了资金储备。目前，江苏租赁总资产收益率、净资产收益率全行业排名第一，在资本市场上树立了非常好的形象。

通行宝公司以"实业+资本""产业+金融"为发展战略，以"交通+"为中心，创新商业模式，拓展市场业态，深挖用户需求，打造"ETC+"产业链，实现了苏通卡全支付功能，逐步演变成集技术研发与输出、产品开发与生产、运营管理与服务、平台建设与运营于一体的智慧交通服务商。目前，通行宝公司的IPO相关工作已正式启动。

待通行宝公司上市后，江苏交控旗下将有三家上市公司，在路桥公司和市场化公司领域均有布局，多元化的上市公司将为江苏交控今后的发展带来更加通畅有效的资本获取渠道。

2. 文化传媒：储备战略投资预备队

江苏交控与新华报业传媒集团（以下简称新华传媒）共同设立的江苏交通文化传媒有限公司（以下简称交通传媒）成立于2018年6月21日，管理着江苏省内4000多千米高速公路沿线的3896个媒体设施，在未来三年内，还计划增设1000余座广告设施。交通传媒股东新华传媒作为国内媒体行业的顶尖代表，在利用新媒体产业爆发增长契机、整合媒体资源、开展媒体运营方面有先天的优势。经过江苏交控与新华传媒的协力运作，交通传媒的运营能力显著提高，经营管理水平不断提升，市场影响力持续扩大，为江苏交控培养了一个新的利润增长点。

（三）稳妥引入金融资源

1. 储架发行模式：完善直接融资通道

2016年起，江苏交控在银行间市场注册发行债务融资工具（DFI），2017年江苏交控向国家发展和改革委员会申请注册了200亿元储架式公司债券。通过储架发行模式，可以打包多个债券品种，债券额度汇总一次申报注册，后期分期发行，在很大程度上提高了债券发行效率，为公司各类债券创造极佳的发行环境。

2018年7月，上海证券交易所推出融资优化监管模式，江苏交控积极筹备向上海证券交易所申请300亿元储架式公司债券。完成申报后，江苏交控将完全打通银行间和交易所两大市场、三种储架发行通道，加之在公开市场上的AAA评级和良好的"苏交通"品牌形象，公司将形成两大市场互相促进、互为补充的格局，为公司后续发展提供强劲的融资保障。

2. 并购融资：探索资本金融资之路

2019年伊始，江苏交控总会计师杜文毅带领财务管理部全体成员学习董事长2019年工作报告，"钱从哪里来"这个难题让大家紧锁眉头。他说："公司对省铁路集团配套现金增资280亿元是眼下规模最大、最迫切的资本金需求，按今年本级财政预算来看，仅靠自有资金不足以支撑对省铁路集团的增资资金，所以大规模合规资本金融资是我们部门今年融资工作的重中之重。"

为解决280亿元的资金问题，江苏交控邀请国家开发银行（以下简称国开行）评审处、市场处等多方进行反复探讨、多方论证，确定通过并购贷款方式解决增资的资金问题。但新的问题又出现了，增资项目不直接符合传统上对"并购"的定义，在政策适用上还需进一步突破。在协调会上，大家集思广益，创新性地运用逆向思维破题，"为维持控制权而认购新增股权也应是并购的一种方式"，即若不增资将丧失对省铁路集团的控制权，通过增资模式维持控制权，应当视为一种"并购"。经过前后两个月的集中攻关，增资项目最终成功获得国开行及银保监会的认可，获得并购贷款168亿元，全周期可节约财务费用27亿元。更为重要的是，本融资模式在理论层面和实践层面均实现了重大突破，为国内同类大型资产并购和重组项目的融资提供了借鉴和范本，具有重要的现实意义。

### 3. 专项资金：用足政策支持优势

借助国开行专项建设基金可补充资本金的政策优势，江苏交控积极向国开行江苏省分行争取支持。2016年以来，国开行累计对江苏交控投放专项建设基金80.98亿元，投放力度为江苏全省之最，专项建设基金融资成本贴息后最低仅为1.2%，平均成本仅为1.95%，有效降低了公司的融资成本，节约财务费用约23亿元，助力公司提升盈利水平。

2019年，子公司江苏云杉清洁能源投资控股有限公司（以下简称云杉清能）H5海上风电项目，总投资55.66亿元，其中需融资41.75亿元。江苏交控敏锐地意识到海上风电项目是国家力推的清洁能源项目，国开行对此类项目有PSL①的专项政策资金支持。经过江苏交控积极申请和扎实申报，通过了国开行对该项目的评审，最终确定借款利率为全程下浮11.32%，这个利率创造了江苏交控银行项目融资的新低。与此同时，借江苏省对绿色项目推行绿色债券补贴的政策，江苏交控及时调整项目融资为国开行PSL专项资金＋绿色中票的组合融资策略，其中绿色中票5亿～10亿元，预计票面利率不超过4%，发行完毕后可申请30%财政贴息，补贴期限为两年。最终该项目综合融资成本控制在了4%以下，预计节约财务成本约2.70亿元，可提高项目净资产收益率约3%。

### （四）多方共赢创造良好局面

#### 1. 资金保障率100%

江苏交控坚持以"保供给"为第一目标，多渠道、多方式、低成本筹集资金。2018年以来，江苏交控累计取得外部融资2457亿元，江苏租赁2018年A股IPO募集到社会资金近40亿元，加之地方股东资本及战略投资者的资金注入，江苏交控有力保障了综合大交通战略落地，重点基础设施资金保障率继续保持100%。

在多方资金保障下，自2018年来，江苏交控累计完成投资500.15亿

---

① 一般指抵押补充贷款。

元,其中高速公路投资约216.77亿元,与铁路集团、港口集团、机场集团投资有效衔接,完成综合交通项目出资212.31亿元,为江苏交控可持续发展完成股权投资71.07亿元,圆满完成了省委、省政府交办的投资任务,公司的主渠道作用显著提升。

2. 融资成本行业领先

江苏交控通过直接和间接融资手段并举,灵活调整融资方式,坚持融资创新,打通各类融资渠道,全面降低资金成本,江苏交控融资成本始终处于低位运行。2019年以来,江苏交控新增融资成本率为3.38%,比2018年同期下降127个BP[⊖];综合年化融资成本率为4.42%,比2018年同期下降39个BP,融资成本继续保持领先水平。

3. 资源储备更加丰富

(1)上市平台渠道的储备。江苏交控目前宁沪公司在A+H股两地上市,在境内外资本市场上形象良好。借助宁沪公司上市平台通道,加快优质路桥资产整合和整体证券化上市,未来在资本市场上大有可为。江苏租赁在A股上市,开创了非银金融租赁公司上市的先例,未来发展通道已完全打开,既可广泛开展金融业务,也可以反哺主业。通行宝公司上市后,通过发挥其与公司路桥业务的天然联系以及整合供应链金融体系,未来在智慧交通、ETC多场景应用开发等领域将实现重点突破,把握前沿科技浪潮,布局高科技、高增长产业,提升公司的可持续发展能力。

(2)战略合作资源储备。通行宝公司通过ETC业务引入了上海汽车集团股份有限公司(以下简称上汽集团)、中国银联等在国内外有影响力的战略合作伙伴,同时收购了感动科技、商业保险代理公司,形成产业良性发展生态圈。交通传媒引入了知名媒体公司新华传媒,对整合公司媒体资源具有非常大的价值。此外,公司布局路沿经济和路延经济,继续与中国人寿、中国邮政、中国电信、京东、中国石化等知名机构加强沟通交流,探讨双方合作落地,实现合作共赢。大批战略投资预备队的储备,在培育公

---

⊖ 基点(basis point, BP),指债券和票据利率改变量的度量单位。1个基点等于0.01%。

司新产业、充分利用社会资本方面具有重大意义。

（3）金融资源储备。在资产端，通过布局变现能力较强的金融资产，如江苏银行、华泰证券、春兰股份、海通证券等上市公司的股权，有助于提高公司对极端情况的应变能力。通过密切推进大类金融资产配置，完善基金全产业链生态布局，同时加快江苏交控系统金融投资的集约化管理，通过布局金融资产的高收益进一步反哺主业。在资本端，继续保持各金融机构的高授信，目前江苏交控获得各银行的总授信为5469亿元，未使用额度为3802亿元，江苏交控在投融资在对内外环境的反应能力、适应程度及调整余地方面始终游刃有余。

## 三、启示

江苏交控作为江苏省重点交通基础设施建设的投融资平台，通过整合政府资源、社会资源、金融资源有效解决了企业在持续改革创新过程中，如何稳妥解决"钱从哪里来"这一首要难题，在创新发展中很好地发挥了全省交通投融资的主渠道作用，为推动建设"强富美高"新江苏做出了贡献。

然而，当前国内经济下行的压力逐步加大，投资、消费等增速放缓，创新技术快速发展，交通产业需要适度超前布局，这为江苏交控的结构调整和转型升级带来了难度。当前艰巨的投资任务未来如何快速形成财务回报？为把江苏交控建成"国际视野、国内一流"的投融资公司，未来如何系统实现资源资产化、资产资本化、资本证券化？江苏交控全体干部、员工仍需要深入思考，提前谋划。

# 改革驱动　转型引领

## ——全国首家金融租赁公司登陆 A 股主板市场

**【内容摘要】** 江苏租赁是江苏交控旗下的一家主营金融租赁业务的金融性企业，同时是江苏交控"一主两翼"战略布局中金融投资板块的关键成员。在江苏交控指导下，江苏租赁长期坚持深化国有企业体制机制改革，采取混合所有制改革、法人治理结构改革、业务转型升级、人事体制机制改革等多项举措，经营业绩快速增长、业务专业化不断提升、市场竞争力显著增强，为公司 IPO 打下了坚实基础。2014 年，江苏租赁开始启动股改，2018 年 3 月 1 日成功登陆上海证券交易所 A 股主板市场，成为全国第一家上市的金融租赁公司，实现了全行业的历史性突破。

**【关键词】** 改革；转型；国有资本；IPO

## 引 言

烟花三月，春满申城。2018年3月1日，在上海证券交易所大厅里，随着一声金锣鸣响，在掌声与欢呼声中，江苏租赁（股票代码600901）成功登陆A股主板市场，成为全国第一家主板上市的金融租赁公司，实现了全行业零的突破。一时间，《人民日报》、央视网、新华网、江苏卫视、《证券时报》等多家主流媒体进行了报道。

## 一、案例背景

### （一）公司简介

江苏租赁是江苏交控控股的国有上市金融性企业。公司主营金融租赁业务，立足于服务实体经济，长期坚持"服务中小、服务三农、服务民生"的业务特色，为各类企事业单位和个人购置设备、技术改造、盘活资产提供资金支持。近年来，江苏租赁服务制造业厂商和经销商500多家，中小微客户20 000多家，涉及高端装备、清洁能源、农业机械、交通物流、信息科技等十几个重要民生领域。

### （二）居安思危

"企业发展得很好，为什么还要上市？"这是江苏租赁决定启动上市工作时听到的普遍疑问。此前，江苏租赁长期坚持市场化、差异化、专业化发展，已逐渐成为国内中小企业和医疗、教育等社会事业领域领先的金融租赁公司。资产规模、营业收入及净利润等年均增速超过30%，总资产回报率、净资产收益率等指标均处于全国领先地位。在这种情况下，上市似乎是"自加压力"甚至"自讨苦吃"，有的员工甚至把上市称为"形象工程""面子工程"。

面对已经取得的成绩，江苏交控领导、江苏租赁管理班子非常清醒和冷静。过去的成绩是公司长期坚持巩固和深化国有企业改革，激发企业活力和市场化竞争力的结果。在日益激烈的市场竞争中，江苏租赁同样面临着一系列制约企业发展壮大的问题。

问题一：缺资金，亟须建立持续稳定的资本补充机制。

上市前，公司的资金主要来自股东投资与银行借款，其余的依靠金融债券、保险资金和资产证券化等自筹，难以实现资本的快速稳定投入，在一定程度上制约了公司业务的迅速拓展。通过上市，公司可以获得持续稳定的资本补充渠道，解决业务发展中的资金瓶颈问题。同时，可以继续提高公司的主体评级，在资产证券化、发行金融债券等业务领域降低融资成本，可谓一举多得。

问题二：缺市场，亟须增强差异化服务特色。

上市前，公司的业务总量虽然增速较快，但仍然存在传统行业占比过高，新兴领域发展不快的问题：客户对股权投资、银行贷款等融资工具存在路径依赖，对金融租赁相对陌生；公司知名度不高，市场地位不突出，竞争压力大等。上市后，公司一来可以借助上市公司平台扩大在金融租赁行业的影响，提升金融租赁行业在全社会的知名度；二来可以提升公司自身的品牌价值，突出公司的市场地位，为公司介入新兴市场业务减少障碍，可谓一举两得。

问题三：缺机制，亟须夯实改革的制度基础。

上市前公司治理体系和内控机制相对滞后，随着资产规模的增长和业务结构的变化，机制和业务之间的矛盾日益凸显：决策效率不高、授权不清晰、流程设置叠床架屋、信息科技运用程度不够等。通过IPO，公司可以以上市公司的标准完善自身管理，优化法人治理结构，重新梳理业务流程，完善原有的内控机制，为公司长远发展提供坚实的制度保障。

融资上市，是江苏交控为江苏租赁持续深化改革"量身定制"的关键一招。

## 二、江苏租赁 A 股上市之路

面对江苏租赁迈出的上市步伐，内部和外界的劝诫和质疑从未间断："国内至今没有一家获准上市的金融租赁公司，你们能行吗？""IPO 是一个历时好几年的漫长过程，涉及十多个部门的审批和检验，你们能应对好吗？""IPO 需投入大量的人力和资源，万一失败了怎么办？"

### （一）树立信心，清醒认识自身优势

确实，IPO 是一项难度大、风险高、获胜者寥寥的"马拉松"。全国有 10 000 多家各类金融租赁公司、融资租赁公司，其中不乏具有国有大型银行、股份制银行和央企背景的，有的已经筹备上市多年，但是至今尚无一家 IPO "闯关"成功，困难和竞争显而易见。江苏租赁首先看到的却是自身过硬的优势。

股东优势——公司股权结构合理，国有资本控股，外资、民营和金融资本优势互补、资源共享。

战略优势——在江苏交控"十三五"战略规划指导下，公司制定了"转型＋增长"双链驱动战略，为内生可持续发展和抵御外部风险指明了方向。

品牌优势——公司长期坚持服务中小企业、服务三农、服务民生，在相关领域积累了良好的口碑，锻造了过硬的品牌。

专业优势——公司学习法国巴黎银行租赁业务的经验，并与中国本土市场相结合，已形成具有国际水准的租赁业务能力。

团队优势——公司 53% 的员工是党员，60% 的员工具有硕士以上学位，员工平均年龄仅为 31 岁。

文化优势——江苏租赁传承江苏交控勇于担当、甘于奉献的精神，形成了有朝气、有活力的文化氛围。

### （二）四箭齐发，直指首发上市之路

开弓没有回头箭。江苏租赁第一时间组建了董事长挂帅、管理班子分

工包干的 IPO 工作组，以及董事会秘书一线负责、相关部门和券商、律师、会计师等中介机构全程协同的现场团队。公司相信，是金子总会发光，真正的好企业一定能够得到监管部门和资本市场的认可。眼前的首要任务是对照上市标准，发现问题、寻找差距，扎扎实实地把基础工作、准备工作做好。

1. 改革股份所有制

从股权多元化向混合所有制改革，是公司上市的必要条件。江苏交控、江苏租赁董事会及经营层清醒地认识到，混合所有制不是简单地为混合而混合，而是有效发挥各类所有制的"比较优势"，为国有企业注入可持续发展的新动能。在综合考虑战略协同、资源互补、平台影响力等因素的基础上，2009～2014 年，江苏租赁通过增资扩股的方式先后引入南京银行、国际金融公司（世界银行集团成员）、中信产业基金以及法国巴黎银行租赁集团（欧洲第一大融资租赁公司）4 家国内外知名的战略投资者。2014 年 11 月，江苏租赁完成股份制改造，整体变更为国有企业控股的股份有限公司，注册资本增至 23.47 亿元，其中国有股占比 49.7%，迈稳了启动上市的关键一步（见图 1）。

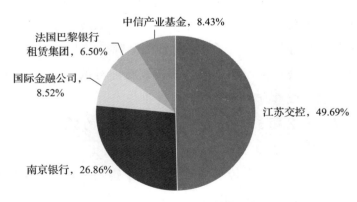

图 1　多元化的股权结构

2. 改革法人治理结构

规范的法人治理，是维护股东利益的根本基石，也是公司可持续发展的制度保障。在江苏交控支持下，江苏租赁不断建立健全权责对等、运转协调、有效制衡的决策执行监督机制（见图2）。

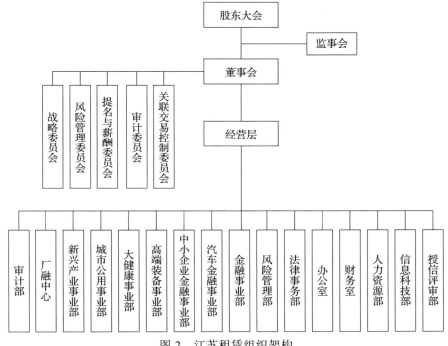

图2　江苏租赁组织架构

充分发挥党组织的政治核心作用。在上级党委的领导下，公司将党组织政治核心作用与法人治理有机结合起来。一是确保了"进章程"。经董事会和股东大会审议通过，公司将党建写入《江苏金融租赁股份有限公司章程》，让党委在法人治理中发挥核心作用和"三重一大"决策职责。二是落实了"一肩挑"。公司董事长兼任党委书记，党委委员均为管理班子成员，董监高"双向进入，交叉任职"的领导人员管理体制得以落地。三是实现了"制度化"。公司制定了《党委会议事规则》《"三重一大"决策制度实施办法》《党委会重大事项决策和讨论清单》，以严格的程序保证重要事项必须经党委会讨论或者决定后，方可提交董事会和股东大会。

充分发挥董事会的决策作用。公司董事会由11名非执行董事、执行董事和独立董事组成，董事会下设战略委员会、风险管理委员会、提名与薪酬委员会、审计委员会、关联交易控制委员会 5 个专业委员会。董事会在公司战略、年度经营计划、财务预决算、资本管理、风险与内控、重大投融资事项、重大关联交易、高级管理人员选聘与考核评价、薪酬形成与分配机制、内外部审计等事项方面，依法享有和行使决策权力。

充分发挥监事会的监督作用。公司监事会包含由股东提名的监事 4 名、职工监事 2 名。监事会在财务监督、董事和高管履职监督、内部控制、风险管理、内部控制等方面充分发挥了治理功能。

充分发挥经理层的经营管理作用。公司经理层现由 7 名成员组成，由董事会提名和选举产生。公司建立了董事会对董事长授权、董事长对总经理授权、总经理对其他高管人员授权的机制。公司董事会制定《高级管理人员绩效考核办法》，按年度对经理层人员实施考核。

3. 转型升级业务模式

公司重新梳理和明晰了战略路径，提出定位于中小微客户群体，与产业深度融合提升专业设备管理能力，以客户需求为中心提升综合服务能力，最终实现成为"中国设备租赁标杆企业"的战略目标。

一是结构转型。公司明确产融结合、双线并进的业务思路，在多个细分市场确立并巩固了业务特色，转型业务占比已超过传统业务。在高端装备、信息科技、农业机械、清洁能源、医疗教育、汽车金融等领域，公司努力挖掘转型升级市场，与思科、戴尔、海德堡、凯斯纽荷兰、通用电气、索尼等国际一线厂商开展战略合作，锤炼小单化、标准化的金融服务能力。

二是科技转型。公司借鉴法国巴黎银行租赁集团股份有限公司的经验，以自主开发为主，与国内 IT 厂商合作，实现核心业务系统和财务系统一体化，开发厂商租赁、汽车租赁专业 IT 系统以及 Hi 乐租、Ai 乐租等多个移动互联网平台，综合运用人脸识别、电子合同、电子签章、电子发票、远程客户端等科技手段，为客户提供服务便利，提升服务效能。此外，公司还将内控制度和业务流程嵌入IT系统，防范人为干预，确保内控落地。

三是融资转型。多元化融资和稳健的流动性管理是支持业务健康发展的基础。除积极增加银行授信之外，公司努力加大新融资渠道的比重，已完成多期金融债、资产证券化的发行；创新引入保险资金、与国际金融公司合作开展境外融资，中长期资金占比不断提高。

4. 改革人事体制机制

公司采取了多项改革措施，坚决打破铁饭碗，形成有活力、有朝气的人事体制机制。

一是实施"劳动、人事、分配"三项制度改革。公司每两年开展一次"竞争上岗"与"双向选择"，形成能上能下、能进能出的长效人事机制。

二是实施工资总额决定机制改革。公司改变了此前由上级主管部门核定工资总额的做法，改为以成本收入比、薪酬收入比为依据，由董事会决定工资总额。

三是高管人员市场化改革。公司高管人员全部打破铁饭碗，统一由董事会聘任。高管实行任期制，每三年一期。高管在任期内每年向董事会述职，接受大股东考察。

四是绩效考核改革。公司员工的绩效薪酬占其个人总薪酬的比例超过70%；绩效分配着重向业务部门和骨干员工倾斜；对高管、中层及骨干人员实行全面薪酬延期支付机制和问责折回机制。

## （三）众志成城，终圆首发上市之梦

如果说江苏租赁深化改革、加快创新是为IPO"筑梦"，那么上市工作组的使命就是"逐梦"和"圆梦"，就是要以对公司和股东极端负责的态度，以作为金融租赁行业探路者的使命感，扎扎实实地把上市专项工作做好，以辛劳和汗水写出经得起历史检验的答卷。

1. "200天"，股份制改造初战告捷

股份制改造是IPO的第一步。工作组的首要任务便是如何与股东各方及监管部门沟通磋商以达成共识，大到每一家股东单位的利益维护，小到每一个具体草案的意见统一，公司上市工作组的领导和工作人员，一家家协调，一个个推敲，不放过任何一个小细节。多少个日日夜夜，伏案研究，只为股改方案的优化和完善；多少个清晨傍晚，克服时差，只为及时取得外国专家的见解和思路；多少个酷暑寒冬，登门拜访，只为获得股东及监管单位的认可和肯定。2014年10月18日，公司创立大会暨首届股东大会圆满落幕，同年11月17日，经江苏省工商局核准，公司正式更名为"江苏金融租赁股份有限公司"，短短200天，完成了从有限责任公司到股份有限公司的跨越，IPO首关攻克成功。

2."30年"，一丝不苟厘清公司历史

江苏租赁成立于1985年，受早年经济改革、政策波动和法律规范的影响，公司2000年以前的股权变动频繁，材料的制作和管理相对粗放，历史资料收集难度很大。上市工作组采用走访形式，对多年未联系过的有关单位、当事人和退休人员一家一家地进行访谈，力求还原真实图景，补全缺失的历史资料。经过不懈努力，公司终于在2015年4月前形成并报送了《江苏金融租赁股份有限公司关于确认历史沿革有关事项的请示材料》，这本448页的黄皮书涵盖了公司从成立到股改完成的完整历史演变进程。

3.一波三折，申报IPO材料

经过漫长的准备，2016年4月27日，公司上市工作组前往北京，准备次日正式报送IPO申请材料，此时却无意中获悉××公司的IPO申请因光盘未加盖公章被证监会退回。此时小组手上的光盘同样未加盖公章，唯一的办法是将公章连夜送至北京。然而时值傍晚，只剩下两张11点抵达的头等舱机票。关键时刻，董事会秘书当即向总经理请示特事特办，获批后火速安排办公室和风控部工作人员连夜赶赴北京。终于，公章在28日凌晨成功送达。

4月29日，小组早早抵达证监会，却被告知因证监系统内部流程尚未完结申报暂停，原计划"五一"劳动节前完成的申报只得延后。

5月4日，上市工作组将再次踏上前往北京的征程，而恰逢董事会秘书妻子临近生产。这边是放心不下的亲人，那边是IPO申报的紧要关头。申报前夜，他一边安抚妻子，一边用电话远程跟进材料核查进度。后半夜见妻子情况稳定，他立即搭乘午夜开往北京的高铁，连夜奔赴申报现场。功夫不负有心人，5月11日，公司终于取得《行政许可申请受理通知书》。至此，公司IPO正式迈入新的阶段。

4. 沉着冷静，圆满答卷成功过会

2017年，是历史罕见的IPO过会率最低的一年，"六过一""五过一"成为常态。公司IPO工作组顶住压力，从2017年5月到2017年12月，向证监会提交了8次反馈材料。2017年12月6日，公司IPO项目通过了证监会发行部初审会，并于12月19日获得做好发审会会议准备工作的通知。

2018年元旦刚过，公司董事长带领财务总监、董事会秘书及IPO工作组提前一周抵达北京，紧锣密鼓地开展了上会前的演练工作。工作组以最严的标准、最高的要求，预设了种种可能的困难、场景和突发事件，准备了多套应对方案。在北京的每一天，工作组总是从清晨忙到半夜，进行了数不清的上会演练。

2018年1月16日上午，2018年第14次发行审核委员会在证监会大楼内如期举行。公司董事长、财务总监及两位保荐代表人于8时45分抵达会场外；9时起，发审会委员开始会前讨论；10时20分，通知发行人代表及保荐代表人进场聆讯。公司董事长、财务总监面向发审会委员，沉着冷静，条分缕析地解释和说明了金融租赁的行业特性、业务模式和发展方向，回答了公司服务中小企业、资金管理、风险管理、合规管理与内部控制等问题，赢得了专家的认可。

11时5分，聆讯结束，离场等待投票；11时15分，发审会公布审核结果，宣布江苏租赁IPO项目成功过会。会场内外的工作组人员发出了热烈的欢呼声，流下了激动的泪水。

### （四）成效斐然，公司发展再谱新篇

IPO为公司长期可持续发展注入了新的动力，让公司站在了更高层次的市场平台上。一是国有资本保值增值能力更强。通过向社会公众募集40亿元资金，提升了企业资本实力，降低了资金成本。公司2018年资产规模同比增长19%，净利润同比增长23%。二是业务转型发展速度加快。公司知名度和社会影响力显著提高，2018年合作厂商、经销商同比增长83%；新增合同5900多笔，同比增长210%；新增转型业务同比增长170%。三是资金来源更加丰富。截至2018年年底，公司共获得85家金融机构的1258.35亿元的授信额度，授信额度增长31.94%。与此同时，当年公司落地发行了价值50亿元的两期金融债券。2019年，公司成为租赁行业率先发行绿色金融债券和绿色租赁资产证券化的代表。

## 三、启示

江苏租赁审时度势，及时启动股份制改革，成功登陆上交所A股主板市场，成为全国第一家上市的金融租赁公司，实现了全行业的历史性突破，形成了国有资本、境外资本、民营资本、社会公众资本等混合所有、多元稳定的股权结构，进一步巩固和放大了国有资本效能。江苏租赁的上市之路为江苏交控旗下其他有实力启动股改的企业提供了良好的参照。如何充分利用资本市场的融资功能，进一步规范企业运营，进而创造更加优异的经营业绩，需要江苏租赁继续探索与实践。

# 拥抱供应链金融

## ——高速公路通行场景金融产品设计

【内容摘要】 通行费金融市场方兴未艾，潜力巨大，通行宝公司作为一家为公路运输行业提供支付以及衍生服务的科技公司，适时推出基于高速公路通行费支付场景的金融产品，解决了物流企业融资难、融资贵的问题。本案例以通行宝公司的商业模式为焦点，重点阐述了通行宝公司金融业务负责人李炜在产品设计过程中探索通行宝在通行费支付场景中的商业模式创新、构建竞争优势等业务创建与快速发展的过程，引发对通行宝商业模式的深入思考，对其他企业发展具有一定的学习与参考价值。

【关键词】 商业模式；产品设计；通行场景

# 引　言

2018年，公路运输行业的增速跑赢了中国大多实体经济部门，较高的行业增长体现的不仅是需求的刺激，更是市场结构优化和技术变革等供给端带来的改变。在整个物流业降成本的背景下，成熟的市场结构正在逐渐形成。在激烈的竞争中，市场变得越来越集中，谁能够更好地控制成本，谁就能成功地构建竞争优势。

在整个宏观经济提质增速的阶段，通行宝公司作为一家为公路运输行业提供支付以及衍生服务的科技公司，如何依托在行业积累的优势，把高速公路非现金支付、交易数据及互联网金融产品有机结合起来，探索出适应自身发展的商业模式是摆在他们面前的一个很迫切的问题。

## 一、案例背景

通行宝公司于2016年11月成立，是江苏省最大的省属国有企业——江苏交控下属子公司，注册资本1亿元。它是集团金融板块的重要成员，是江苏省唯一负责高速公路ETC业务运营管理、营销推广、技术开发、产品开发和客户服务的专业化单位。公司的战略目标是以高速公路为载体，利用大数据应用平台和互联网技术，致力于在车辆高速公路通行、加油、消费、商贸物流、普惠金融等垂直领域的综合服务，努力打造"一卡在手，通行神州"的"互联网+ETC"生态圈。

此前，关于通行费的金融业务虽已经开展，却始终不温不火。通行宝公司主要通过与合作方合作的形式开展通行费金融业务，主要的合作方也是国内通行费金融业务领域比较知名的企业。这些合作方在其他省的通行费金融业务规模大多实现了爆发式增长，但是在江苏省的通行费金融业务始终步履缓慢，这与江苏交通大省的发展格局明显脱节。

## 二、解决之道

合作方认为，通行费金融之所以发展不利，主要是由于江苏省的发卡政策没有吸引力（江苏省储值卡用户98折，记账卡无折扣）。对于新客户，江苏的通行费折扣吸引力不足，客户不愿办理通行费融资产品，尤其对外省客户更加缺乏吸引力；老客户习惯了往储值卡里充值，也不愿意借款充值。通行宝公司认为，事情远远没有这么简单。经过仔细的市场调研和科学的经营分析，公司拿出推进通行费金融业务发展的解决之道。

### （一）细分用户：聚焦B端核心客群，通行费场景化嵌入

为了定下公司通行费金融业务的发展模式，公司特别召开了解放思想头脑风暴会议。李炜作为主持人首先向大家介绍了通行费金融的外部市场环境。整个市场存在"运输大市场、运力小企业"的情形，中国是全球最大的公路货运市场，其中个体司机占比为90%，前10大物流公司在整个市场中的份额占比只有5%。承运商存在融资难、融资贵的困境，由于主体信用不足，大部分物流企业达不到传统金融机构的贷款审批条件，整个公路货运行业的获贷率不足10%，是效率极低、碎片化极高的市场。在中国的公路货运行业，基于物流市场衍生出来的通行费融资市场，一直没有得到很好的探索及实践。图1和图2分别展示了物流企业的资金需求和承运商的用户画像。

金融事业部李经理说道："那就说明市场确实存在着通行费金融需求，尤其是承运商这个层面，我们这个大方向是没有问题的，下面就是如何解决风险的问题。"技术部王经理表示认同："是的，但也要注意到个体用户与企业用户的核心需求不一样，不能用一种产品打遍天下。我们的优势在于在应付通行费这个场景里，可以用交易信用来代替主体信用解决风险决策的问题。""对的，我们的定位就在通行费的场景下向B端用户输出支付、资金融通及流量变现能力。帮助用户节省成本，提高用户的工作效率，为

用户形成专属的核心竞争力。"财务部的张经理补充道。审计部的小刘这时候提了一个关键问题，通行宝公司没有商业保理和小额贷款业务经营资质。大家陷入了沉思。李炜想了片刻，说道："资质问题可以通过与第三方具有相关业务资质的公司合作解决。在商业流程中，通行宝公司负责苏通卡的卡片办理、风控输出等，合作方负责资金垫付、拓展客户及坏账兜底。"大家纷纷点头。两个小时的热烈讨论让大家思路越来越清晰，大家充满干劲。

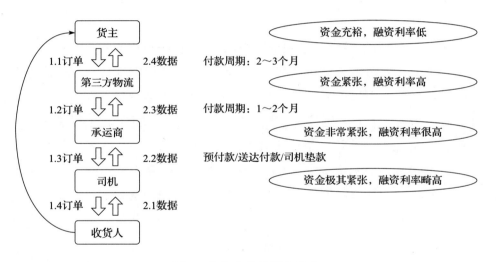

图 1　物流企业的资金需求

- 行业准入门槛低，市场主体数量众多
- 企业规模以中小企业为主，生命周期较短
- 议价能力较弱，抗风险能力较差
- 资金周转困难，经营波动较大
- 财务管理较简单，缺乏专业、健全的财务信息及报表；固定资产少，缺乏有限抵押担保品

图 2　承运商的用户画像

## （二）关键能力：找准客户痛点，提供增值服务，增强客户黏性

在对通行费金融服务的目标客户的痛点进行了深入研究后，有针对性地找出解决之道。

痛点一：便捷与优惠难统一。通行费金融服务的用户分为企业用户及个体司机用户。企业用户对通行费支付及开票的便捷性要求较高，而个体司机用户对通行费的折扣及产品费用比较敏感。目前储值卡的优势为在江苏省内消费有98折，劣势为支付有充值圈存环节不是很便捷。记账卡的优势为支付便捷，劣势为没有折扣。但由于政策因素目前无法将两种卡片的优势合二为一，这不得不说是个遗憾。

痛点二：简便与风险常共存。对于物流企业来说，充值圈存一直是一个较为烦琐且有资金套现风险的环节。如果物流企业为了简化工作流程，将通行费资金借予车队司机，车队司机有可能会将ETC卡内的资金套出，使得公司遭受损失。如果物流企业为了强化车队资金管理，那企业需要对每一辆车的通信费进行实时控制，又存在工作量大、效率低的问题。此外，由于ETC卡内的金额数字处于动态变化中，因此常常面临审计风险。

痛点三：开票不便损失难免。物流行业的开票难、开票乱是一个普遍的现象。用户需要登录票根网的平台申请开具通行费消费发票。出于通行费开票体系自身的原因，票根网开具的通行费消费发票与实际通行明细经常不一致，直接导致3%的可抵扣发票金额的损失。为了避免这个问题，有的企业会申请充值发票，但是充值发票无法抵扣，又会给企业带来一定的经济损失。

找准痛点后，李炜随即开始对通行宝金融产品的价值进行定位。大部分企业用户对长账期的通行费金融产品及一键开票服务有需求。长账期可以分为30天、45天、60天。但随着账期的拉长，用户的违约率也会升高，信用风险的敞口也在扩大。虽然60天账期通行费金融产品更受企业用户的青睐，出于业务保守开展的角度考虑，通行宝公司先为用户提供了30天账期的记账卡金融产品及一键开票服务。这样，企业用户既可以得到

一定时长的融资服务，又可以实现通行费消费发票及通行费明细完全对应的一键开票服务，企业的痛点得到最大限度的解决。

大部分个体司机用户对短账期的通行费金融产品有需求，例如 7 天、15 天结算的通行费金融产品，并且对通行费优惠折扣比较敏感。通行宝公司就为用户提供储值卡（98 折）或运政苏通卡（85 折）短账期的通行费金融服务。考虑到个体司机信用风险因素，通行宝公司通过与第三方机构合作的方式，较好地转嫁了大部分风险。

### （三）有的放矢：以需求确定产品，多渠道获取客户

接下来就是艰难的产品营销阶段。在整理目标客户营销清单中，李炜设定的标准是客户自有车辆数多，或者承运车辆多但企业对承运车辆有一定的控制力；客户对服务费率不是很敏感；能直接与客户方的相关负责人取得联系。最终，李炜选取了靠公司总部的位置比较近的南京 A 在线电子商务有限公司及西安 B 物流有限公司作为首批营销对象。

南京 A 公司是一家撮合货主及货运司机业务匹配的平台。货主如果要在南京 A 公司的平台上办理业务，需要提前支付一定比例的运费。在南京 A 公司可以控制住运费的前提下，通行宝公司为南京 A 公司上游的货运司机垫付通行费可以将信用违约率降低为零，由此解决了信用风险问题。通过与南京 A 公司的合作，通行宝公司提供的通信费金融产品在该公司自有车辆及平台车辆中逐步打开了销路。

西安 B 物流有限公司则是一家资产规模较大的物流企业，仅在华东区域就拥有自有车辆 1400 辆。此前，这 1400 辆车办理的是通行宝公司的储值卡产品，由于储值卡充值不便，B 物流每个月都要花费大量的人力、物力在网点驻点充值。充值完成后，车队负责人还要将当月的通行费消费发票及通行费明细一一对应后提交给财务才可以报销，企业颇有怨言。针对这一情况，通行宝公司设计出 30 天账期结算金融产品叠加通行费发票一键开出服务的产品，以"一键开票"作为卖点，绑定金融服务，最终成功

将 B 物流公司从传统记账卡客户转化成为供应链金融产品的大客户。

### （四）创新成果：帮助客户提高经营能力，提产增效

成果一：帮助企业节约成本。通行宝公司的货车金融产品是以 ETC 为基础的，使用 ETC 缴费的车辆使用成本低于直接使用现金缴费的车辆。以上海某物流公司为例，其拥有自有运营车辆 200 余辆，有大量的稳定货源供应，在 2018 年开始使用通行宝 ETC 卡，相较未使用 ETC，使用 ETC 卡每年可为其节省 70 万余元。

成果二：加强了企业对车辆和资金的管控。相较传统的功能单一的储值卡，现在的金融产品功能多样，账期稳定且叠加了便捷的增值服务，使用效果不可同日而语。以安徽地区某央企客户为例，该公司使用金融产品后每月可根据 ETC 卡的消费明细核对车辆的行驶路线，加强了内部管理；卡内资金仅能用于 ETC 缴费，资金不会被挪作他用，解决了企业的资金管理合规问题。同时，票根平台增值税发票与通行路径一一对应也降低了客户的资金使用成本，提高了经济效益。

成果三：增加物流行业的信用维度。长期以来，物流行业信用度始终不高，这导致该行业长期融资渠道少、融资成本高。现在，通过使用通行宝公司推出的金融产品，企业在按时还本付息的同时，能够在多个信用平台上增加企业信用，企业的信用维度和信用额度双向增加，为企业今后的发展融资奠定了良好的信用基础。此外，通行宝公司对物流企业信用信息的积累，也为未来建设物流行业信用风险体系奠定了基础。

客观来说，江苏的 ETC 卡相较于其他省份来说通行费的折扣一直处于劣势，将来如果交通运输部统一全国的通行费折扣标准，通行宝公司将可以更好地进行产品开发和推广。截至 2018 年年底，全国的载货汽车有 1355.82 万辆，按目前市场月服务费率 1%，月均单辆车通行费 10 000 元测算，整个通行费融资的市场规模约为 162.70 亿元，市场前景十分好。

## 三、启示

波特在 1985 年的《哈佛商业评论》上发表的文章《信息如何带来竞争优势》中介绍了在产业价值链中的生产活动，从订单处理到账单支付最终都要逐步实现自动化。通行宝公司的通行费金融产品很好地印证了波特的判断。通行宝公司推出了基于高速公路通行费场景的金融产品，有效地解决了物流企业融资难、融资贵的问题。如何快速进入"互联网+平台"发展模式的第二阶段，延伸自身产业链条，寻求更多共赢的合作商，为客户提供更多的产品及服务，探索出更多"ETC+物流""ETC+金融"等商业模式，与传统的物流、支付、金融公司进行错位竞争并逐步取得优势，还有更多的课题待通行宝公司研究和解决。

# 序幕正在拉开

——高速公路广告经营变革的新尝试

【内容摘要】———— 本案例以交通传媒广告经营权网络竞拍纪实为样本，全方位描述了大胆探索高速公路广告经营新模式，实现高速公路广告市场秩序整理和经营生态重塑的实践过程，所呈现的打破旧格局、再塑新生态，尝试"传媒＋交通"行业跨界融合创新的改革经验，对国内同类型企业在如何发挥高速公路广告资源整合优势，提升国有资源价值上有借鉴和启迪意义。

【关键词】———— 广告媒体；网络竞拍；经营模式

# 引　言

2018年12月12日，南京。

才下午4点多，日光已经渐渐稀薄，从位于山西路128号的和泰大厦俯瞰下去，颐和路的民国老公馆群悄无声息地掩入冬阳冷白的暗影中；而另一端，写字楼林立的山西路上，车流渐渐密织起来，临近晚高峰了。和泰大厦23A楼中，是刚刚成立不到半年的交通传媒。此时，交通传媒人聚集在计算机屏幕前，屏幕上显示的，正是中国拍卖协会的网络拍卖平台实时页面。此时正在进行的，是该公司筹备了几个月的，江苏交控高速公路广告三年经营权网络公开拍卖。这是一次重构江苏高速公路广告经营格局的"大手笔"，备受业界瞩目。此次，分布于全省4000多千米高速公路收费站、服务区、枢纽区等区域，总计2759个擎天柱广告牌、墙式牌和收费站灯箱等形式的广告设施经营权，被划分成10个标段公开拍卖。从早上9时开始，拍卖已经持续了一天，此时临近最重要的收官之时（见图1）。

下午4时30分，当中国拍卖行业协会网络拍卖平台显示最后一个标段成交时，守在计算机屏幕前的交通传媒人无不为之起立、欢呼。这意味着此次拍卖的10个标段全部成交，平均溢价率较交通传媒整合经营前的分散经营价格水平涨幅为81.49%，成交总额高达4.1亿元！多少汗水与奔走、焦虑与心血，都定格在这难忘的一瞬！

在一片沸腾中，交通传媒负责人却静静地站在落地窗旁，他的思绪飘回了半年前。彼时，虽然公司刚成立，但团队领受重任：必须立即着手，在保证路桥单位既有广告收益不变的前提下，完成系统内全省广告资源整合这一任务。但是，受宏观经济形势影响，广告行业景气度几乎已跌入20年来的最低谷。面对严峻的现实，该公司负责人心里很清楚：亟须探索出一条依托充分发挥资源整合优势的广告经营模式之路。

可是路在何方？又该如何走？

图 1　交通传媒部分网络竞拍情况截图

## 一、案例背景

交通传媒成立于 2018 年 6 月 21 日,是由江苏交控、新华传媒、宁沪公司、京沪公司、江苏东方高速公路经营管理有限公司、江苏东方路桥建设养护有限公司共同出资组建,注册资本 2.68 亿元的全新"传媒+交通"公司。

高速公路广告具有较强的区域性,经营格局分散。构建高速公路广告资源整合经营平台,是进一步盘活国有资产,提升国有资产价值的要义所在，更是一次全新的大胆尝试。交通传媒不仅是江苏交控和新华传媒两大省属集团跨界融合的新生事物，更承载着江苏高速公路公众形象传播、品牌价值提升的责任和使命。

## 二、探索之路

### （一）运筹

万事开头难。交通传媒成立之初，就面临着严峻形势：广告行业不景气，客户传统户外广告投放量连续多年呈下滑趋势。它必须在保证路桥单位既有广告收益不变的同时，以租赁方式完成系统内广告资源整合。实质上，它扮演了系统内广告代理商的角色，较之其他省同类企业以资产划拨或固定资产收购的方式完成广告经营整合的模式，交通传媒资源采购成本高，在国内同类型企业中绝无仅有；持续20多年的旧有经营格局，强大的行业惯性思维和固化的利益链条，坚磐如山，横亘在交通传媒人面前。

甫一出生，就临困境，如何破局？

不谋全局者不能谋一隅。厘清思路后答案变得清晰——发挥资源整合经营平台这一优势，向规模要效益、向时间要效益、向业务链条重塑要效益。打破多、杂、乱的无序价格竞争，再造局部区域经营优势，就必然要调整原有广告经营秩序、重建广告经营框架、再塑广告经营生态。而这将触及数百家旧有格局下的原广告经营发布单位盘根错节的利益关系，改革阻力之大，任务之艰巨，可想而知。只有冲破利益交织的沼泽，才能驶入宽阔的海洋。几经权衡论证，交通传媒领导决心更加坚定。交通传媒人深信：唯有最大范围、最大限度公开、公平、公正地进行经营权拍卖，才能让平台经营模式在无缝转换过渡的同时实现大幅度溢价，兼顾当前和长远的经营利益。

华山一条路！必须以整合完毕的现有广告资源为标的，以网络拍卖三年广告经营权为手段，通过拍卖向市场询价，进而建立现有广告设施和后续新增广告设施经营价格体系，一切问题才能迎刃而解。

### （二）蓄势

定了，就要干，而且要干好。围绕经营权拍卖的各项准备工作，在交通传媒领导的科学统筹下，在全体交通传媒人的共同努力下，逐一高效推进。

1. 摸家底，编制资源分布图

交通传媒市场部前期仅有两名工作人员，摸底对象却是散布于全省4710千米高速公路沿线的3885个各类媒体设施，他们还要与这些媒体设施的17家产权路桥单位充分对接。经过资料收集、整理、局部定位、现场勘核、再编辑，才能最终形成精确的全省广告资源点位分布图。

这真是一项海量工程。市场部的王勇在浩繁的资料面前沉下心来，夜以继日地统计、分析、定位。两周后，江苏交控高速公路广告资源总表出炉，并配以近500张现场实景地图作为佐证。但这还不够，必须要上路，将书面的数据一一勘核后，才能切实摸清底数。

从2018年10月10日开始，交通传媒组织开始为期1个月的现场勘核工作。交通传媒人一手执笔，一手拿着卫星地图，从收费站到服务区，从高速公路互通枢纽到田间旷野，到处都留下了交通传媒人的身影。有时，尘土飞扬的大货车紧贴勘察车而过，货厢高达四五米，将勘察视线遮挡得严严实实，一刹那间，观察的点位就飞闪而过，传媒人只能从下一个收费站调头，重新来过。在苏通大桥勘察时，由于主线交通压力大，车辆积压严重，排成了长龙。勘察车上桥又下桥，下桥又上桥，足足跑了五六趟，才把该路段的广告资源勘核完毕。

天一黑，广告点位就看不清了。为了充分利用白天的时间，负责勘察工作的市场部王勇、肖羽往往天刚亮就出发，持续工作到天黑后，才能匆匆吃几口饭。在返程的路上，他们打开手提电脑，及时录入之前速记在本子上的信息。就这样，市场部调查组凭着滴水穿石的劲头，积少成多，逐点推进,终于将全系统资源点位图一点点编制而成,为后期的拍卖提供了可靠、翔实的基础保障。

拍卖完成后,参拍的不少广告商由衷感叹:"想不到你们就几个人,却在不到半年的时间内,完成了这样大规模的准备工作!原本以为一年也不可能完成,因为我们知道这个任务有多繁重、多艰巨!"

2. 勤调研,全面对接市场需求

对内梳理家底,对外则以开放的态度展开全面、广泛的市场调研。自2018年6月方案酝酿,到9月末决策定案,公司主要负责人带领市场部人员与近40家省内外的大中小型广告代理商交流,充分了解广告市场运营规律和需求,并就经营模式展开广泛征询。面对征询,广告代理商普遍表达了共识:运营这么大的广告经营平台,非最大限度地公开、公正、公平不能开局。

正是基于细致严谨的调研,交通传媒制定了大型媒体标段和小型媒体标段划分的原则,让大中小型广告代理商都能公平参与投标;出台了三年经营期、半年一付款、后续资源经营优惠优先等政策,给予潜在竞买人稳定的经营周期和局部平台经营定价权保护的预期,充分鼓励和刺激了竞买人踊跃参与竞拍的积极性;针对全省高速公路路网广告资源价值不均衡的实际,采取"抽肥补瘦"的措施,将广告高价值区域与低价值区域科学调配组合,按照区域经济发展水平和路段属性相结合的原则划分标段,保证了单个标段的投标率。最终,10个标段无一流拍,创造了国内高速公路户外广告拍卖的"奇迹"!

事后,竞买人无不感叹:"你们划分的每个标段都有价值点,真是难以取舍!"

3. 定平台,"三公"网拍存量资源

准备工作就绪,拍卖由谁来操盘?

经过专业度、责任心、合规性、收费标准等指标综合比选,中国拍卖行业协会AA级单位、江苏省拍卖行业会长单位南京嘉信拍卖有限公司进入交通传媒的视野。

现场拍卖还是网络拍卖？采用何种拍卖方式？这又是一次关键的选择。现场拍卖难以规避恶意串标、干扰拍卖秩序等情况，只有网络竞拍才能最大限度地体现"三公"原则，最大限度地挖掘广告资源的真实价值。网拍平台是竞买人角逐的"战场"，公信力和网络安全要求高，几经考量，最高人民法院指定的中国拍卖行业协会网络拍卖平台成为承载这场"战役"的平台。

拍卖前一个月，交通传媒通过《扬子晚报》《南京晨报》《文汇报》《齐鲁晚报》《南方日报》和"今日头条"6家平面媒体及网络媒体，发布竞拍公告，面向全国公开推广、招商，并通过电话方式将拍卖信息传达给100多家与系统内路桥单位有合作历史的广告企业。经过充分而广泛的"战前"动员，既广撒"英雄帖"，又坚持点面结合，最大范围框定了优质合作伙伴。

### （三）冲突

本以为万事俱备，不料风雨来袭。

尽管交通传媒已预估到改革工作的复杂性，并与广告设施产权路桥单位共同化解了大量矛盾点，但打破多年来根深蒂固的利益格局谈何容易？旧格局经营链条上的利益既得方极力阻止和干扰拍卖的正常举行，一批批有组织的上访、投诉、请愿汹汹而来。交通传媒一边要紧张筹备大型拍卖，一边要与各利益方辛苦周旋，还要应对各种质疑乃至有关部门的垂询，压力如山。

2018年12月11日，也就是网络竞拍的前一天，这种矛盾冲突终于到了白热化的程度，十几家广告公司近50人聚集在江苏交控本部，百般阻挠、恐吓。

局部和整体，当前和长远，如何平衡？怎样取舍？改革的大局不能在最后一刻坍塌！身处"风暴中心"，交通传媒主要负责人与市场部负责人，在现场毅然扛起抉择重任。在江苏交控主要领导和分管领导坚强有力的支持下,他们做出了坚定推进改革的决定,这是一场充满勇气、毅力和智慧的考验!阳光总在风雨后。

次日上午,雨过天晴。9时,拍卖如期进行。

### (四)成果

历经风雨洗礼后的收获,让人倍感喜悦:这次拍出的10个标段总体溢价喜人,以75%的资源规模,创造了年均1.36亿元的营业额,一举破除江苏交控系统多年来广告年营业收入总规模不过亿的"魔咒"。若以全系统现有资源总量溢价等比计算,营业收入可达1.8亿元,经营总规模跃居全国同类企业前列。交通传媒广告效果图如图2所示。

图2 交通传媒广告效果图

此次竞拍构建了江苏交控系统高速公路广告经营的价格体系,对交通传媒后续广告经营价格标准起到了重要的锚定作用，完成了以市场发现价格、建立自身价格体系并以此建立经营新格局的使命，对交通传媒的长远发展具有重大意义。交通传媒也将以此为契机，进一步发挥经营管理的整合优势，全面、科学地优化广告设施建设布局，着力提升媒体设施档次形象，以价值支撑价格的同时，以景观化、造型化的崭新形象扮靓高速公路。

## 三、启示

　　交通传媒大胆探索高速公路广告经营新模式，通过网络竞拍方式，以江苏交控高速公路广告经营资源整合后再经营、高价值增长、建设与经营同步、经营体系框架搭建等多重目标同步实现为目的，在行业景气度大幅下滑的背景下，逆势开拓了一条以经营手段实现高速公路广告市场秩序整理和经营生态重塑之路。序幕刚刚拉开，"传媒+交通"行业跨界融合创新之路该如何走？前途仍有更广阔的海域、更多变的风云，未来还有怎样的考验等着这艘扬帆启航的交通传媒之船？

# 人才发展篇

人才是第一资源。江苏交控本着"聚英才而用之"的人才理念,加大人才培养和引进力度,打造一支"战之能胜"的交通专业人才队伍。同时,为了应对改革阵痛,江苏交控还遵循合理分流、人尽其用的原则,稳妥地解决了改革后"人往哪里去"的难题,企业发展始终充满活力。

# "交控牌"年轻干部是这样炼成的

## ——创新型年轻干部培养选拔机制实践

【内容摘要】———— 本案例描述了江苏交控创新年轻干部培养选拔方式，构建链条式试岗锻炼机制，实行"两转移、三不变、四参加"聘任管理制的做法，呈现出的该公司在年轻干部培养上先明确职务、暂不提职级，先上岗负责、暂不提待遇，推动年轻干部先走上前台接受实践检验、积累经验，再动态考察任用，有效破解既缺年轻干部，又受职数、职级所限缺乏必要成长空间"两难"困境的成功经验，对同行业乃至国有企业在干部队伍建设上都有一定的学习借鉴意义。

【关键词】———— 年轻干部培养；选用机制创新；试岗锻炼

# 引　言

党的十九大以来，党中央就大力发现选拔培养年轻干部做出了一系列最新部署，省委、省委组织部也就年轻干部队伍建设做了明确要求。特别是随着国企改革的深入，干部年龄老化、人才青黄不接的弊端日益凸显，加快推进年轻干部队伍建设的需求日益强烈。

## 一、案例背景

江苏交控有近3万名员工，员工基数大，成长需求强烈，人才上升通道建设面临更高要求；为落实交通强国、交通强省的重大决策部署，急需建立一支充分调动起来、能够快速适应新形势的高素质、专业化年轻干部黄金队伍；立足人才强企战略，年轻干部队伍建设也已经迫在眉睫。在省委组织部年轻干部培养选拔专题调研报告中，江苏交控党委书记、董事长蔡任杰明确指出，"近年来，江苏交控党委高度重视年轻干部队伍建设，立足'国际视野、国内一流'的战略发展高度，统筹推进年轻干部工作，全力打造适应新时代要求的优秀年轻干部队伍，激活人才队伍'一池春水'，为江苏交控高质量发展积蓄可持续力量。"

如何找准突破点？如果说传统发展路径相对狭窄，发展速度相对缓慢，那么有没有别的通道？年轻干部成长通道是不是也可以"改扩建"？如何找准平衡点？既要大力选拔优秀年轻干部，又要科学使用好其他年龄段干部。如何创新选用机制，既拓展成长空间，又不揠苗助长，着力培养选拔一批优秀年轻干部接续奋斗……这已成为江苏交控党委和人力资源部加强干部队伍建设的关键。

## 二、创新型年轻干部培养选拔机制之道

### (一)探寻良方,打好选贤"先手牌"

**1. 盘点两组数据,剑指队伍"强刚需"**

年轻干部够不够?每次进行干部队伍动态数据分析时,这个问题都会浮上江苏交控人力资源部长陈延礼的心头。看着这两组最新数据,他喜忧参半。

一组令人担忧的数字:看似结构合理、梯队分明的干部队伍,却有可能在未来面临着青黄不接、大将难求的危机。截至2018年,有干部187人,平均年龄50岁。56岁及以上的35人,占比18.7%;51~55岁的68人,占比36.4%;46~50岁的48人,占比25.7%;45岁及以下的36人,占比19.3%(见图1)。1975年以后出生的28人,占比15%;1980年以后出生的4人,占比2%。

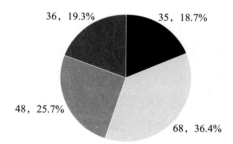

图1 2018年江苏交控党委管理干部年龄比例

注:由于四舍五入,数据相加不得100%。

2017年以来,提拔使用1975年以后出生的干部16人,1980年以后出生的干部3人,包括3名所属单位主要负责人。"老中青新"的干部梯队结构基本形成。但2024年,到龄退休和提前退出现职的领导人员将达到82人。这意味着,未来5年现有领导人员队伍中的近一半人员退出现职,年轻干部培养选拔工作任务比较艰巨。

一组令人振奋的数字:出生于1978年以后,具有大学本科及以上学历,在江苏交控本部副主管及以上岗位、所属单位职能层助理及以上管理

岗位任职满1年的人员有88名；出生于1988年以后，本科以上学历的管理人员有583人（见图2）；具有全日制本科及以上学历，从事管理岗位，且本科学历司龄满3年或研究生学历司龄满两年的人员有297名，其中本科生228名，研究生69名（见图3）。

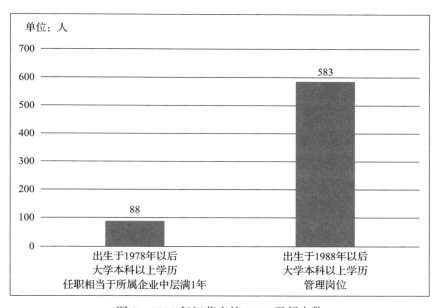

图2 2018年江苏交控8090干部人数

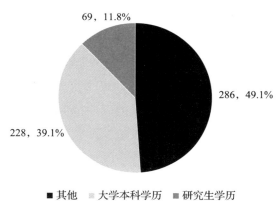

图3 2018年江苏交控1988年后本科以上学历管理干部的比例

近年来，伴随着江苏交控不断发展壮大，全系统已沉淀了一大批优秀的年轻人才。他们普遍拥有高学历，对于职业发展有着强烈需求，更看重事业平台和个人前景。尤其是近三年来，公司加快高素质人才引进步伐，积极参加省市组织的各类高层次引才活动，开设"江苏交控"专场招聘，完善引才共享平台，引才效能实现大幅提升：三年来，引进各类人才400余名，其中硕士、博士占比超过60%，国内双一流高校、海外名校毕业生占比接近40%。年轻的高素质管理人员队伍中，蕴藏着一股强大的可持续力量，跳动着一颗颗寻求事业进步、期待个人成长的心。

通过两组数据对比分析，看得出，年轻干部有缺口、人才成长有需求、企业发展有要求，加快年轻干部队伍建设是现实所需、时不我待。

2. 搭乘政策东风，迈出行动"快步伐"

2018年6月29日，中共中央政治局召开会议，审议《关于适应新时代要求大力发现培养选拔优秀年轻干部的意见》。中共中央总书记习近平主持会议。此后不到一周，习近平总书记在全国组织工作会议上专门强调，要做好新时代年轻干部工作。至此，年轻干部培养的政策东风也已吹来，启动"80后""90后"年轻干部专项培养选拔工程已是万事俱备。江苏交控人力资源部顺势而为，加快了行动步伐。

2018年11月，报经公司党委同意以后，"80后""90后"年轻干部培养选拔专项工作正式启动。短短几天，已有近200人报名。经资格审核，有176名报名成功，其中"80后"54名，"90后"122名。从这些数据可见此项活动的组织充分度和较高参与度，也反映出"80后""90后"年轻管理人员对于职业发展通道和事业前景的高期望值。

3. 凝聚育才共识，打造锤炼"高压舱"

"成长台阶要不要？"在"80后""90后"年轻干部专项培养选拔工程筹备讨论会议上，大家对这个问题讨论热烈：有人说，要想让年轻干部出得来，就必须要破除台阶，那种论资排辈、平衡照顾的做法，一定程度上阻挡着优秀年轻干部前进的步伐，"台阶"仍是选拔培养优秀年轻干部的一大障碍。也有人认为，速生材做的扁担，挑不得千斤重。缺乏"台阶"锻炼，简单搞任职年龄层层递减和"一刀切"，既选不出真正优秀的年轻干部，也让德才兼备、兢兢业业的"老黄牛"感到灰心，甚至催生出"火箭提拔""揠苗助长"等不良倾向。

"我记得习总书记说过，干部成长是有规律的，年轻干部从参加工作到走向成熟，成长为党和国家的中高级领导干部，需要经过必要的台阶、递进式的历练和培养，"陈部长说道，"其实，刚刚从大家的讨论中，应该可以发现如何科学设置必要的成长台阶，减少不必要的成长台阶才是关键要点。我们要把那些看得准、有潜力、有发展前途的年轻干部选出来，给他们压担子，让他们经受蹲苗历练。既不能'一步到位'揠苗助长，又要'走上台阶'战场历练，我看试岗锻炼也许是突破口，既不占编制，又能拓展培养空间。"

"先给平台，后给位子"的创新观念让大家深受启发。经过讨论，很快确定了基本思路：挑选出优秀年轻人才先安排到更高领导岗位上试岗锻炼两年，试岗期间只明确职务，其他不变，期满后对其工作表现进行综合分析，表现优秀的严格按照干部选任程序进行使用，表现不理想的退出人才库回原单位继续培养锻炼。

在公司党委的领导下，江苏交控人力资源部先后8次召集部分所属单位主要领导、分管领导和人力资源部负责人进行座谈、研讨，最后拟订了优秀年轻干部（"80后""90后"）培养选拔实施方案：面向"80后"设置相当于所属企业总经理助理层级的锻炼岗位，面向"90后"设置相当于所属企业部门经理助理层级的锻炼岗位。针对"80后"总经理助理，实行"两转移、三不变、四参加"的聘任管理制，即单位、党组织关系转移，劳动关系、岗位职级、薪酬待遇暂时不变，参加任职单位领导班子分工、党委会、总经理办公会和班子考核。针对"90后"所属单位部门经理助理，实行"两转移、三不变"的挂职管理。

## （二）试岗炼金，写好 8090 工程"行动篇"

1. 赛场选马，选出实实在在的"千里马"

"能不能擂台取胜？"这次入选的"90后"朱昕阳心怀忐忑。第一次全系统范围内公开竞争性选拔年轻后备干部，这对于入职三年、期待成长进步的自己来说，真是难得的宝贵机会。他暗下决心、摩拳擦掌，但同时，即便是作为名校研究生毕业的学霸，他也倍感压力。这一次真是"过五关，斩六将"，要通过报名条件筛选、资格审查、笔试、面试、组织考察、岗前培训、岗位双选、出征誓师、履行任职手续等10余个环节，面对的竞争对手是来自全系统34家单位的众多英才（见图4）。

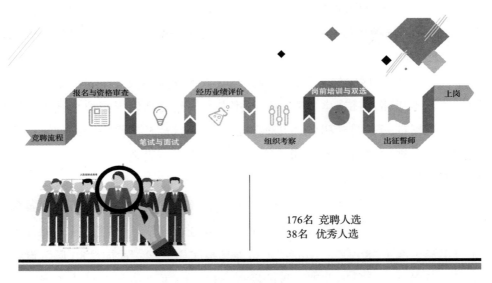

图 4　江苏交控 8090 工程示意图

本着提速不降准、提量不减质的培养目标，8090工程始终贯彻竞争思维。报名环节，根据人才成熟度和公司人才存量情况，科学设置了思想政治素质、工作能力、工作作风、廉洁自律以及年龄、司龄、学历、岗位情况等基本条件，竞聘所属企业总经理助理的"80后"应有所属企业中层副职及以上的岗位锻炼，竞聘所属企业部门经理助理的"90后"司龄应至少满两年以上，确保对公司和岗位有一定程度的了解。用科学的任职资格条件和考试程序来保证公选的合理性，严防揠苗助长，严防鱼目混珠，实现源头保质。

选拔环节，采用竞聘方式，创新采用模拟工作会议、人选"优缺点清单"、廉洁自律"双签字"和考察会议本人履职汇报等多维考察考核方法，科学设置入库比例，控制在4∶1左右，实现精准识人。

使用环节，通过竞聘的方式产生人选，以大浪淘沙、实践检验的方式，实现好中选优、优中选强，最后使用的比例控制在50%以内，强化选拔效果，切实锻造出一批理想信念坚定、理论基础扎实、实践能力突出的优秀年轻干部。

2. 打破圈子，让"千里马"跑起来

人才资源活不活？长期以来，如何有效盘活全系统内人才资源，一直是困扰陈部长的一个问题。江苏交控"家庭成员"众多，"个性"多元，公司本部设有19个部门（其中4个合署办公）；下辖34家单位，拥有宁沪公司、江苏租赁两家上市公司。既有事业单位，又有竞争性企业。如何让兄弟单位之间共享人才资源、管理模式、管理经验？

此次专项工程在干部交流工作上实现新突破，改变以往只对党委管理干部进行跨单位交流的做法，拓展交流范围、打通交流渠道、打破交流壁垒，统筹公司本部、所属单位上下各级、左右各所属企业、内外各领域，盘活人力资源，提高配置效益。首批38名上岗人员，分别任职于21家所属企业，均实现交流任职。这不仅避免年轻干部"就地上台阶"锻炼潜在的管理障碍，更打破干部资源"单位化""部门化""板块化"。

当然，交流只是手段并非目的，如何让交流过程体现出"人岗相适、人事相宜、人文关怀"的原则更是关键中的关键。此次交流采用"单位提需求，人选做选择，组织来统筹"的形式，通过科学分析岗位需求、分析人才素质，以及实行岗位双选等环节，从具体岗位、具体任务出发，讲求干部的能力素质与岗位职责匹配；明确培养锻炼干部、进出平衡、就近安排的原则，体现人文关怀原则，力争让年轻干部能够安身、安心、安业，在新岗位书写新篇章。

"80后"曹晓飞从交通传媒交流到路桥关联单位养护公司，任公司总助兼任党群部经理。随着公司性质的变化，他的业务领域和工作节奏也发生了变化。面临业务不熟和人手缺乏的双重困境，他一边恶补业务，了解熟悉业务知识，及时请教领导同事，一边深入基层调研，了解群众所需。很快，他便发现了工作的切入点。针对技术单位重业务轻党建的倾向、基层党建薄弱的问题，他充分发挥先前工作积累的企业文化宣传经验和党建工作经验，提出"党建跟着项目走，支部建在工地上"等创新做法。公司党建活动开展得有声有色，受到该公司领导高度肯定。

3. 立体培养，装上发展"导航仪"

上岗信心足不足？2019年3月25日，"80后""90后"年轻干部出征誓师大会上，来自江苏宁杭高速公路有限公司（以下简称宁杭公司）的"80后"康峰在发言中做了响亮回应："有了'123'立体培养机制护航，我们这些年轻干部心中更加踏实。我们有信心更应该做到工作务实，业绩扎实。"

康峰口中的"123"立体培养机制，是江苏交控在8090工程中探索出的独特培养机制。1，即一本培养手册。组织相关专家编制《8090后培养手册》（以下简称《培养手册》），提供导师带徒、试用期考核、年度考核、在职培训等记录表格，作为培养管理指引，形成干部成长档案。同时，作为选用评价依据，集日常管理、跟踪培养、业绩考核三位于一体。2，即双导师跟踪培养。采用"师带徒、二对一"的培养模式，搞好传帮带，明确规范年轻干部由谁帮、帮什么、怎么帮、帮到什么标准，帮助年轻干部度过"适应期"，缩短"成熟期"。由原所在单位主要领导和任职单位主要领导担任"80后""90后"干部"双导师"，三方签订培养协议，设计导师带徒计划表和评价表，强化帮带任务要求。公司人力资源部根据试用期和年度评价表结果反馈，密切关注年轻干部任职后的情况，定期分析年轻干部的成长情况，对帮带工作实施有力指导。3，即三类定制集中培训。为帮助年轻干部快速适应工作岗位新要求，人力资源部于任前、任中精心组织开展党性教育培训、业务能力培训、管理能力培训等三类集中培训。这些培训不仅为年轻干部提供了江苏省委党校、浙江大学、华为大学等优质培训资源，更通过班级自治管理、小组讨论、团建活动等形式，为他们提供统一的交流、分享、展示提升平台。

"怎样保证导师能够真正带好徒弟？我们在《管理办法》和《培养手册》里对导师的工作职责明确，比如负责制定培养计划、定期跟踪考核、进行绩效反馈与面谈等，并通过《培养手册》专用表格记录来督促导师履职。同时，我们有个动态调整机制和激励机制，对于优秀双导师给予适当奖励，对于履职效果不佳的导师，还会随时调整出去。"人力资源部长陈延礼介绍说。

作为制度的制定者，陈部长也是制度的执行者，他目前有1名"80后"徒弟。"对于高学历高素质的年轻同志，我十分欣赏他们的才华，也很'惜才'，所以工作中我是很乐意传帮带的。"陈部长说。

"'导师帮带制'加快了青年干部的成长，导师让年轻干部找到了快速适应工作的秘诀，学到很多符合实际、灵活多样的工作方法，能较快地挑起大梁，逐渐成长为各单位（部门）的中坚力量。"养护公司副总经理、党总支委员陈策也深有同感。

在集中培训的小组交流会上，挂职于企业大学的"90后"朱昕阳分享道，"现在我的本领恐慌比较严重，学习动力很强。一方面因为《培养手册》提醒督促自己去完成工作学习任务赚积分，双导师庄校长和王经理常常监督指导自己加强学习。另一方面在和大家交流中发现真的是'比你优秀的人比你更努力'，我必须小步快跑，才能紧跟大家步伐。"

4. 动态管理，勾勒成长"曲线图"

管理方案优不优？长达半年的时间中，"80后""90后"专项组成员一直在探索这个问题：如何优化管理方案，科学考核，才能最大限度地激发年轻干部队伍的活力？历经数月，数易其稿后，2019年新年伊始，《"80

后"总经理助理任职管理办法》《"90后"部门经理助理挂职管理办法》终于"新鲜出炉",动态管理机制成为其中一大亮点。一时之间,"在岗有压力、在库有希望""能者上、平者让",这些新提法在系统上下引起热议。在文件前期征求意见中,有人质疑道,"说实话,能上能下这个提法很好,但是能不能落地、如何落地是关键难题,怎么既让优秀的'能上'干部上去,又能让'能下'的干部心服口服。"

面对这样的疑问,专项组就考核管理细则方面做了进一步修订完善,将积分制管理贯穿整个培养过程,力求做到全流程管理、全方位考核、全时段记录相结合：设计了积分制的考核表和附加考核表,制定了《积分制管理办法》,旨在用积分对年轻干部的工作业绩和综合素养进行全方位量化考核,并通过《培养手册》在培养周期内进行记录和使用。积分分为定性积分和定量积分两类,旨在实现考核定性定量相结合、定期考核和日常积分相结合。定性积分是通用考核积分,在定期考核中从"德、能、勤、绩、廉"五个方面进行积分;定量积分是日常积分,根据日常工作学习科研等表现优劣分为加分项和减分项,能够更好地拉开差距,优中选优;锻炼期间进行试用期满考核、年度业绩评价等综合考核评价,考核覆盖锻炼全周期,并适时根据考核结果确定人员评价等次和去留。

修订后的《培养手册》出台以后,质疑声消失了。"用积分记录成长轨迹,谁该上、谁该下,一目了然。'能上'要凭真本事,有实实在在的积分做参考。大胆任用年轻干部的前提,有科学的干部考核制度做基础。"人力资源部部长陈延礼介绍说,"今年9月下旬,我们已启动试用期满考核,积分将清晰标记出每位年轻干部的成长数据,也是我们动态管理人才库的重要依据。"

也有不少年轻干部坦言："过去考核,有时只注重一次性考核,不注重一贯性考核。年度考核时间短暂,其实很难考准考实""没有日常具体的量化指标,评价往往带有主观性,无法保证公平公正。""通过积分管理,具体设置积分项目,量化工作,以打分的形式体现年轻干部的工作量和贡献大小，年轻干部之间会互相比较积分，将有力推动他们'撸起袖子加油干'。"通行宝公司人力资源部副经理李佩东说道。

### （三）新钢初成，锻成"江苏交控牌"

2019年9月下旬，人力资源部抽调专业力量组成考察组分赴全省各家单位对"80后"年轻干部进行试用期满考核。考核民主测评表显示，13名上岗人员满意率接近100%，"超出预期"等次比例超过80%。谈话测评中，无论是公司领导还是部门员工，说起"自家"的锻炼干部，各个头头是道。其中，"适应快、思路活、作风实、加班多"是考察组成员听到最多的评价。

2019年4月起，"80后"许克强从江苏交控人力资源部到宁沪公司挂职锻炼，担任总经理助理兼营运安全部、信息化部经理。面对单位变、岗位变、业务变、环境变的多重变化，他展现出极强的适应能力，迅速完成了一名人力资源工作者到一名营运管理者的岗位转变、完成了从机关工作人员到基层领导人员的角色转变。在新的岗位上，交出了一份合格的"奋斗答卷"：在省界撤站"1号工程"、智慧扩容"示范工程"、消堵消患"民生工程"、营运管理"强基工程"、安全生产"保障工程"等重难点工作中表现突出，推动宁沪公司在全省第一家完成了54台入口拒超称台建设，率先完成了全线32个点位的网络设备安装调试，实现了全线网络贯通，提前7天完成全线门架吊装，在全省路桥单位保持领先。繁重的工作之余，他还积极组织申报了《高速公路智能车路协同系统集成应用》《沪宁智慧高速公路建设关键技术研究》等国家和省重大科研专项。扎实的工作业绩换来了公司领导和同事的一致认可，宁沪公司党委给了他如下评价：政治立场坚定、勇于担当作为、勤于学习思考、工作创新实干。

实际上，以许克强为代表的"80后""90后"年轻干部都以同样的奋斗姿态活跃在公司改革发展的第一线上，他们有些已成长为党建能手、业务尖兵、技术红人、营运高手……满满当当的培养手册记录着他们扎扎实实的奋斗足迹。

"'80后''90后',不一样的成长平台;'80后''90后',不一样的年轻风采,"挂职于通行宝公司的"90后"艾晨在工作小结中写道,"上岗锻炼以来,最大的感受就是好像把半年过成一年甚至是好几年,因为这半年所有的经历、体验和收获都在倍数增加:这半年我不仅收获了新单位、新同事、新朋友,还收获了新的经验值、得到了新技能,也从其他'80后''90后'小伙伴那里分享到新方法。成长要加速,奋斗必须加倍。随着试岗时间的推移,我的视野变得更加开阔,处事的风格变得更加成熟,责任也变得更加明确。所谓'钢铁是怎样炼成的',的确,我们必须经过反复淬炼,磨去斑斑锈迹,才能炼成能够担得起重任的'真钢'。"

正如在近期"80后"年轻干部阶段座谈会上,陈部长所说的:"试岗锻炼机制,就是想让年轻同志们能够在'左右为难'中成长成熟,在'能上能下'中育才炼才,让你们多练小事、多磨难事、多思大事,在破解'两难'问题中掌握'谋'与'断'的治理要诀,不断在磨砺摔打中练身手、长本领。目前看来,大家的表现验证了这个机制的有效性。"

8090工程是江苏交控创新干部工作方法,大力发现培养选拔优秀年轻干部的集中缩影。近年来,公司党委制定出台了以《关于加强优秀年轻领导人员培养选拔的实施意见(试行)》文件为中心的年轻干部培养选拔"1+N"的制度体系,按照拓渠道探新路、腾空间建新库、盘存量搭平台的三步走行动规划,梯次推进年轻干部队伍建设。这一次启动全系统年轻干部培养选拔专项工程正是对前期工作的一次再总结、再推进、再深入。通过8090专项工程以及年轻干部"上挂下派"工作等其他配套举措,将建立起一定规模的人才储备库,确保年轻干部选择上有空间、使用上有梯队,有利于缓解未来五年有一批干部集中退休的队伍建设痛点。

## 三、启示

国企改革越深入,人才队伍建设越重要,加强优秀年轻干部培养选拔工作越迫切。为打造适应新时代要求的优秀年轻干部队伍，江苏交控党委切实践行新时代党的组织路线，立足"国际视野、国内一流"的战略发展高度，着眼长远、结合实际、通盘考量，启动实施了"80后""90后"年轻干部专项培养选拔工作，强化育、大胆用、重视炼、从严管，打破流动壁垒，清除隐形台阶、拓宽发展渠道，构建环环相扣又统筹推进的年轻干部全链条培养机制。

下一步，江苏交控党委将持续跟踪推进8090工程，调整优化工作方案，加强统筹规划，完善配套制度举措，系统提升年轻干部队伍建设：施好"活力肥"，把"库内、库外"作为识别的活水源。拓宽视野，建立完善的后备干部选拔培养制度，完善分层分类的人才库，库内跟踪培养，库外不断挖掘，将全系统的优秀年轻干部全部纳入组织的视野范围；施好"地气肥"，把"市场、现场"作为锻炼的主战场。树立墩苗历练的价值导向，不断加强实践培育。继续开展年轻干部"上挂下派"工作，按专业分类，开展重点工程、重要一线、重大项目"三重岗位"挂职计划，引导和鼓励优秀年轻干部到基层一线这个大舞台当中成长历练。施好"压力肥"，把"有进、有出"作为管理的加压器。健全完善考核管理体系，坚持综合比选"排队"、果断淘汰"掉队"原则，形成成长档案，严格管理考核，实行动态调整，实现优进劣出，保持"一池春水"，让真正优秀的年轻干部行稳致远。

# 五维驱动　五力支撑

## ——以"人才+"思维破解人才发展难题

【内容摘要】　　本案例描述了江苏交控"十三五"期间在人才队伍建设方面采取新思维、新方法,即从理念、结构、通道、体系和机制方面"五维驱动",以"人才+"的创新性思维,从人才引进、人才培养、人才竞争、人才发展和人才服务五个方面发力支撑,推动企业人力资源改革的步伐,实现人力资源工作与公司发展的关系由跟随到同步再到适度先行的转变,有效破解企业面临的人才发展难题的典型事例,具有良好的借鉴意义。

【关键词】　　人力资源;人才发展;"人才+"

# 引　言

人才是第一资源，创新是第一动力。近年来，江苏交控全面实施"人才强企"战略，立足"国际视野、国内一流"的战略发展高度，始终坚持高站位、宽视野、大格局，紧紧围绕公司"十三五"发展规划，立足"一主两翼，双轮驱动"的发展战略，聚焦改革发展中"钱从哪里来、人往哪里去、险从哪里防"三大难题，实现了人力资源工作与公司发展的关系由跟随到同步再到适度先行的转变。把解放思想作为第一先导，把聚焦战略作为第一目标，实施"人才+"工程，以改革创新精神破解人才发展难题，为公司"创一流企业""高质量发展走在前列"提供坚实的人才支撑。

## 一、案例背景

2015年10月，刚刚出任江苏交控党委书记、董事长的蔡任杰对公司所属企业进行调研后，提出了"聚英才而用之"的人才理念，明确要以党管人才为统领，倡导尊重劳动、尊重人才以及比一般人更能创造财富与价值的全员人才观，将人才工作提升至公司发展的战略高度。2015年年底，"江苏交通控股有限公司'十三五'人才专项发展规划"应时而出，勾勒出江苏交控人才发展的宏大蓝图，一场持续深入的人力资源改革与创新随之展开……

## 二、人才发展难题的破解之路

### （一）"12345"，五维驱动的人才发展思路

江苏交控高标准编制了公司中长期人才发展规划和"十三五"人才专项发展规划，形成了"12345"的人才发展思路。

1. 一个理念

以党管人才为统领，深入贯彻落实习近平总书记关于"人才是第一资源"的重要论述，牢固树立人才优先发展理念，实施更加积极、开放、有效的人才政策，促进人才资源优先开发、人才结构优先调整、人才投入优先保障、人才制度优先创新，努力构建人才发展良好环境。

2. 两个结合

推动人才结构战略性调整，做到培养和引进相结合、国内和国际相结合，重点突出对企业拔尖创新人才、急需紧缺人才、战略性后备人才的培养力度。

3. 三支队伍

加强管理、专业技术和技能人才队伍建设，构建"纵向畅通、横向互通"的多元化人才发展职业通道。加强管理人才职业发展通道建设，逐步健全全面绩效管理机制，研究建立科学的领导力评价模型；加强专业技术人才职业发展通道建设，结合企业实际，设计专业技术职务体系，构建专业技术人才评价标准，完善专业技术通道配套制度；加强技能人才职业发展通道建设，立足生产一线，探索多层级、多岗位职业发展体系，推进职业技能鉴定工作，优先使用高技能人才，培养一批敬业爱岗、服务诚信、业务熟练、奋发向上的业务能手。

4. 四大工程

一是"企业家工程"，针对公司中层以上人员，以培养"国际视野、国内一流"的企业家为目标，以"质量和贡献"为导向，加快推进队伍的职业化、市场化、专业化和国际化。

二是"专家工程"，针对系统具有高级以上职称以及长期从事专业技术实践和研究的人员，以提高专业水平、学术能力、知识更新和研究创新能力为目标，以"职称和成果"为导向，锤炼、打造出一批高精尖的行业领军技术专家团队。

三是"标兵工程"，针对公司各类先进模范人物、生产一线技能能手，以培塑"企业工匠"为目标,以"业绩和能力"为导向,通过示范带动,发挥典型引领,发现、激励和培养一批行业内能够攻坚克难、身先垂范的标兵人才。

四是"菁英工程",针对全系统各类优秀青年人才,以加强人才储备、推进创新发展为目标,以"能力和潜力"为导向,引进、选拔和培育一批素质高、能力强、作风实、潜力大的青年人才。

5. 五项机制

创新和优化人才管理、选拔任用、教育培养、激励约束及人才考核评价机制。规范经营管理人才选用方式,推进多元化职业发展,探索干部和人才的市场化改革,做实做强企业"人才库""后备库"等;完善自主培训、合作办学、网络平台为支撑的"1+N+1"人才与职工教育培训体系,构建分类的专业化合作教育培训平台,筹备成立江苏交控大学(党校),形成职工教育培训工作全新格局;优化人才激励约束机制,落实人才奖评选表彰、容错纠错制度,进一步完善薪酬激励机制,设立人才发展专项资金;优化人才考核评价机制,从能力、业绩、贡献、民主测评等方面建立多维度人才综合评价办法,实施人才动态管理,完善人才进退机制。

(二)引进、培养、竞争、发展、服务,五力支撑的人才建设举措

1. 人才+引进,抛好事业"橄榄枝"

一是明需求。对系统内5800多名人才进行基本情况盘点,摸清人才"总盘子"和"分布图",分类建立专业人才库,分析研判人才缺口方向和数量。二是定对策。针对新形势下收费与服务岗位员工逐渐富余,但"高精尖优"人才短缺现状,坚持系统思维,抓好"一出一进"。"畅通出"就是多措并举、远近兼顾、疏转结合,稳妥做好富余岗位员工分流工作;"加大引"就是坚持五湖四海广纳贤才,做优系统专场招聘会这张引才名片,将招聘范围扩大至全国80多所高校。同时,积极参加省市组织的各类高层次引才活动,完善内部共享平台,实现引才效能最大化。三是促高

效。实施"6030"工程(用两年时间招录60名985、211高校硕士研究生以上高校毕业生,选聘30名1975年以后出生的年轻干部充实所属经营管理队伍),每年实施"百人引才计划",举办专场招聘会,重点推进企业改革、发展急需的路桥工程、企业经营、信息技术、金融财务、投资融资等方面的"高精尖缺"人才。近三年,引进各类人才400余名,其中硕士、博士占比超过60%,国内双一流高校、海外名校毕业生占比接近40%。同时,通过公开招聘、猎头推荐等方式,成功引入职业经理人6名,8名年轻干部由体制内自愿实现转任。

2. 人才+培养,输送提升"营养液"

一是强化"育"。构建自主培训、合作办学、网络教育互为支撑的"1+N+1"人才培训体系。江苏交控层面,近三年,举办各层级管理、技术和生产岗位培训100余期,参培4000余人次。其中,每年举办至少1期高层次人才海外考察培训班,领导人员培训实现年度全覆盖;所属单位层面,每年举办各类培训300余期,参培60 000余人次,年度教育经费投入5000余万元。结合培训举办"基层工作讲坛""行动学习报告会""优秀论文评选"等。先后与中国浦东干部学院、中国大连高级经理学院、南京大学、浙江大学等建立战略合作关系,公司被南京大学商学院评为最佳合作伙伴。目前,江苏交控大学(党校)已于2019年6月28日挂牌成立,在短短三个月时间内完成了服务区、党建、营运岗位转型、工会等特色课程开发,完成了近20个培训项目,并积极探索"互联网+教育"的在线学习模式,打造具有自身特色、面向系统内外的一流人才培养基地。二是重在"炼"。搭建"三重"岗位历练平台,把重点项目、重大工程、重要一线作为人才培养的"主战场",采用"上挂下派"、参加"科技镇长团"、挂职扶贫、任村第一书记、援疆建设等多种方式,加强实践培养。近三年,公司本部与所属单位人才交流20余人、所属单位间人才交流80余人,外派挂职20余人。三是突出"用"。支持所属单位与高校合作建设研究生工作站、桥梁研究中心、首席技能大师工作室等,在具备条件的单位设置总工程师、财务总监、副总专业师等岗位。在路桥单位试点推行管理、技术和技能三个发展通道建设,破解"千军万马过独木桥"的成长瓶颈。积极组织参加省职业经理人创新大赛,连续三届参赛项目获一、二等奖和优秀奖20多项,主创人员获"江苏省五一创新能手""江苏省技术能手"等称号,江苏交控获得优秀组织奖。系统首个博士后创新实践基地完成,进站博士后项目进展顺利。目前,硕士研究生以上学历521人,其中博士研究生13人;具有高级职称(含正高)的人员和高级技师579人,其中高级职称555人,高级技师24人;省"333工程"培养人才、国务院特殊津贴获得者、科技企业家、双创人才、行业领军人才等30余人;拥有高级职称以上的高层次人才555人。近年来,系统内涌现出党的十八大代表、十九大代表、全国劳动模范、全国"三八红旗手""最美中国路姐"、江苏省十大杰出青年等具有代表性、示范性的岗位标兵。

3. 人才+竞聘,拆除流动"玻璃门"

针对系统内各单位以及不同职类岗位之间存在的隐形壁垒,2019年5月,组织了第一次全系统公开竞聘,拆除人才横向流动的"玻璃门",让"能者上庸者下",盘活人才存量。经公司党委研究,拿出所属单位领导人员、部分中层管理岗等7类岗位9个职数,在全系统实施公开竞聘上岗,提高群众参与度。竞聘流程包括报名与资格审查、笔试、经历业绩评价、面试、心理素质测评、组织考察等7大环节,提升竞争有效度。通过个人"亮绩"、群众"评绩"、组织"核绩",增加人选"优缺点清单"、廉洁自律"双签字"和考察会议本人履职汇报等,确保人选德才兼备,增强岗位匹配度。最终,9名优秀人选从169名竞聘人选中脱颖而出,顺利走上管理岗位,发挥重要作用。

4. 人才+发展,打造成长"快车道"

针对公司中层干部年龄结构亟待优化的实际,着眼长远,启动"80后""90后"年轻干部选拔培养专项工作。坚持阳光"赛马",精心"育马",采用公开竞聘制,实施模拟工作会议等多类考核,确保选拔科学、公开、公平、透明。对脱颖而出的"千里马",实行跟踪培养制,既有岗前脱产培训,又有"双导师"制的岗位培养,确保选、用、育同步推进。坚持先给平台,后给位子,实行"两转移、三不变、四参加"的聘任管理制,即单位、党组织关系转移,劳动关系、岗位职级、薪酬待遇暂时不变,参加任职单位领导班子分工、党委会、总经理办公会和班子考核,让更多年轻人才走上前台,在实践中墩苗历练,破解既缺年轻干部,又受编制、职数限制,年轻干部上升通道窄的"两难"境地。坚持在岗在库,能上能下。实行后备人才与用才单位双选任职制。对于在岗人才,实行"严管理、硬考核",进行试用期满考核、年度业绩评价等综合考核评价,考核不合格的,直接退出后备人才库,实现"在岗有压力、在库有希望",破解干部能上不能下的单向机制。选拔于2019年年底完成,有一批高素质年轻人才走上总经理助理、部门经理助理岗位,激发人才队伍"一池春水"。

5. 人才+服务,构建集聚"强磁场"

如何写好留才关键篇,为高质量发展提供可持续动能?我们围绕"人才链"构建"服务链",改善留才"软环境"。坚持制度托底,健全完善《加强引进高校毕业生管理工作的意见》《委派董监事管理办法》等10余项制度,并在全系统开展了制度贯彻落实情况检查,推动人才服务制度化、规范化、常态化。坚持政策护航,乘着省委出台"三项机制"的东风,调整、修订、补充《人才激励基金管理办法》等激励政策,优化薪酬分配激励机制,完善薪酬福利保障机制,力争让优秀人才"名利双收"。坚持举措同步,围绕人才发展亟须解决的生活、教育、医疗问题,积极为他们排忧解难,为优秀人才提供租房补贴、区域工作补贴,组织开展年度工作"突出贡献奖""江苏交控人才奖"等人才类评选表彰活动,涌现了一大批优秀经营管理、专业技术和技能人才,进一步激发了系统内各类人才的工作主动性和创造性。目前,形成了6大类50余项的人力资源管理制度体系。连续三年全系统平均工资增长在10%左右,增长水平处于省属企业前列,切实提升人才服务水平,努力做到用事业造就人才,用环境集聚人才,用机制激励人才,用制度保障人才,用真情吸引和留住人才。

## 三、启示

江苏交控在"十三五"期间根据董事长"聚英才而用之"的人才理念,经过周密论证、精心设计、大胆尝试,在人才队伍建设方面采取了一系列新思维、新方法,既有理念、结构、通道、体系和机制宏观层面的"五维驱动",也有以"人才+"的创新性思维,从人才引进、人才培养、人才竞争、人才发展和人才服务五个具体层面的推动落实,企业人力资源改革成效显著,有效破解了企业面临的人才发展难题。随着企业的发展,在下一个五年计划期间,江苏交控将在人力资源建设方面运用哪些更新的思维和举措,值得我们期待。

# 破解"人往哪里去"
——多渠道转岗实现人尽其用

【内容摘要】2018年5月,国务院常务会议研究决定,推动取消高速公路省界收费站,撤站工作自此拉开序幕。2018年12月底,苏鲁省界和川渝省界的所有高速公路主线收费站正式取消,标志着取消省界收费站工作取得实质性进展。2019年5月,国务院常务会议确定,力争在2019年年底基本取消全国高速公路省界收费站,并强调妥善做好收费人员分流安置,做到转岗不下岗。江苏交控以破解"人往哪里去"难题为着力点,分三阶段累计安置职工6000余人,探索"挖潜转岗一批、创业支持一批、培养输出一批、退养消化一批"的分流渠道,兜牢了民生底线,体现了国企担当,筑牢了发展根基,维护了企业的和谐、稳定。

【关键词】省界撤站;转岗;分流安置

# 引 言

随着 5G 技术的推出和普及，信息化浪潮的冲击已经滚滚而来。当前，高速公路营运管理体制的创新、征收手段的变革和信息化技术的应用，给高速公路人才队伍建设带来了新的挑战。按照国务院撤除高速公路省界收费站的政策部署，江苏、山东、重庆和四川作为全国第一批试点省市，2018 年成功撤除苏鲁 5 个收费站和 4 个过江通道主线站，需分流各类岗位人员 632 人。到 2019 年年底，江苏全省还将撤销全部省界收费站，全面实现跨省、跨江车辆通行"自由流"，届时还需分流员工 1000 余人；到 2020 年，全国高速公路将实现"一张网"收费，非人工收费通道占比将超过 90%，这一重大变革还将进一步分流收费站员工 4000 余人，其每一步都牵涉职工和职工背后家庭的切身利益。一旦处理不好，轻则损害职工个人利益，影响单位发展；重则引发社会矛盾，形成不稳定因素。因此，江苏交控党委牢记使命担当，结合"不忘初心、牢记使命"主题教育活动，将职工分流工作上升到公司战略层面加以规划，做出了不让一名员工掉队、不让一名员工下岗的庄重承诺。

## 一、案例背景

### （一）形势逼人

江苏交控目前所属 15 家路桥单位管辖收费站 349 个、服务区 90 多对。其中，省界主线站 11 个（不含 5 个已撤除的苏鲁省界站），端点站 21 个，匝道站 321 个，MTC 车道 2267 条、ETC 车道 917 条。路桥板块员工总数 21 536 人，目前共有收费站员工 13 793 人，包括管理人员 1053 人、收费员 10 421 人、票据员 284 人、值机（监控）员 1312 人、其他生产岗位人员 723 人。

这是一个庞大的员工队伍体系，而所有人的命运与发展都在 2018 年年中迎来了巨大的转变。江苏省面临的形势是，在 2020 年年底改革完成前，高速公路要分流转岗 6000 余名一线收费人员，具体包括：第一阶段，即到 2018 年年底，撤除苏鲁省界 5 个收费站和 4 个过江通道主线站，分流安置 632 人。第二阶段，即到 2019 年 12 月底，全部撤销省界收费站，分流安置人员 1060 人，其中，管理人员 43 人，收费员 861 人，其他技能岗位 156 人。第三阶段，即到 2020 年年底，按照 ETC 收费占比达 90% 的建设要求，现有端点站和匝道站仅保留一进一出人工收费道口，需再转岗分流 4400 余人。"人往哪里去"已经成为摆在江苏交控人面前的一个现实难题。

### （二）破局之困

"我的青春都交给了收费站，我现在 36 岁了，啥也不会！也没有单位要我们了"，2018 年 1 月，一段唐山收费站撤站下岗收费员因安置问题与领导"对话"的视频在网上流传，立即引发社会广泛讨论。这是收费员工的普遍想法。在社会不断进步和科技飞速发展的背景下，原有的公路收费人员普遍存在安于现状、技能匮乏的现象，造成了"人往哪里去"的破局之困。

现实情况是，江苏交控一线员工多为大专及以下学历，学历相对不高，加之长期从事重复性劳动，技能比较单一，竞争力弱、可替代性强，缺少多岗位锻炼的通道，职业上升或者转换的空间非常有限。具体到人员安置分流工作上，突出的困难表现为"四个一"。

"一宽一窄"，即产生分流转岗人员的范围宽，而多元化、多层次就业安置渠道相对较窄。全省仅江苏交控三个阶段分流职工预计将达到 6000 人，不仅涉及高速公路各个工作岗位，也涉及全省各个地县，分流安置人员多、范围广、社会影响大。处理如此复杂的分流安置局面，依靠企业一己之力，难度可想而知。在当前就业形势依然严峻的大环境下，加之绝大部分员工不愿意离开"体制"，目前企业安置转岗分流职工更多的是依靠内部力量，依托自我消化的能力，而拓宽社会化、多元化、多层次的就业安置渠道难度不小，亟须政府及时加以协助和引导。尤其是帮助扩展高铁、港航等新兴产业就业市场，需要政府部门强力协调、推进。

"一高一低"，即新兴产业和现代服务业就业要求高，而收费相关岗位员工技能较为单一、学历较低，适应市场的能力较弱。以5G为代表的新一轮信息技术革命实际已经预示新一轮工业革命的展开。万物互联的信息化时代抬高了新型产业和现代服务业的就业门槛。高速公路收费站员工长期从事征管工作，为高速公路事业发展奉献了青春和汗水，但也存在技能较为单一、学历普遍不高、员工年龄结构失衡等实际问题，尤其是大批四五十岁的职工，在转岗过程中快速适应新岗位、快速融入市场经济环境，还存在不小的困难。

"一快一慢"，即省界撤站和高速公路收费模式转型改革推进快，而政府相关人员分流安置的指导意见或配套政策出台较慢。截至2019年年底，江苏省将撤除所有省界收费站，年底ETC使用率将达到90%。2020年即要实现分布式收费。高速公路收费模式转型改革速度之快，超出预期。但政府有关人员安置、转岗、分流的指导性意见，或是相关政策，尚未配套出台。

"一加一减"，即无论是全省综合交通运输体系建设，还是职工转岗分流都对企业的资金要求不断加大，而收费模式变革后通行费收入综合效益面临下降。按照省委省政府的决策部署，江苏当前正处于推进综合交通运输体系建设的关键时期，而江苏交控作为全省唯一的国有综合大交通投融资主体，"十三五""十四五"期间的交通建设投资任务十分艰巨。目前，再叠加6000人的转岗分流任务，资金压力十分巨大。据预测，随着货车收费模式的变革和入口秤重、入口治（拒）超等收费政策的实施，以及为减轻实体经济负担而实施的一系列减免通行费措施的进一步落地，高速公路通行费收入效益将面临下降趋势，企业发展的后续压力将十分大。

## 二、破解"人往哪里去"

### （一）未雨绸缪谋划改革出路

贯彻落实国务院、交通运输部和省委省政府有关会议精神，推进省界收费站撤站和相关人员安置分流，既是一项政治任务，也是一项民生工程。其实，早在国务院全面部署撤销省界收费站之前，江苏交控党委就敏锐地觉察到，随着信息化技术飞速发展，技术代替人工的时代很快就会到来。

江苏交控董事长蔡任杰多次在会议上强调，要未雨绸缪、尽早谋划，加快高速公路"外延"和"外沿"产业布局，围绕"高速公路＋"谋篇布局，稳妥解决"人往哪里去"的问题。在酝酿公司"十三五"规划的过程中，"钱从哪里来"被列入公司发展战略层面进行顶层设计，集全江苏交控之力寻找解决问题的科学途径。江苏交控人力资源管理部门确定了分流的基调，即"在分流过程中，既要保证职工队伍稳定，也要打破'铁饭碗'思维，实施'双向选择'，让能上能下成为常态"。

### （二）用发展的思路解决发展产生的矛盾

"破解'人往哪里去'这个难题，对我们两级班子都是一个考验。要有紧迫感，妥善解决好人往哪里去的问题，不让一个人掉队，这既是政治责任，也是社会责任。"蔡任杰董事长在 2019 年 1 月 23 日召开的江苏交控年度工作会议上语重心长地强调道。

江苏交控人力资源部迅速召开专题推进会议，并派出专项调研组奔赴省内各单位和山东、安徽等兄弟省份学习考察，撰写了《关于赴安徽、山东等三个高速集团考察富余人员转岗分流相关情况的调研报告》，同时全面摸排系统内分流人数和渠道，编制了《江苏交控人往哪里去分流工作实施方案》。江苏交控总经济师、人力资源部部长陈延礼同志强调，要以新时代答卷人的精神，解答好"人往哪里去"的难题。强调发展产生的矛盾，要用发展的思路和手段加以解决，并明确了三大工作路径。

"一盘棋"的理念。系统内6000多名收费员面临着转岗分流，这不仅仅是15家路桥单位的事，也是全系统所有单位的事。非路桥单位要提高政治站位，将一些技能水平不高、学历要求不高、短期培训可以掌握技能的岗位在系统内公开招聘，缓解路桥单位的分流压力。截至2019年10月，现代路桥、高速石油和信息公司分别提供近200个岗位。

"一体化"的思维。在对新收费模式下的组织机构、岗位设置、岗位定员进行科学研判的基础上，江苏交控依托江苏交控大学先后组织了机电知识、加油站安全知识、服务区管理、清排障业务、路桥养护等方面的知识培训。将转岗分流与赋能培训同谋划、同开展、同考核，以人才结构优化推动产业层级提升。

"一把手"的担当。人员转岗分流既是安置转岗人员的工作也是维护公司改革发展稳定的工作。江苏交控党委实施压力传导，人员分流工作采取"一把手"负责制。各单位主要负责同志，均要提高政治站位，从全局和战略高度，充分认识到这次技术更新人员转岗的重要意义，靠前指挥、主动作为，关键事项亲自协调、重点工作亲自推进、重要问题亲自解决，为"人往哪里去"提供了有力支撑。

### （三）以务实的态度科学谋划分流思路

一方面要贯彻落实党中央、国务院做出的深化收费公路制度改革的重大决策部署；另一方面要完成江苏交控党委提出的"转岗不下岗"和"确保和谐稳定"的目标任务，江苏交控人力资源部面临双重压力。经过一次次交流研究、思想碰撞，经过一轮轮深入基层的调查研究，一条科学务实的分流思路逐渐清晰起来。

首先是进退结合。所谓"退"，就是针对收费类员工转型、分流乃至退出的问题，以对每一位员工负责任的态度、对江苏交控长远发展负责任的态度来思考和把握，从各个层面合力推进，做到退得顺、退得安、退得稳。所谓"进"，就是要确立人才优先发展大格局，重点服务好"一主两翼、双轮驱动"发展战略,加强人才队伍建设。推动管理、技术、技能人才职业发展通道建设,加大高层次人才、紧缺型人才引进力度,重点服务好"交通+"产业发展。

其次是内外结合。对内要打通内部劳动力市场,在用工从严、从紧配置的基础上,聚焦营运管理模式、科技手段等转型升级的要求,挖掘内部岗位需求,积极探索数据稽查、信息服务、机电维护、调度协调、平台运营、商业推广等新岗位设置。新增用工通过岗位优化、管理整合、集中调配等方式解决,有空编或缺编的岗位,内部择优转岗消化。对道路养护、清排障、服务区经营等其他岗位出现空缺的,优先从收费岗位员工中择优选拔。对外要探索加快产业管理输出。在加强综合大交通资本投资运营的同时,积极推动提供人力资源支持输出,争取大交通产业融通吸纳。

最后是统分结合。推进富余员工转岗分流工作是一项系统性工作,公司上下牢固树立一盘棋意识,实施上下联动,强化部门协同,注重工作衔接。江苏交控层面重点做好对上、对外的联络协调,跟踪国家、省有关政策要求,在时间节点上及时做好衔接,研究优化有关技术方案,结合实际细化制定针对性政策制度,严格岗位定员管理和用工审批,统筹构建系统内部劳动力市场,搭建专项培训和用工输出合作平台,实施转岗分流考核指标分解,组织检查考核和奖惩兑现等;各路桥单位层面结合自身实际,围绕劳动组织、方案制订、用工管理、绩效考核、转岗分流、人力市场、薪酬管理等方面,着重抓工作落实。

## (四)以可行的方法走上职工分流安置新路

思路对了,道路就宽阔了。在实施收费公路改革半年多来,江苏交控逐渐走上了职工分流安置的路子,人员安置平稳顺利,基本实现了领导满意、职工满意、用人单位满意。

1. 挖潜转岗一批

根据规划,未来3年内新开通路段将增加26个收费站、8对服务区、

9个排障大队、9个养护管理中心等，3年内新增建12个收费站，用工需求约1500人。新安装的ETC门架、称重设备和ETC设备等的日常维护，需增加机电维护人员约600人；取消高速公路省界收费站后，调度指挥中心需强化稽查职能，需增加约400人。随着路网流量的不断增加，养护和排障岗位也需要相应增加人员。此外，各单位还有劳务外包岗位3000个以上，可以随时转变为安置岗位。通过积极动员和充分挖潜，大部分员工将有岗位可去。

2. 支持创业一批

对于愿意解除劳动合同的员工，除按国家政策给予经济补偿外，设立创业基金支持员工自行创业。①支付经济补偿。解除劳动合同按规定需要支付经济补偿的，支付标准为：按照员工在本单位工作的年限，每满1年向员工支付1个月工资的经济补偿；6个月以上不满1年的，按1年计算；不满6个月的，按半个月的工资标准支付。员工月工资高于单位所在的设区的市级人民政府公布的本地区上年度职工月平均工资3倍的，向其支付经济补偿的标准按职工月平均工资3倍的数额支付，向其支付经济补偿的年限最高不超过12年。②发放创业基金。对于富余岗位解除劳动合同的员工，除按国家政策给予经济补偿外，各单位可结合实际情况发放适当的创业基金，创业基金原则上不超过经济补偿的1倍，最高不超过12个月的工资标准；依据规定的离职时间先后，采用金额递减的方式，鼓励员工主动离职再就业。以收费岗位为例，对不同时间段工资档级进行测算，如表1所示。

表1 收费岗位不同时间段工资档级测算

| 岗位 | 收费员 | | |
|---|---|---|---|
| 进公司时间 | 2000.11 | 2004.9 | 2007.7 |
| 月平均工资测算值（元） | 9 249.96 | 8 900.78 | 8 643.84 |
| 支付经济补偿标准（月） | 19.5 | 15.5 | 12.5 |
| 经济补偿金测算额（元） | 180 374.22 | 137 962.09 | 108 048.00 |
| 创业基金测算额（元） | 110 999.52 | 106 809.36 | 103 726.08 |
| 合计补偿测算额（元） | 291 373.74 | 244 771.45 | 211 774.08 |

截至2019年9月，离岗创业人员共计256人，人均离岗费用12万元，支出人工成本约3072万元，占全年人工成本的0.68%。

3. 培养输出一批

围绕国家新一轮加快基础设施建设的总体规划，积极寻求政府有关部门的指导帮助和政策支持，主动加强与兄弟单位、当地人才市场等合作，采用订单式培养模式，选拔部分符合条件的员工，开展针对性培训，通过用工输出等方式实现人员的外部转移。例如，铁路集团近两年将分别开通徐宿淮盐铁路（全长314千米）和连镇铁路连淮段（全长148千米），共计开通16个站点，需要客运值班员、客运员、广播员、检票员、售票员、应急值守和基层管理人员约300人。成功对接以后，将有效缓解苏北沿线路桥单位的分流压力。

2019年6月，江苏交控与太平人寿保险公司组织了150名收费员的转岗培训。为了帮助有意愿、敢尝试的员工走出体制、走向市场，江苏交控在政策上给予了支持。员工在系统外就业，有三个月的试岗期限，三个月后员工自主选择去留。在薪酬上，第一个月全额发放工资；第二个月岗位工资全额发放，绩效工资减半发放；第三个月仅发岗位工资。有了政策的扶持，将会有越来越多的员工大胆走出体制，开创一片新的天地。

4. 内部退养一批

员工在本单位工作满15年（含江苏交控系统内工龄），且距法定退休年龄不足5年，不能完全适应现岗位要求的，经本人申请、单位研究同意后，实行离岗退养，在其达到国家规定的退休年龄时，办理正式退休手续，在离岗退养期间发放退养生活费。按照距规定退休年龄时间长短的不同，以本人离岗退养前12个月的平均工资为基数，在50%～60%计发，但不得低于所在地最低工资标准。

结合分流安置工作实际，逐步把离岗退养政策扩大至其他岗位，让员工老有所养，也为年轻员工安置提供空间。经统计，路桥单位三年内符合离岗退养条件的员工将有1000人以上。

## 三、启示

深化收费公路制度改革，取消高速公路省界收费站工作是党中央、国务院做出的重大决策部署，无人化收费是时代进步的必然产物，高速公路领域的巨大变革对于企业和收费员来说既是机遇也是挑战。江苏交控通过优化组织架构、整合资源配置、赋能驱动员工，实现组织、资源和员工的协调发展，帮助每一位转岗人员找到属于自己的位置，变冗员为资源，变存量为增量，变被动为主动，真正实现了"转岗不下岗，分流不掉队"。如何在分流的基础上进一步优化人力资源配置，充分发挥员工积极性，激发员工斗志，需要江苏交控人力资源部门持续思考与探索。

# 四段突破燃活力

## ——江苏现代路桥的人力资源体系改革探索之路

【内容摘要】——— 随着竞争形势的日趋严峻,过去的组织与人力资源管理模式已难以适应企业新的发展需求。突破困局,通过管理机制的变革重建活力,不仅对于处于困境的企业至关重要,而且对于处于稳定发展期的企业也有借鉴价值。本案例描述了江苏现代路桥有限责任公司(以下简称江苏现代路桥)通过实施人力资源体系变革,最终重新激发员工的信心,扭亏为盈,成功实现"逆袭"的过程。案例所呈现的这种企业组织与人力资源多个模块系统化变革的成功经验与实践,具有一定的借鉴和启示意义。

【关键词】——— 企业变革;组织设计;绩效管理

# 引　言

2017年4月的一天，会议室外，风和日丽，紫金山风景宜人。会议室内，整个会场鸦雀无声，江苏现代路桥总经理李明杰心急如焚，他已经记不清上次有类似的心情是在多少年前了。这天，是他上任新岗位的第二天。就在刚刚，财务审计部汇报了2016年公司的经营状况，全年产值较2015年减少超过1/3，是江苏交控系统内少有的亏损企业。迫在眉睫的是，马上要发工资了，但公司财务账户上的资金都不足以支付员工的工资。人力资源部汇报了公司当前的人员状况，员工收入与绩效贡献关联度低，优秀人才看不到希望，士气比较低落。来年产能效率的进一步下滑几乎可以预见。

与之相反，企业所在的养护行业却呈现爆发式增长的态势，省内及周边省份大规模的基建工程相继展开，投入使用后立刻就进入养护工作的市场范畴。但是，由于竞争力不足，市场份额往往被其他公司夺取。外面是满地的机会，内部却是不安的人心，公司的核心竞争力到底是什么？未来将何去何从？

## 一、案例背景

### （一）公司简介

江苏现代路桥是于2003年成立的大型国有专业化养护工程企业，主要致力于江苏高速公路的路面大中修、桥梁加固维修、路桥检测和日常养护、房建维修、绿化景观等养护保障业务，并提供高速公路养护"设计—检测—施工—监理"一体化优质服务。截至2016年年底，公司职工近300人，产值2.2亿元，累计亏损3615万元。公司本部设置5个职能部门，分别为综合管理部、财务审计部、工程技术部、设备材料部、人力资源部；同时，按照产品线分为道路养护处、桥梁养护处、检测公司、各日常养护中心、东西片核算中心等若干个二级单位。

## (二)"人"之忧患

变革势在必行,否则没有出路。为了找到问题的根源和变革方向,第二天上午,李明杰就召开了专题讨论会议。

财务审计部经理夏帆首先发言:"我们公司现在的成本管理与会计核算,均由各单位自行管控。公司财务审计部起到数据汇总、上报的功能,每次统计数据时,各单位都会出现滞后或者核算口径不统一的情况,公司的成本没有办法控制。"

道路养护处处长郑浩按捺不住:"李总,公司现在的局面跟人和公司的机制有很大关系。您想想,如果一个员工,不管干得好还是坏,干得多还是少,工资都没有太大差别,那他肯定会应付了事呀。时间一久,业主不满意,活就不给我们干了。这就是恶性循环……"

桥梁养护处处长王立轩赶紧接上:"李总,我们去年招了个技术人员,刚来时,工作热情高涨,给处里解决了不少问题。结果一年后,他发现处里的那些老员工,平时不怎么干活,却拿得比他多。这不,小伙子前两天给我提交了辞职报告,说在公司看不到希望,想另谋出路了。"

…………

回到办公室,各个部门、单位负责人的意见和抱怨一直萦绕在李明杰的脑海中,挥之不去。李明杰仔细考量了公司的现状,发现公司存在三个方面的问题:一是关键节点的管控偏弱,需要优化组织架构;二是管理制度及流程不够规范,亟待整顿;三是最重要的问题,是员工的工作状态——信心不足、士气低迷。如果不能及时激发员工工作热情,不只优秀人才会进一步流失,规范化的制度流程也将推行乏力,变成一纸空文。需要"组织""人""事"三管齐下,而突破点在"人"。

次日,在公司的办公会上,李明杰提出开展人力资源体系改革的想法,得到了各部门、各单位的大力支持。于是,在李明杰的带领下,江苏现代路桥人力资源体系变革之路正式开启。

## 二、破局逆袭

### (一) 一段突破：格局初建

2017年年初，李明杰将组织变革提上了议事日程。在月度办公会上，人力资源部公布了组织变革方案，会议室立即炸开了锅，之前信誓旦旦表示支持的负责人，此时也都在交头接耳。

1. 变革前的组织机构

各单位有相当大的财务管理运营的权力，它们坚持自己的主营业务，未充分共享经营信息，守着自己的一亩三分地，只顾自家门前雪，不管他人瓦上霜。变革前的组织机构如图1所示。

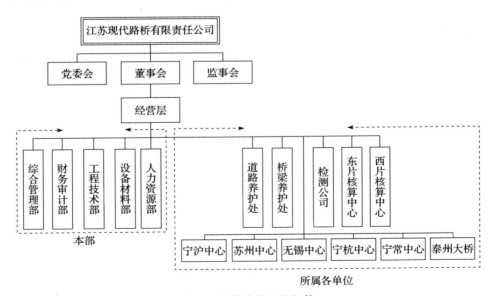

图1　变革前的组织机构

2. 调整后的组织机构

调整主要体现在两个层面。在管理层面，将公司原来分散在各二级单位的东、西片会计核算中心整合至财务审计部，由财务审计部直接对基层单位进行集中账务核算；单独成立党群工作部、质量安全部、经营开发部。在业务运营层面，将日常养护中心归集至养护工程处统筹管理，成立建筑工程处、工程养护设计所。变革后的组织机构如图2所示。

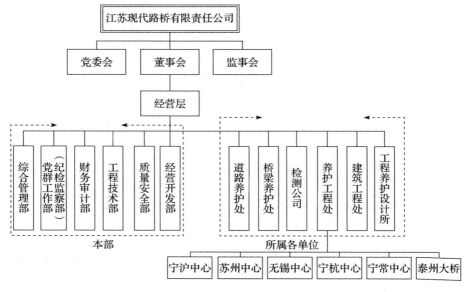

图2  变革后的组织机构

### 3. 各方反应

对组织变革的方案，大家反应不一。以道路养护处处长郑浩为代表的二级单位负责人首先发言："这个调整太大了，把我们的财务核算职能都整合到本部，审批流程必然会变慢，市场可不会等我们呀。"其他二级单位负责人听闻此言，纷纷点头。

工程技术部经理孙明维说："有必要单独设置党群工作部、质量安全部、经营开发部吗？原来的组织架构已运行多年，虽然无功，但也没有出现大的问题。设置这些部门必然要加人，还不如给我们部门多加点人呢，我们部门都要忙死了。"

"就是，就是……"

面对这些质疑，李明杰耐心地向大家解释：公司原来的分散式管理模式给予下属单位的灵活性非常大，在公司发展初期曾起到了积极作用，但随着公司规模壮大、经营环境的改变，这种管理模式的弊端就显露出来了，目前严重亏损的局面已经说明了一切。加强财务核算扁平化，在提高核算时效性的同时，也加强了公司对关键环节的管控；成立党群工作部，是希望党建工作为公司的生产经营保驾护航；成立质量安全部，将工程质量和安全风险作为公司风险管控的重要环节；成立经营开发部，是为了加强公司业务拓展力度，改善经营状况；成立养护工程处，是为了进行业务、流程一体化整合，以实现人员和设备的集约化、规模化管理；成立建筑工程处、工程养护设计所，可以为公司加强产业链延伸、开辟新的利润增长点提供组织支撑。

不知不觉间，会议已经进行了半天，最终方案在多数人支持下顺利通过。"组织设计真的是一个难题，但不管怎样，总算是迈出了第一步。"李明杰松了口气。

### （二）二段突破：直面困境

一波未平，一波又起。某天，一个费了不少力气招聘到的优秀硕士毕业生入职不到三个月就提出离职，李明杰虽然感到十分惋惜，但还是面带笑容鼓励了对方。可随后一个业绩突出、跟随公司多年的老员工也提出离职时，他就笑不出来了。

组织变革已然完成，但变革早期好处不明显，反倒使人员流失的情况更严重了。然而此时业务已经开始逐渐恢复，一边是业务要补充力量，一边是企业人才继续流失，长此以往，公司前景堪忧。

"必须给员工打一剂强心针！"李明杰立刻组织起精干力量进行了充分的调研和讨论，决定树立"事件典型"，抓住企业内最典型、员工最关注的事件来激发员工的信心与士气。通过梳理原有薪酬体系的利弊之后，李明杰对薪酬体系进行了梳理和优化调整。具体举措如下。

一是打通岗位通道。将现有岗位区分为管理类、专业类和技能类，每一类再划分等级。确立了"因事设岗、能岗相适"的原则，明确了"纵向发展、横向调整"的规则，为未来薪酬和人才发展的体系建设确立了最基础的框架。

二是调整薪酬体系。将工资结构区分为岗位工资、绩效工资和附加工资。其中岗位工资与岗位等级建立起关联，绩效工资则与绩效考核和项目制管理建立关联，预留机动空间。

三是推出项目制激励方案。本着"业绩导向、价值差异、协调增长、以丰补歉"的16字原则，建立公司三级多维项目管理机制，实施全员项目制管理，通过单体项目、生产型多维项目、非生产型多维项目等项目形式，将公司主要工作统筹起来，也将全员动员起来。

2017年下半年，李明杰宣布启动激励体制变革，员工迅速表现出高涨的兴趣和热情，一些原本态度消极的员工也有了跃跃欲试的感觉。

"一举多得！"在确定完项目制和薪酬变革方案后，公司内能看懂变革逻辑的明眼人，都有这种感觉，特别是骨干员工，而这些人的稳定和积极态度，也逐渐传递给全体职工。"这场火算是救下来了。"李明杰心里也终于踏实下来了。

### （三）三段突破：未雨绸缪

现状既稳，就需未雨绸缪。未来想要抓住商机，现有人员的数量与质量储备能否满足业务发展需求？留下来的人是否适合企业的长期发展，或者是否适合当前的岗位？这些就成了公司必须要面对的问题。此时开展人才盘点与绩效考核的强化工作，正当其时。

从8月开始，通过数轮沟通、访谈、研讨，经过对进入人才盘点范围的100多人次开展述职、校准等工作，公司终于建立起了"江苏现代路桥通用素质模型"（见表1）。模型涉及12项24条素质项，首次将"经营意识"和"风险防范"引入对一般员工的要求。通过对100多名员工的测评、考察，对比当前岗位任职情况，合理区分人才等级，建立梯队和继任者名单，形成了全公司主要岗位的人才图谱。

表1 江苏路桥通用素质模型

| 个人品质 | | 工作素养 | | 开拓成长 | |
|---|---|---|---|---|---|
| 尽职尽责 | 诚信可靠 | 沟通协作 | 质量安全 | 经营意识 | 学习创新 |
| ·吃苦耐劳 | ·诚信正直 | ·有效沟通 | ·关注质量 | ·信息获取 | ·学习成长 |
| ·勇于担当 | ·解决问题 | ·积极协作 | ·风险防范 | ·成本控制 | ·创新思维 |

相比于人才盘点时的积极热情，在面对绩效考核方案变革时，各方态度就差异很大了，有人表示认可和理解，但更多的是激烈的质疑。

新修订的绩效管理制度建立起了江苏路桥全新的绩效管理循环，它突出分层分类考核的精细化原则，强调上下级对绩效实时的沟通、反馈与改进。其中，最引人注目也是遭到反对最多的是引入强制分布的举措——将员工的绩效等级分为A、B、C、D四类，并按照提前约定的比例划分。

2018年国庆节假期后上班第一天，综合管理部负责绩效薪酬工作的主管王欣一早就敲响了李明杰办公室的门。李明杰一看王欣便微微皱了下眉头，她一定是工作上碰到了困难，很可能跟此次绩效体系改革有关。

"李总，新的绩效管理制度目前正在征集意见，有些单位和部门比较支持，但也有很多人反弹比较大。前两天在基层单位宣传贯彻时，大家一再质疑划分标准的客观性，认为这种标准不贴合实际，一刀切的方式有百害而无一利，只能损害员工的积极性。我压力太大了……"王欣眼睛微微泛红，她已经说不下去了。

安慰完王欣后，李明杰再一次陷入深思。他曾经看过一个调研数据，全国几百家被调研的国有企业中，推行强制分布的只有10余家，但这10余家国有企业全是经营业绩优异、赫赫有名的国有企业。"目前的困难都在意料之中，改革总会经历阵痛，只要对公司发展有利，再难都要坚持下去。"他再一次对自己说。

第二天,李明杰就召开会议,针对员工提出的反馈意见,一条条解析背后的原因和解释口径,并与每个部门、单位见面解释推行强制分布的好处。

通过优胜劣汰(或者优上劣下),提高人力资源素质,是公司发展的刚需。

公司过去的重人情、轻竞争的习惯仍有残留,这会导致绩效考核的评级机制流于形式。

强制分布能给员工带来较强的危机感和紧迫感,促进员工主动提升自己,跟上企业发展需求。

"无论是从绩效管理有效性的角度,还是从对员工激励的角度,强制分布都利大于弊,必须坚定不移地执行。"李明杰在会议上斩钉截铁地强调。

事实再次印证了李明杰的坚持是对的。经过一段时间的绩效考核,日常业绩突出、在员工中有声望的骨干人才绝大多数都能评定为"B"等级及以上,而平时自诩"能力一流"却出工不出力的"混等要"群体,不出意外地被评定为"C/D"等级。大家都对这样的分类感到服气,也非常认可根据绩效差异将奖金激励进一步拉开差距。

### (四)四段突破:拨得云开见月明

变革效果十分显著,江苏现代路桥2017年产值即止住了颓势。尽管还没有恢复到2015年的水平,但比2016年增长了25%有余。2018年则真正体现了变革成效,在人员编制相对稳定的前提下,产值与人均产值较2017年均实现翻番,人均效能指标有些达到行业对标公司的1.9倍。

员工的收入区分度日趋合理,公司员工收入整体增长了8%左右,其中A类优秀员工通过项目制奖金的分配,平均收入比往年增长了20%以上,部分C、D类员工几乎无增长甚至稍有下降。通过项目制激励和以绩效为导向的分配方式,让高绩效员工的工作积极性得到显著提高,让低绩效的员工有了危机感，建立了良好的内部竞争机制。

2018年评议通过的34项生产型和非生产型项目，均按时按量完成，有效地保证了"高速公路沥青路面养护施工标准化体系建设""建筑总承包三级资质"等对于现代路桥意义重大的工作事项的圆满完成。

在人才盘点的过程中，还选拔出了30余位高潜力人才，对于可能出现的人才断档情况做了充分的预案，为2019年的招聘与培训工作提供了强有力的依据。

至此，从组织变革到人才管理的闭环已经走完了一大半，组织架构已经理顺，员工积极性已经被调动，未来发展的能力短板也已经补齐。

## 三、启示

企业发展，关键在人。江苏现代路桥通过实施人力资源体系变革，重新激发员工的信心，最终扭亏为盈。然而，如何让江苏现代路桥干部年轻化、技术队伍精英化、技能队伍专业化，如何建立人才库培养体系，仍是企业人力资源建设需要重点关注的问题。

# 风险防控篇

为山九仞,功亏一篑。江苏交控始终紧绷风险防控之弦,既高度警惕"黑天鹅",也严密防范"灰犀牛";既有防范风险的先手,也有应对和化解风险的高招;既能打好防范和抵御风险的常规战,也能打赢化险为夷、转危为机的应急战。企业发展始终走在健康、持续的良性轨道上。

# 三足鼎立筑防线

## ——企业风险的"金字塔"管控

【内容摘要】——— 党的十九大报告和两会政府工作报告,都把防范、化解重大风险摆在"三大攻坚战"的首要位置。对于国有企业而言,防范、化解重大风险是实现高质量发展的基础;对于江苏交控而言,公司对外投资项目日益增多,规模快速扩张,资金债务规模巨大且快速增长,同时面临收支平衡压力显著加大、营业收入和利润增长速度可能同步放慢等因素,整体风险管控能力亟待增强。如何构建具备自身特色,以及企业战略规划、经营目标与实际业务相适应的风险管理体系,从而真正实现"三道防线"齐抓共管,保障企业稳健经营持续发展,是一个全新的课题和挑战。

【关键词】——— 风险管理;风险防控;"金字塔"结构

# 引　言

2018年，江苏省国资委要求省属企业在风险管理体系建设方面，建立完善的管理制度、健全的组织架构、可靠的信息系统、量化的指标体系、专业的人才队伍、有效的风险应对机制等。

在实践中，因行业、业务、地域等差异明显，自各类央企到省属企业并无统一的监管要求和标准的操作规范，更不论融入业务和事前控制。对照要求，江苏交控梳理了风险管理建设方面需要解决的三个问题。

- 险从哪里防？风险的概念、内涵，是否遥远？
- 险自哪里来？风险的来源、种类，如何识别？
- 险该怎么防？风险的防范、应对，如何管控？

基于三方面的疑问，近一年来，江苏交控开始了关于"风控金字塔"的思考、探索与实践……

## 一、案例背景

构建与企业战略规划和经营目标相适应的风险管理体系，是落实国资监管、执行风险管理规范的工作要求，也是提升企业风险控制水平、保持健康可持续发展的内在需要。按照"促投资、补短板、调结构、惠民生、强衔接、防风险"的总体要求，江苏交控在主动服务交通强省建设大局、全面完成各项投融资任务的同时，必须充分认识风险管理对实现"国际视野、国内一流"目标的支撑作用，紧密联系战略机遇，深入分析国企改革形势变化，采取结构性安排和科学的顶层设计，实现全面、有效的风险管控。

从现实情况看，江苏交控在2014～2016年进行了内控建设，对部分组织架构、主要业务流程进行了优化再造，但对于风险的概念、来源及应对较为陌生。省国资委关于风险管理的应用指引细则与公司实际业务也并不完全契合，开展全面风险管理体系建设的各类要素并不完善，企业内控环境距离成熟的风险管理文化与生态、模式与机制还相当遥远,因此这项工作是一次艰巨且全新的挑战。

## 二、三足鼎立构筑"风控金字塔"

根据省国资委《关于省属企业建立健全风险防控体系的指导意见》《省属企业风险管理应用指引》的要求,2018年4月,江苏交控正式启动了全面风险管理体系建设。

面对国资监管部门对于风险管理体系要迅速开展、抓紧建成、保证效果的刚性要求和指示,面对江苏交控领导的殷切希望,审计风控部部长于兰英作为该项工作牵头管理部门的负责人,带领部门同志克服江苏交控风控建设基础相对薄弱、各项工作压力重重等系列困难,敢于直面问题、分析问题、解决问题,通过开展大量调研和密集讨论,提出风险管理必须形成"具有特色、突出重点、自上而下"的工作思路,并基于这个思路,牢牢以组织管理、评估报告与防控应对三个风险管理的核心要素为抓手,开展了一系列卓有成效的风控体系建设实践。

### (一)顶层设计,构筑风险组织管理金字塔

审计风控部对所辖高速公路、金融、"交通+"三大板块的风险进行了综合研判,将各类风险要素统一归纳整理为战略、投资、运营、财务、法律和廉洁六大风险类型,按照风险类型科学制定风险管理策略,出台了《江苏交通控股有限公司风险管理办法》(以下简称《管理办法》)。

《管理办法》重点加强了风险管控的顶层设计,明确风险管理组织体系包括董事会、审计与风险管理委员会、经理层、监事会、审计风控部、公司职能部门和所属单位等风险责任主体,组织体系全面覆盖了江苏交控各部门和岗位、所属单位的各类投资经营和管理活动,并在此基础上建立了与职能定位、风险状况、业务规模和复杂程度相匹配的风险管理

体系（见图1）。

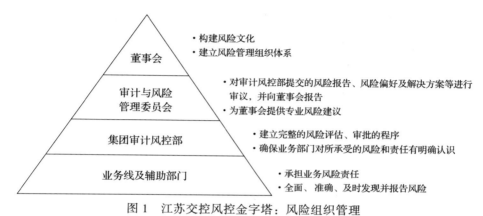

图1　江苏交控风控金字塔：风险组织管理

## （二）分类分层，构筑风险评估报告金字塔

### 1. 实行风险分类分层

对六大风险类型进行了逐一解剖，将六类一级风险细化为42项二级风险，并根据总部12个管理部门的任务分工进行了归口管理，建立了集团总部管战略、二级单位抓执行、三级单位做操作的分层管理机制（见图2）。

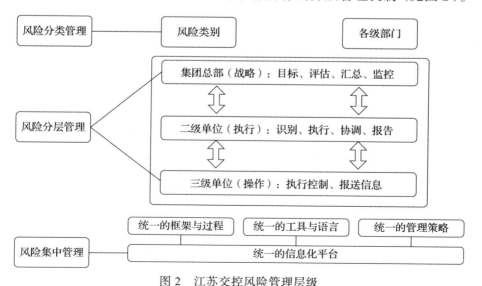

图2　江苏交控风险管理层级

## 2. 实现在线评估报告

开展了风险管理信息系统建设，软件系统突出了风险管理制度、组织架构、授权体系、量化指标、应对机制等模块功能，采用"以上带下、条块结合"的方式，推动在线风险管控，初步实现了风控责任主体与执行单位相结合的在线评估报告模式。

一是按责任主体报告。江苏交控本部相关职能部门是风险管理体系中归口风险的责任主体，负责对归口管理风险进行识别、评估和上报，形成江苏交控各职能条线的风险清单后，报送江苏交控审计风控部。二是按执行单位报告。二级单位是风险管理体系中风险方案的执行单位，负责将本单位的重大、重要风险进行识别、评估和上报至江苏交控审计风控部及相关风险归口部门。最终，由审计风控部形成江苏交控风险报告，向经理层和董事会报告（见图3）。

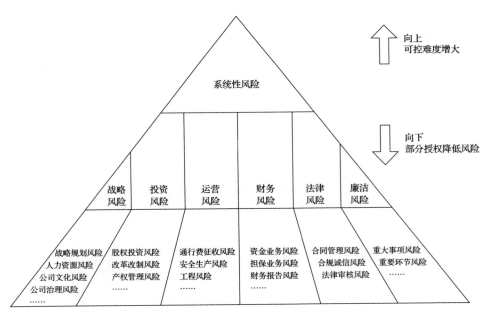

图3 江苏交控风控金字塔：风险识别报告

### (三)齐抓共管,构筑风险防控机制金字塔

1. 突出重大风险管理

加强对重大风险、重点单位、重要业务、重要岗位的管理,把风险管理资源集中到影响企业发展的主要矛盾上,针对企业经营管理的薄弱环节及风险事件高发领域开展专项检查,及时消除隐患,防止系统性风险发生。

2. "三道防线"齐抓共管

强化董事会对风险管理工作的领导,发挥审计与风险管理委员会审议风险报告等方面的作用;加快落实业务部门定期报告、信息共享等风险责任,形成业务部门与风险部门联动互通(见图4)。

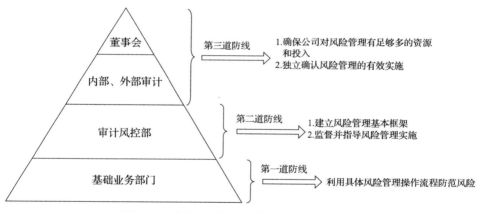

图4 江苏交控风控金字塔:风险防控机制

通过以上三个"金字塔"的设计、宣传贯彻与应用,管理层认为抓住了风险管理的主要矛盾,一般员工觉得可理解、易操作、能实现,风险识别、评估和报告工作能落地、接地气。

实施全面风险管理体系建设以来,公司风控范围不断扩大,主要业务流程更为科学,风险管控体系初步成型,企业管理水平有序提升。目前,已基本建立起纵向制约、横向制衡、全面覆盖的风险管理标准和制度体系,能够有效识别各类风险,重点防控重大和重要风险,正在逐步形成具

有自身特色的全面风险管理体系。

目前,风险管理信息系统已上线运行,并对江苏交控34家所属二级单位的风险评价与应对流程进行了固化和标准化,公司本级各部门、所属单位经营层、职能部门及风险牵头管理部门等数百名相关人员均已实现在线风险管理,在此基础上定期生成集团风险报告供公司领导决策参考。

## 三、启示

在"做强、做优、做大"的时代背景和使命召唤下,国有企业意图实现真正意义上的转型发展,亟须通过一系列的改革、治理与重构,解决目前国企行政化造成的战略模糊、文化虚无、管理僵化等系列问题。

而置身其中,风险管理作为充分提示风险、保障稳健经营的有效工具,需要坚持并完善三大"金字塔"建设,并从以下方面深入融合、持续健全:一是嵌入企业重大决策全过程,推动战略决策、重大投资并购、改革改制等事前评估工作,真正建立起科学、周密、进退有据的风险决策机制;二是打通风险管理与企业重要业务系统的信息接口,推动财务业务一体化进程,真正将风险管控要求融入业务工作流程;三是拓展风险管理审计领域,加强重点业务和重要事项的权力制衡,真正形成独立客观的监督体系。

综上所述,做好全面风险管理体系建设,为企业持续健康发展护航,需要加强系统思维,把握主要矛盾,突出和筑牢三大"金字塔"对企业整体风险的宏观控制,结合信息化手段,充分发挥三大"金字塔"在提高决策水平、提升整体价值等方面的优势与作用。

# 巡察利剑到末梢

## ——国有企业开展政治巡察工作范例

【内容摘要】 在省属国有企业开展政治巡察是一个大胆的创新。本案例以江苏交控党委在强化党建工作的基础上，主动对标江苏省委关于加强市、县巡察工作的要求，自2017年起率先在公司所属企业中启动开展政治巡察工作为样本，试图呈现经过一年多政治巡察工作的探索，该公司在政治巡察的作用定位、方式方法、组织体制、制度机制、成效评估等方面进行的探讨与创新，以期对国有企业开展政治巡察工作提供有益的借鉴和启示。

【关键词】 从严治党；政治巡察；省属国企

# 引　言

"一些党组织的战斗堡垒作用和党员的先锋模范作用发挥不够充分，专题研究党建工作不够经常，指导推动基层党建工作的举措不力；党委会议'三重一大'制度坚持不够好，党委成员发表意见多为随大流或无意见，这些问题只有通过党委政治巡察才能得到有效治理。"这是江苏交控党委首轮巡察专员写在工作笔录上的感悟体会。

党的十八大以来的实践证明，巡视、巡察工作对于严明党的纪律，推动中央决策部署的贯彻落实，加强对各级基层党组织和党员领导干部的监督，深入推进党的思想建设、组织建设、作风建设、制度建设和反腐倡廉建设具有重要意义。特别是，当前国有企业快速发展的同时，也不同程度地存在着党的领导逐步弱化、虚化的问题。从近年来的信访举报、巡察、审计的情况看，一些顽疾还没有得到根治，一些深层次问题才刚刚破题，一些新情况、新问题还不断出现。如何通过政治巡察压实全面从严治党主体责任和监督责任"两个责任"，国有企业政治巡察工作怎么察、察什么、察后怎么办等问题更加突出，成为国有企业推进全面从严治党向纵深发展的必答题。

## 一、案例背景

江苏交控全系统共有 5832 名党员，基层党支部 576 个，中层以上领导人员 209 名。公司所属二级单位党组织 35 个，其中 23 家党委建制单位设立了纪委，其余 12 家支部建制单位由两个派驻纪检组监管，现有专职纪检干部及工作人员 66 名。公司本级设纪检监察室 1 个、派驻纪检组两个、党委巡察办公室 1 个。

早在 2015 年 9 月，根据江苏交控党委年度工作安排，由江苏交控监察室牵头就已对所属 21 家二级单位"三重一大"（即重大问题决策、重要干部任免、重大项目投资决策、大额资金使用）执行情况开展了专项督查。随着专项督查的逐步深入，江苏交控党委感到专项督查无论是覆盖范围还是督查内容，都与新形势下全面从严治党的要求存在一定差距，与基层单位党的领导和全面工作的评判还存在一定差距。

## 二、巡察大幕拉开

2017年年初，江苏省委《关于加强市县党委巡察工作的意见》出台后，江苏交控党委书记蔡任杰提出："要充分发挥巡察的政治'显微镜'、政治'探照灯'作用，不断促进全系统党组织领导核心作用的发挥，推动党的建设持续加强，有力强化各级党组织管党治党的责任担当。"随后，江苏交控党委研订了《江苏交控党委巡察工作办法》，着手系统性构建巡察工作制度，初步形成了"1+8+10"制度体系，编制了近5万字的《党委巡察工作手册》，积极探索开展了政治巡察前期准备工作。

### （一）打响省属企业党委巡察"第一枪"

在江苏交控，巡察"第一枪"是怎样打响的？且看巡察组徐贤芳副组长与被巡察的党委原书记的正面接触。

"老书记，超发薪酬问题是你任上出现的吧？"

"一言难尽啊，老朋友，都不是外人，能不能睁一只眼闭一只眼算了？"老书记满不在乎地说。

"作为公司高层，集体违规超标准领取薪酬，这可是明令禁止的'四风'问题。"徐副组长话音未落，老书记脱口而出："你想怎么办，我都接受！"说完，他拂袖而去。

"你不搭理我，我难道不会找上门啊！"徐副组长随后就跟到了老书记的办公室。"还是这个臭脾气，你是老书记，对巡察工作更要支持啊！"徐副组长笑着说。

"也不瞒你说，公司员工收入普遍低于系统平均水平。这几年，调资加速并适当补差，但没有超过核定总额。"老书记顾左右而言他。

有戏！徐副组长一下子变得严肃起来。"你我都是老党员、老同志，这个问题的性质其实你也很清楚，政治巡察不是挑毛病，就是要通过全面政治体检，查堵漏洞、正风肃纪、促进发展，你我都不能有负党委的信任和职工群众的期盼啊。"

老书记沉思良久后说："是我认识上存在偏差，没有履行好主体责任！原想着为班子谋点福利、搞好团结，就搭了'顺风车'！我带头退缴，接受组织处理。"

因为这个问题，老书记被党政纪处理，6名同志被提醒谈话，主管薪酬的同志退出现职，累计退缴违规所得7.7万元，追缴不当支出29.5万元。

严肃问责，坚决维护巡察的权威和公信力，是对巡察监督威力的延伸，只有这样才能形成"再震慑"。巡察整改必须把讲政治始终摆在第一位，坚决做到令行禁止，任何人都不得忽视和懈怠，更不能表态多、调门高、行动少、落实差，要拿出过硬措施，扎扎实实地改。

### （二）旗开得胜后，巡察工作再起高潮

"是巡察一组吗？我从巡察公告上找到了这个举报电话，我要反映某某在服务区外包过程中优亲厚友，希望巡察组能够查查这个问题。"

"你们是巡察组吗？我要反映某某任人唯亲，提拔自己身边的人的问题。"

……………

2017年6月，刚在被巡察单位开完巡察动员大会，巡察组举报电话就接二连三地响了起来，当天晚上就接到了6个电话，电话里传来的都是职工群众急切而又激动的声音。

"他们能不能解决问题？""会不会是上面派来走走过场？""反映问题会不会受到打击报复？"最初，巡察组进驻都曾经受到类似的质疑。但是很

快,他们用行动消除了干部群众心中的顾虑。

这是一份江苏交控党委巡察工作成绩单:已开展常规巡察10轮,择机开展专项巡察和提级巡察各1轮,全部覆盖34家二级党组织,并延伸至两家三级党组织。共325人次参加巡察和整改督查,总工作天数达3755人天。形成巡察报告36份、专题报告5份和反馈意见69份。巡察共发现问题1062个,对5家被巡察党组织主要负责人实施诫勉、提醒谈话;被巡察党组织对相关责任人实施诫勉谈话10人,提醒谈话159人,岗位调整10人。追回超标准、超范围发放的薪酬福利147.2526万元。

### (三)一张亮丽成绩单背后的铿锵发力

党委政治巡察作为维护党纪党规、强化党内监督的一把"利剑",是发现问题的"尖兵",是纪律审查的"前哨"。比起成绩单的亮眼,江苏交控党委对巡察工作的严格管理、从严要求更让人称道。他们建章立制、规范管理,先后两次修订《党委巡察工作办法》《党委巡察工作手册》,对标省委巡视五年规划,制定了《党委巡察工作五年规划》,用严格的制度管理和纪律约束,为巡察干部筑起了一道道防火墙,形成了"贴近实践、融入中心、走进管理、促进发展"的作用定位,构建了系统化巡察工作体系。

1. 创新力量整合方式解决了"谁来巡察"的问题

按照"多元合成、灵活调配"的原则,江苏交控加强巡察队伍建设,分类构建了巡察副组长、巡察专员、专业人才"三库"。一是建立一支全科式巡察专员队伍。着重从纪检、组织、审计等部门选调,进行交叉培养、轮训培训、实践锻炼后充实到巡察一线。二是在条线部门中储备一批专业巡察员。兼顾政治巡察与业务巡察联动、相促进的客观需求,重点在财务审计、工程建设、营运管理等条线抓储备,建立专业人才库,补齐专业巡察力量不足的短板。三是借力第三方"巡察"。针对审计等专业化程度高、自身力量相对不足的问题,探索通过巡察办把关、竞争遴选方式引入专业第三方审计机构,依规签订保密协定,更好地实现精准巡察。

2. 创新对象覆盖方式解决"巡察谁的问题"

江苏交控通过创新对象覆盖方式，形成综专结合、轮动机动结合、共性与个性结合的覆盖体系，切实提高覆盖的及时性、精准性和全面性。一是推动巡视巡察联动。主动加入"全省巡视巡察一盘棋"的监督网络，对接省委巡视规划，及时启动对全系统相同条线的接力巡察。二是尝试巡察审计联动。统筹制定年度巡察计划和审计计划，建立巡察与审计双向互动机制，探索巡察、审计同步进驻、协同配合机制，加大领导干部任中审计工作力度，实现重点聚焦、精准制导，确保巡察审计实现同频共振。三是建立机动巡察和专项巡察机制。探索采用"小队伍、短平快、游动哨"的形式，聚焦群众反映强烈的突出问题，尝试开展了机动式"点穴"巡察。

3. 创新过程运行方式解决好"怎么巡察"的问题

在保持现有巡察方式的规范性、严肃性的基础上，江苏交控更加注重巡察手段的改进。一是开展政治生态评价。立足政治巡察的根本定位，从党组织、领导干部两个维度，分别确立巡察的相关指标、巡察标准，以量化标准对被巡察单位政治生态进行评价。二是改进个别谈话人选确定方式。针对"同级监督太软、下级监督太难"的客观环境，注重提高"有关知情人"的遴选精度，就"重点人头"而言，重视听取上级领导的直接评价；就"重点工作"而言，注重听取条线部门的意见；就能力作风而言，选取情况较为熟悉，但没有直接利益关系的知情人了解情况。三是完善民主测评方式。适度扩大民主测评对象范围，把分管领导、主管条线纳入测评，多角度听取意见，提高测评知晓度和参与率。

4. 创新结果运用方式解决"巡察后怎么办"的问题

一是健全巡察结果向职能部门专项通报机制。江苏交控党委探索将大局共性问题向其关联度高的职能部门通报，从面上提出改进措施，带动相关职能部门介入巡察结果运用，推动上下联动整改。二是完善回访督查机制。建立巡察小组之间交叉回访制度，动态跟踪整改落实和移交情况办理进展，充分传导整改压力。三是完善巡察结果整改报告制度。在现有报告事项基础上，探索将整改事项纳入下级党委向上级党委年度工作汇报，接受监督评议。四是健全整改责任机制。加强巡察结果与年度考核、干部考察考核衔接，将落实整改情况作为考核指标同被巡察单位的全员年度薪酬挂钩，尝试实行巡察问题整改期间，凡整改事项不到位的不得提拔重用、不得评先评优。

5. 创新绩效评估方式解决"巡察责任怎么传递"的问题

江苏交控不断健全巡察绩效评估体系，推动巡察绩效评估制度化、规范化、科学化，倒逼巡察责任落实。严格对巡察人员监督约束，完善巡察权力运行和监督约束机制，实行巡察全程纪实制度，对临时借用人员考核情况同时向原单位通报，对表现优秀的嘉奖表彰，对履职不力的严格考核问责。

### （四）成效初显

"通过近年持续开展巡察工作，发现并解决了一批发生在职工群众身边的'四风'和腐败问题，表明公司党委反腐败无禁区、全覆盖、零容忍的鲜明态度，传递了监督执纪越来越严的强烈信号，增强了职工群众的获得感和对党的信心、信任和信赖，倒逼基层组织和党员干部告别老做法、适应新要求，基层风气为之一新，干部职工纷纷点赞。"来自京沪公司生产一线的收费员如是说。

党委巡察与日常监督管理实现了同频共振、同向发力，有力强化了所属各级党组织和党员领导干部的作风、担当和责任意识，基层党建工作持续加强，形成了推动中心工作的合力。

巡察成果主要体现在三个方面：一是全系统管党、治党压力不断传递，遵规守矩、廉洁从业之风发生了深刻变化。企业政治生态和干部队伍作风持续向好。巡察利剑的震慑、治本和保障发展作用初步显现。二是广大党员的先锋模范意识更强了，干事创业的热情更高了，无私奉献的精气神更足了，"心齐、劲足、气顺、风正、实干"和"快乐工作、健康生活"的氛围也更加浓厚了。三是切实将全面从严治党延伸到最基层党组织，极大地提升了基层党组织自主开展活动的能力和解决自身问题的能力，增强了基层党组织活力。

## 三、启示

江苏交控通过持续开展党委政治巡察，发现并解决了一批发生在职工群众身边的"四风"和腐败问题，传递了监督执纪越来越严的强烈信号，增强了职工群众对党的信心、信任和信赖，倒逼基层组织和党员干部告别老做法、适应新要求，基层风气为之一新。接下来，江苏交控党委还要继续开展巡察整改"回头看"工作，对标问题整改督办，一项一项抓落实，坚决杜绝"敷衍整改""表面整改""虚假整改"，对整改过程中存在推进不力、整改进度严重滞后的问题进行问责，作细作实巡察"后半篇文章"，让巡察"利剑"真正"落"下来。

# 多措并举,开创安全发展新局面

## ——聚力推进安全生产水平持续提升

**【内容摘要】** 安全生产永远在路上。在向"国际影响、国内领先"的万亿省级交通产业集团目标持续奋进的道路上,如何开创安全生产的新局面,持续提升安全生产水平是江苏交控需要解决的一个重要难题。本案例描述了江苏交控在安全生产领域多措并举,通过开展提高政治站位、深化安全理念、压实安全责任、狠抓安全举措、聚焦重点环节几个方面的实践,全面打造安全管理新模式,开创安全发展新局面,确保全系统安全生产形势持续稳定向好。案例中描述的江苏交控的安全生产实践,希望能对省级交通产业集团的安全生产工作有所借鉴。

**【关键词】** 安全生产;多措并举;安全水平

# 引　言

　　安全没有小事，责任重于泰山。"树立安全发展理念，弘扬生命至上、安全第一的思想，健全公共安全体系，完善安全生产责任制，坚决遏制重特大安全事故，提升防灾减灾救灾能力。"习总书记在党的十九大报告中对新时代中国的安全生产确定了基调、指明了方向、明确了要求。安全生产永远在路上，在向"国际影响、国内领先"的万亿省级交通产业集团目标持续奋进的道路上，如何践行新时代的安全发展理念、构建坚强的安全保障体系、构筑坚实的企业本质安全水平、开创安全发展新局面，是江苏交控面临的一个难解又必须有解的重大课题。

## 一、案例背景

　　江苏交控涉足了高速公路经营管理、道路养护施工、油品经营、旅客运输、汽车轮渡、清洁能源、发电、金融等多个行业和领域，安全生产管理点多、线长、面广、难度大。尤其是高速公路安全管理，社会舆论关注度高，一旦出现责任性事故，社会影响大，对公司发展造成的影响大。近年来，省内发生的响水"3·21"特别重大爆炸、长深高速"9·28"特大交通事故等安全事故，给公司的安全生产工作敲响了警钟。为此，将安全生产工作放在发展全局中谋划部署，严格落实安全生产主体责任，确保公司安全生产形势始终保持平稳态势，为公司打造"国际影响、国内领先"的万亿省级交通产业集团保驾护航，是江苏交控安全发展新局面开创过程中时刻需要直面的挑战和必须打好打赢的硬仗。

## 二、多措并举，开创安全发展新局面

　　安全生产一定要居安思危，思危才有准备，有备才能无患。安全生产也是一门科学系统的工作,一定要科学化管理,才能够防范重大风险,消除安全隐患,遏制安全事故。安全生产是一种责任,更是一项使命,紧系着人民的利益,决定着公司的成败。近年来,江苏交控聚焦公司安全发展,抓源头、管过程、控重点,多措并举,聚力推进全系统安全管理水平持续、高效、稳步的提升。

### (一)提高政治站位

党的十九大以来,以习近平同志为核心的党中央对安全生产工作高度重视,习总书记多次对安全生产工作做出重要批示,发表系列重要讲话,阐明了安全发展的新理念、新思想、新战略。江苏交控在安全生产发展中,深入学习、充分领会习总书记关于新时代安全生产的重要精神,站在"安全就是政治"的高度推进各项安全举措。在江苏交控党委的率领下,系统内近3万名干部、员工以高度的政治自觉、思想自觉和行动自觉,持续推进各项安全生产工作。

### (二)深化两个安全理念

1. 树立以人为本的安全管理理念

人是一切安全工作的中心。江苏交控肩负着国企的社会责任和担当,在安全生产中牢固树立"以人为本"的安全发展理念,弘扬"生命至上、安全第一"的思想,严守"人命关天,发展绝不能以牺牲人的生命为代价"这条不可逾越的红线,时刻把人民群众的生命安全放在第一位。为此,江苏交控常年践行"白天不积雪、夜晚不结冰、雪停路净"的冰雪天气路面保畅要求,实施了30分钟达到、1小时通畅的清障救援标准。在"五一"、国庆、春节等重大节假日期间,持续加大人力、物力投入,面对每日超过300万通行车辆的保障任务,做到了流量全国最大、秩序全国最好。在新型冠状病毒肺炎疫情防控的重要关头,江苏交控连夜与各方对接,连夜制订方案,连夜动员部署,连夜组织实施,在36小时内完成20个省界查控点和266个市县查控点设置,搭建钢架大棚、集装箱、帐篷310处,为8000余名防疫人员提供后勤保障,付出最大努力以降低疫情对江苏的影响。

2. 树立不断提升本质安全的发展理念

江苏交控产业结构的特殊性和多元性决定了安全生产形势的严峻和安全管理工作的复杂。与时俱进,不断提升公司的本质安全生产水平是江苏交控安全生产发展的必由之路。为此,江苏交控持续加大安全生产经费投入,提高安全生产保障水平。2017～2019年,江苏交控共投入安全生产经费55.51亿元。其中,安全生产专项费用2.32亿元,道路桥梁性能改善费用44.02亿元,交通安全设施费用8.38亿元,"消堵消患"工程费用0.27亿元,安全相关设施设备研发和采购费用0.52亿元。"机械化减人、自动化替人"是提高道路作业本质安全的有效手段。江苏交控不断增加"四新"技术在道路施工中的应用,通过外部采购和内部研发相结合,大力发展替代人工的高效机械设备,部分道路作业基本实现了"机械化为主、人工为辅"的联合作业模式。针对道路养护、清障救援、客货运输等重要运营生产现场,江苏交控多次举办设备设施创新项目竞赛,评选和推广苏通大桥锥桶自动收放设备、高管中心综合应急保障车、宁杭公司升降式多功能作业警示车、江苏高养车载安全警示集成装置等多项优秀成果在系统内应用,有效降低了作业现场的安全风险,夯实了江苏交控的本质安全水平。

### (三)压实三项安全责任

1. 压实企业主体责任

安全生产工作能否长治久安,关键看安全生产主体责任能否落实到位。为此,江苏交控开展为期3年的所属单位落实安全生产主体责任专项行动,全面推进落实"一必须五到位",健全以安全生产制度体系、管理体系和保障体系为重点的安全生产责任体系,确保问题有人管、过程有人抓、责任有人担。

2. 压实领导责任

全面落实企业安全生产主体责任的关键在领导。按照"党政同责、一岗双责"要求,江苏交控制定《党政领导安全生产责任清单》,进一步明确了公司党政领导的安全生产责任。在此基础上,公司领导班子成员每年至少两次深入基层,现场督查安全生产责任落实。为加强安全生产管理力量,公司聘任安全总监,成立安全生产专门管理机构,实现了公司安全生产委员会办公室"实体化运行"。同时,增设路桥养护、路桥运营、油品经营、电力生产、轮渡运营、旅客运输和网络安全七个专业安全生产委员会,保证了安全生产领导工作的专业开展。

3. 压实全员责任

全面落实企业安全生产主体责任的基础在全员。江苏交控始终坚持"有岗即有责、失责必追责"的原则,建立三级安全管理体系,实行"江苏交控+各单位+基层单位"的三级管理模式。所属各单位均按照法律法规要求,配备了专职或兼职安全生产管理人员,并根据自身业务范围和要求,分别制定了涵盖安全生产管理职责、检查、考核、奖惩、教育培训等的规章制度。

### (四)狠抓四项安全举措

1. 狠抓道路保畅安全

为了确保道路安全畅通,江苏交控做了如下工作。一是建立了高效的联动机制,在全国率先成立了省级"一路三方"联合值班室,搭建省级、路公司级、路段级的"一体化"指挥调度体系,实行三级应急管理体制,实现了三个"全国领先"。二是加强队伍建设,江苏交控成立了64个清障大队和养排中心、125个清障常驻点,有1641名清障人员,平均最大作业半径34千米,配备809台套清障专用设备。三是不断提高清障成效,2019年全路网累计实施清障救援14.6万起,30分钟到达率达到97.26%,1小时通畅率达到96.40%,两项营运指标均处于全国领先水平。四是保障科学管养，对系统内4279千米高速公路，6024座桥梁，坚持管养分离、专业队伍养护的模式，注重预防性养护，推进道路品质提优建设。为吸取陕西"8·10"隧道安全事故教训，针对隧道、水下桩基、通航桥梁等安全防护关键部位，开展专项检查和提质升级。对老山、梯子山、茅山隧道进行安全管理课题研究，采取优化入口线型，加装彩色防滑路面、减速提醒装置和发光标志等措施，大大降低了隧道行车的安全风险。

2. 狠抓专项整治行动

根据安全生产专项整治工作需要，制定了《江苏交控深入开展安全生产专项整治行动工作方案》，坚持全面整治和重点整治相统筹，形成了集团和所属单位"1+N"的专项整治行动工作方案，全面落实安全专项整治工作。通过《问题隐患排查整治统计表》《专项整治行动检查督查情况统计表》等，建立问题隐患动态整改清单。截至目前，全系统组织开展各类安全检查1610次，共发现问题隐患1211个，完成整改1196个，未完成整改隐患15个已全部针对性地采取安全防范措施。

3. 狠抓隐患排查治理

一是对照省安全巡查反馈意见，江苏交控制定了《江苏交控贯彻落实省安全生产巡查反馈意见整改方案》，对巡查中发现的问题做到边查边改、立知立改，通过拉条挂账，进行销号式整改。二是开展独柱墩桥梁安全等专项行动。江苏交控管养独柱墩桥梁611座，独柱墩共计2771个。为提高独柱墩桥梁抗倾覆能力，委托专业单位对所有独柱墩桥梁设计图纸进行分类筛选，对其中542座独柱墩桥梁，进行独柱墩抗倾覆验算。针对抗倾覆验算不满足现行规范要求的独柱墩桥梁，制定《江苏交控独柱墩桥梁安全提升专项行动指导意见》，促进独柱墩桥梁提质升级工作有序开展。三是加强跨江桥梁运营风险管控工作。以泰州大桥为示范，构建的在役长大桥梁运营安全风险管理体系，达到国际领先水平，填补了风险管控在长大桥梁领域的空白。

#### 4. 狠抓安全生产巡查

2020年,江苏交控在省属企业中率先成立了安全生产巡查工作领导小组,下设安全生产巡查办公室和两个安全生产巡查组,聚焦江苏省《企业落实安全生产主体责任重点事项清单》中的要求对江苏交控所属单位的安全生产工作开展对照检查。以安全生产巡查亮剑为契机,全面提升所属单位安全生产管理水平。

### (五)聚焦五项重点环节

#### 1. 聚焦教育培安

对于安全教育,江苏交控每季度定期、重点时段不定期编制《安全生产学习要点》,要求各级党委会、办公会、安委会将其作为重要内容、必修课程,做到学深悟透、弄懂做实。为进一步提思想、塑文化、强责任,江苏交控主要领导带头讲、班子成员登门讲、专家学者深入讲,深入开展安全生产专题宣讲。同时,为深刻吸取事故教训,江苏交控常态组织开展警示教育活动,要求全系统结合事故剖析以案说法,让安全警示教育在员工身边"长"有,安全生产警钟在员工耳边"常"鸣,仅2020上半年全系统累计开展警示教育1700余场次,职工受教育覆盖率达100%。

#### 2. 聚焦风控辨安

江苏交控持续加强风险分级管控和隐患排查治理机制建设,围绕重点作业场所开展了风险分级管控和隐患排查治理双重预防机制建设,辨识梳理安全风险78大类,汇编了《双重预防安全隐患排查图册》《路桥单位安全生产风险评估分级管控实施指南》,规范了风险防控标准。在系统内,组织全面详细地排查辨识各个工作岗位、各个生产环节存在的各类危险(有害)因素,制定技术、管理、应急处置等分类防控措施,形成相应的风险管控清单,持续开展动态的风险防控管理。

#### 3. 聚焦应急强安

近年来,江苏交控持续健全应急管理体系,制定完善预案管理、制定、报备和演练制度，建立"综合预案＋专项预案＋处置方案"为一体的预案体系，提升预案的科学性、可行性、指导性。为提升应急反应和处置能力，江苏交控大力探索道路救援新模式。2018年江苏交控与上海金汇通用航空股份有限公司签订了战略合作协议；2019年开展了直升机应急救援预案演练，着力打造"空地一体"的应急救援新模式。在全国高速"一张网"运营的新形势下，江苏交控全盘统筹考虑，主动与邻省"一路三方"加强对接，建立跨省级、地市的"一路三方"新联盟，形成常态化的定期会商、协调联络、数据共享、应急救援、信息诱导等省际高速联盟合作机制，共同保障新形势下省际高速的安全通畅。2020年7月公司联合"一路三方"开展了高速公路省际联动应急预案演练。

4. 聚焦科技兴安

在科技兴安中，江苏交控一是在系统内推行安全生产标准化＋信息化管理。所属路桥单位全部通过省交通运输厅安全生产标准化达标考评验，在此基础上构建了统一的安全信息化平台，实现了日常检查、隐患整改上报、预案演练记录、安全工作流转等多项功能。二是探索"互联网＋交通"新模式。江苏交控自主研发协同指挥"云调度"平台，让数据走上"云"端，开发了路况视频"一键可视"和驾乘人员"一键救援"等功能，做到一张地图既可展示事件信息又能完成指挥调度，实现了精准指挥、科学调度，提高了事故处置效率，更好地保证了通行安全。三是开展安全技术创新。近年来，江苏交控形成养护作业安全相关科技研发成果44项，制定的《高速公路夜间养护安全作业指南》成为省交通企业协会团体标准。同时，在高速公路配备道路监控摄像机4492个，平均每1.1千米一个摄像头；外场信息发布设备1510块、交调点109个、气象监测点302个，实时监测温度、湿度、能见度、风力等10大要素，为发布恶劣天气道路预警和做好道路管控提供了基础支撑。

5. 聚焦文化倡安

安全之"道"是江苏交控"通达之道"企业文化之脉的重要一脉。为此，江苏交控以安全教育培训和安全活动为抓手，从文化的高度为安全工作提供引领，建设安全文化阵地。在基层一线设置安全宣传栏、安全宣教室、安全警示室等安全文化独立阵地，实现了基层单位百分百覆盖，累计建设安全文化阵地 200 余处，设置安全文化墙 200 余面，进一步加强员工日常教育，营造浓厚的安全氛围。同时，举办道路安全作业创新成果交流会，两届"苏高速·茉莉花"杯"一路三方"安全知识联赛，三次清排障作业人员业务轮训，四场清排障技能大赛等安全活动，用文化活动的杠杆撬动安全生产的热潮。在此基础上，持续利用江苏高速 96777 微信、微博和"e 行高速"手机 App 客户端等"两微一端"及沿线情报板、江苏交通广播网等载体实时对外发布信息，时刻传播安全文化。2019 年累计发放宣传资料 37 000 余份，开展安全场馆体验活动 300 余场，张拉横幅 1000 余条；开展网络公开课、专家访谈、网络直播等线上活动 1200 余次，线上参与量达 20 000 余人次，播放科普短视频、安全提示、公益广告 7000 多条次。

## 三、启示

安全生产是公司经营发展中的永恒主题，事关公司高质量发展的大局。江苏交控将始终以高度的使命感对标安全生产新发展理念，以时刻存在的危机感抓好安全生产各项工作，以"每日归零"的紧迫感推动安全生产治理体系现代化，全面提升本质安全水平，为建设"国际影响、国内领先"的万亿级综合交通产业集团的目标提供坚实的安全保障。

# 问效风险管控

## ——高管中心财务信息化革新之路

【内容摘要】——高管中心作为江苏交控下属的公益二类事业单位,围绕公司"防范大风险"的工作要求,着力破解"险从哪里防"的问题。中心结合自身实际,研究开发了包括预算管理、请示批复、合同管理、费用支付、数据分析风险管理数字化模型,利用二维码、附件上传、电子签章等技术手段,对风险进行嵌入式管理,将各类成本、费用报销流程控制前置,将风险管控前移,构建了战略引领、业财融合为特点的财务管理信息化管理平台,为中心防范风险以及优化财务资源配置等提供了有力支撑。

【关键词】——财务信息化;风险管控;精细化管理

# 引　言

仲春黄昏，暮色渐浓，窗外的青黛翠绿风驰电掣地向后飞去，经过几天的旅途劳顿，陈刚感到一丝疲倦，正轻倚座椅闭目养神，"叮叮"，手机收到信息的提示音不合时宜地响了起来，这是财务管理客户端提示音，表示有财务审核事项需要他及时处理。他熟练地打开手机，拇指在手机屏幕上敏捷地点击，实时支付金额、预算数据、列支渠道、经办人、凭证、附件，一项项财务信息有序地显示在手机屏幕上，如同即将出征的大军一样，接受陈刚的检阅，大军出击不能存在丝毫侥幸与懈怠。

三年前，陈刚调任高管中心财务审计处处长时，高管中心总资产规模已经达到400亿元，拥有下属二、三级单位近百个，中心事业规模仍持续处于发展壮大阶段。而此时的高管中心却仍旧沿用传统的风险管控手段，立足于事后算账，以纸质文档流转为依据，专业部门条线、区块之间以及上下级之间的信息沟通不畅，效率低下、扯皮推诿等各种弊端日益凸显，风险事件时有发生。"一只蝴蝶扇动翅膀可以引发一场风暴"，不知隐藏在何处的风险像幽灵一样，总是在你不经意之间给你致命一击。陈刚苦苦思索，如何对风险进行全面、有效的防控呢？

## 一、案例背景

### （一）中心简介

高管中心是江苏交控所属投资和管理的政府性还贷性高速公路项目的公益二类事业单位。目前管理所辖高速公路里程达到827千米，跨越南京、扬州、泰州、南通、淮安、连云港6个地市，中心机关本部设10个处室，下辖7个管理处（包括57个收费站点、12对服务区、9个清障大队及养排中心），1个应急中心以及4家企业。全中心现有员工4022人，其中事业性质1307人、企业性质2006人、劳务派遣用工709人；退休职工 226 人，整体管理特点呈现出线路长、站点散、人数多的特点，体量庞大（见图 1）。

图 1　高管中心组织架构

**（二）险从哪里来**

高管中心在财务管理系统上线前采用传统的管理方式，虽然统一制定了一系列管理制度，风险管控的机制、制度和流程都在不同程度上有所体现，但由于各项管理工作缺乏有效的信息化工具和手段支撑，或者各部门按照传统的管理方式用纸质文件签字的形式按流程传递，因此无法实现对业务、人员与财务信息流转的全过程监控，内控制度无法完全贯穿经济活动的各个环节，内控机制和制度也无法得到全面贯彻和严格执行。财务管控存在的问题具体表现在以下几个方面。

1. 业务与财务数据存在天然鸿沟

由于不同业务部门数据与财务数据之间存在天然鸿沟，以前对于其他部门的诸如合同审批、项目费用支出，主要依靠静态、平面、事后的财务数据的支持，过程分析缺乏数据支持，导致分析结果缺少立体感，更谈不上有力支持预算管理决策及风险防控等。比如，合同支付是否合规？人员和车辆信息是否真实有效？支出有无超出预算？为回答这些问题需要从对应的业务部门有效地整合采集信息，并将对应的开支项目和预算关联，实现实时的业务和财务数据采集、整合和挖掘。

2. 预算管理的效率亟须提升

以前高管中心在预算编制工作中主要依赖历史同期预算数据，人为估计因素较多，预算的科学性存在较大提升空间。预算分析工作需要大量的各类基础交易和核算数据，散落在各独立业务部门的数据缺乏有效的整合，主要依靠大量人工进行极为有限的信息收集、汇总和分析，并且分析方法相对固化，较难灵活快速地响应不断变化的分析需求。显然，预算管理的效率和效果亟须强化和提升。

3. 资金支付风险较大、效率偏低

由于资金支付审查标准不统一，资金支付风险较大。例如，外部审计发现，违反合同条款付款的项目、付款信息错误导致退回的项目、超预算开支的项目均时有发生。

针对上述问题，围绕当前江苏交控"防范大风险"的工作要求，需要着力破解三大难题之一"险从哪里防"的问题，传统的财务管理无法支撑高管中心党委经营分析和决策需要的实际情况，适时研发基于业财融合的"预算管理、请示批复、合同管理、费用支付、数据分析"的一体化管控模式十分必要。因此，如何通过信息的同步集成，将内部控制嵌入信息系统，实现内部控制的程序化和常态化，改变中心各项经济活动分块管理、信息分割、信息"孤岛"的局面，实现预算管理、请示批复、合同管理、费用支付、数据分析等集成在统一平台之上，帮助单位建立起包括预算编制、下拨、执行、分析的完整信息管理平台，提高经营效率和效果，消除人为操纵因素，控制与防范重大风险，确保财务信息和其他管理信息的及时、可靠、完整，一度成为上任伊始的陈刚苦思冥想需要解决的首要难题。

## 二、财务信息化革新之路

### (一) 直面困难，从容出发

一滴水是微不足道的，渗入泥土，便会消失不见，可汇聚成江河川流不息。困难面前，需要的是勇气和信心。陈刚深知：个人力量是有限的，发挥组织的力量才是解决问题的关键，从传统风险控制向现代风险控制的转化过程中，不仅需要解决技术难题，而且需要管理层达成一致，克服惯性思维与调整好各种利益关系。高管中心党委对此项工作的全力支持，研发参与人员的自信从容，使得个别人的质疑如柳絮一般随风而逝。

高管中心和大部分高速公路企业一样，发展时间短，投资强度大，硬件技术提升快，具有投资规模大、资产比重高、负债高、周转低、回报低、投资周期长，技术、融资环节多等诸多特点，相对而言，存在较多不确定因素，面临内部和外部风险，外部风险主要表现为收费、投资和税收等政策风险，内部风险主要表现为经营亏损、偿债、再融资和资产管理等风险。风险控制较为薄弱，面临着"三重一大"集体决策制度实施不彻底、养护工程控制有待提高、招标投标管理不够完善、合同审批与签订流程有待强化等普遍技术问题。

基于业财融合的一体化管控模式是指将业务与财务的高度融合，通过业务和财务的标准化、数据接口，建立数据集市，精准掌握经营管理的趋势，及时准确识别风险，辅助业务合规高效运行，不断提升管理决策效率和效益。为了实现这一目标，通过思考、调研、总结，研发思路与方案更加清晰了，数据的标准化和流程标准化是对抗风险幽灵的有效手段。首先，风险控制优化是一个系统工程，应先构建相应的风险控制理论框架，为风险控制的诊断和优化提供理论支撑。其次，风险控制优化是一个渐进过程，需要用核心业务流程作为抓手来落实。再次，风险控制优化需要对企业风险控制现状进行多角度诊断与优化，在具体业务流程上，关注业务流程的关键节点进行诊断与优化。最后，在设计风险控制优化的具体方案时，为了使解决问题的方案更有针对性和可操作性，可以将多个角度诊断出来的问题，在业务流程和关键节点层面提出优化措施。

研发工作从核心业务流程——合同管理出发，一个月后，合同管理上线运转，点开一条待审合同事项，首先查看其他审核人意见，一份合同的审核从基层发起人开始，按照规定流程逐层发送至各级专业业务部门、财务部门、法务部门、分管领导以及主要领导审核审批，全流程、全方位阻击风险，所有参与人的意见清晰透明，系统提供随时联查合同签订依据、经费预算、订立方式、支付形式、工程进度等各类附件，点开附件，发现合同风险，签署意见后点击"退回修改"按钮，审批流程自动将审批意见通过系统返回至上一级操作人员补充资料。"方便快捷、全面完整、实时高效"，面对赞誉，研发人员从容一笑。

## （二）不忘初心，知难而进

鲁迅先生说："即使艰难，也还要做；愈艰难，就愈要做。"系统研发的核心模块是支付管理，困难也集中于此，这是一场技术攻坚战，一场智力硬仗。

### 1. 未雨绸缪，统筹风险管控

支付管理首先要解决安全性，如果不能妥善解决安全问题，支付管理模块自身就会成为重大风险源，经过调研与充分讨论，支付管理模块从四个方面对安全性进行控制，一是系统授权管理，对角色进行授权管控；二是增加电子签章，保证签章的合法性与安全性；三是输出纸质文档时增加水纹防伪标识；四是每一份报销凭证均自动生成唯一二维码；五是出纳人员手机扫描二维码确认报销的唯一性。

安全问题解决后，需要解决的是支付与相关业务的关联，特别是与预算和合同的关联，为了保持预算编制与执行的一致性，经与职能部门多次研讨，根据管理与业务需要，高管中心设立了预算项目库，根据业务性质，建立了近300项明细项目，统一了预算编制与执行口径，主要通过以下做法来实现风险管控。

（1）无预算不列支。通过实施单站预算管理模式，将预算管理延伸至中心各处室和各管理处，强化预算的龙头作用，预算控制前置，要求每笔业务申报必须先对照项目库进行预算控制，对于无预算的报销项目则无法提交；反之，有预算但无资金计划的项目，可以先进行挂账处理，确保了业务事项符合会计核算要求。

（2）无预算无资金。预算与资金计划有着天然的联系，通过建立预算要素与资金计划要素的一一对应关系，实现由预算自动生成资金计划，有效地解决了预算与资金"两张皮"的弊端，提高了资金计划准确性和兑现率。

（3）先核算后支付。坚持先上传会计制证附件、按流程审核完毕后再付款的原则，一方面有利于加强票据审核，杜绝发票涉税等风险；另一方面有利于加强业务事项的合规性检查，避免合同经济风险。业务事项经过正确的会计处理后，自动关联预算系统，匹配资金计划，有资金计划的自动生成付款，进入资金支付审核环节，并在财政系统和银企直联系统完成付款；没有资金计划的直接进入往来管理，后期安排资金计划后，再行付款。

2. 流程管控，智能支持决策

高管中心经营风险管控系统以财务管理和合同管理数据为核心，结合个人办公、行政管理等系统数据进行经营风险分析和管控，旨在帮助中心解决风险管理过程中的障碍，增强中心抵御风险和防范风险的能力（见图2）。系统主要功能包括角色管控、流程管理、支付管理、合同管理。

（1）角色管控。通过角色管控，可以实现角色（岗位）的增加、权限授权，从而明确各岗位职责权限，管控相关工作人员在授权范围内进行业务操作。

问效风险管控——高管中心财务信息化革新之路 | 233

图 2　预算控制系统界面

（2）流程管理如图 3 所示。

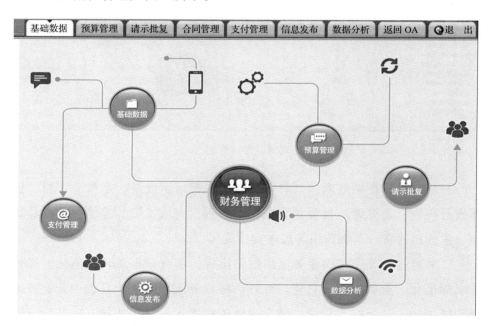

图 3　流程管理

系统内置的灵活可视化工作流程引擎，为单位内部流程管理提供了完整支撑。工作流引擎支持灵活多样的工作流场景，能根据流程管理实际要求进行个性化配置，支持会签、加签、审批权限矩阵、自由流等复杂应用，可对单据的流转路径、审批痕迹进行监控查看，支持审批权限委托，通过短信、邮件、待办事项等多种方式，自动对审批人进行提醒催办并实时处理，同时可对工作流审批量、单据流转效率进行查询分析，辅助绩效考核。

（3）支付管理如图4所示。

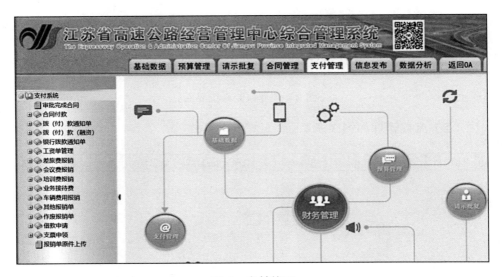

图 4　支付管理

一是在预算金额范围内，对业务支出内部请示批复、审核、支付、核算进行控制，走完请示批复和合同审批流程，完成工资、差旅、会议、培训、业务招待费、车辆费用等成本费用支付。

二是通过系统完善的业务支出报销流程，实现单据流转规范化、操作要求标准化、业务权限信息化。此外，将业务流程固化于系统中，业务流程清晰透明，各级权责清楚，防止越级越权操作，同时加强支出监管，降低支出风险。

三是实现费用预算归口集中管理、报销资金集中支付、报销凭证附件集中生成，并支持对分散单位报销费用的远程审批、统一支付，真正实现报销业务的集中管控，提高管理水平。

四是借助于网上报销系统，改变原手工申请、手工审批、手工流转、无预算控制的粗放式管理，实现逐张单据、逐笔支出的逐环节管控，并保留操作记录、提供明细查询，实现报销全业务、全流程的精细化管理。通过接口实现凭证附件自动生成及资金自动支付，减少了工作量，提高了工作效率。

（4）合同管理如图5所示。

合同管理主要从中心及下属单位日常发生的建设项目业务、资产业务、采购业务三个业务层面，通过信息化手段对合同订立、合同审批、合同执行、合同归档四个环节进行有效过程管理，同时合同执行数据与中心预算管理、请示批复、支付管理实现动态对接，各管理子模块相互制衡，防范法律及财务风险。

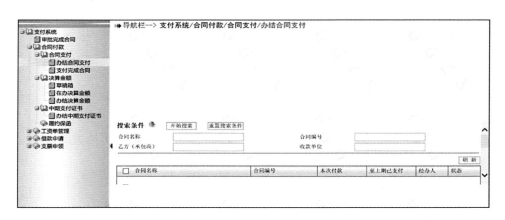

图5 合同管理

### 3.严格把关，推进规范管理

配合着财务软件的应用，陈刚加强了对报销制度的严格执行。曾经的报销手续看似简单，但在监管控制方面不好落实，很容易被钻空子。现在有了财务管理系统，财务人员受到操作权限限制，无法随意更改数据以及原始凭证信息，便于各层审核人员按制度标准对报销事由进行审核，严格按照规定办事。曾经每个人报销的次数和数额汇总起来很麻烦，需要翻很多账簿记录才能查清，且无法保证结论的准确，自然也就没法衡量那些报销是否真的符合规定。而现在，每周、每月、每年甚至数年之间，精确到每个人，何时报销、数额多少、理由是什么，一切信息都能在极短的时间内显示得清清楚楚，便于对比分析和管理。这一改变显然触动了一些人的利益，一度出现了一些抱怨，旁敲侧击指责陈刚瞎折腾，不把其他管理层放在眼里。对此，陈刚不置可否，始终相信群众的眼睛是雪亮的。陈刚深知，只有制度在先，执行到位，才能做到合法合规，才能顺利通过各种检查，保证高管中心顺利、健康发展。在陈刚的坚持下，不仅对日常业务和工作制定了预算指标，报销方面也同样有相应的预算进行控制，监督效果不断增强，不合理的报销项目大幅减少，高管中心的管理质量又向前迈进了大大的一步。

### （三）总结经验，问效风险管控

昨天的耕耘已化作今天的希望，今天的汗水铸就了明天的辉煌。高管中心召开2019年5月月末总结大会，轮到陈刚做部门工作汇报，他说："在中心党委的坚强领导下，大家勠力同心，每一个人都功不可没，感谢大家对财务工作的支持。"对于新上线的财务管理系统，从实施效果来看，在风险管控方面主要的应用功能特色体现在以下几点。

1. 全面提升管理决策支持能力

利用OA财务管理系统，抓取合同数量，合规性审查得到体现；各项支出和预算的关联、车辆信息、人员信息、三公经费等数据的抓取和实时分析辅助管理和内外部审计决策，高管中心管理决策能力得到有效提升。

2. 提升财务与业务部门协同管控能力

一体化管控实现了人教、综合等业务部门的全过程协同管控。业务、财务部门共同管理项目进度，掌握项目进度状态、付款状态。依据工程进度状态，匹配合同条款，确认当期付款金额，控制项目报销额度，从而提升财务和业务部门协同管控能力。通过岗位设置、权限管理、流程管理等功能，实现了事业单位决策、执行和监督的相互分离、相互制约，进而加强风险防控工作。

3. 杜绝操作层面的安全风险

一体化管控后，可以通过预算系统与合同管控、支付系统间数据自动关联对账等方式，有效杜绝串通舞弊等操作层面的安全隐患。

4. 降低合同、税务等经营风险

一体化管控后，实现了附件上传审核等功能的电子化、可视化，高管中心可以全面掌握各业务部门的原始票据使用情况和合同签订情况，较好地防范了合同和税务风险。

5. 明显提高高管中心信息管理质量

实现费用项目统一、费用标准统一、管控流程统一，同类业务同一个结果，大幅减少例外事项。高管中心按照规范化、标准化进行预算管理和费用支出，有效提升了信息管理质量。例如，实现了合同全程控制，从合同的签订、登记、变更、执行、支付申请、付款、验收、决算、归档，均可进行全程的审批和预算控制，既实现了合同履行及后续管理要求，又可有效监控合同履行情况，对合同签订的数量、各类合同金额、签订时间、经办人等档案信息进行档案信息的实时获取。

最后，陈刚向大家报告了项目喜讯：就在5月24日，高管中心财务管理软件通过申请，获得由中华人民共和国国家版权局颁发的"报销系统软件（移动端）""财务数据分析系统""费用报销系统""费用管控系统""经营风险管控系统"和"预算控制系统"六项计算机软件著作权登记证书。这是江苏交控系统全面投入应用的财务信息化管理系统首次荣获此项殊荣（见图6）。

会议室里不时爆发出阵阵掌声，经久不息。

陈刚抽空浏览完近期的数据和运行情况，多年工作积累的经验让他对数字有着过人的敏锐，应该注意的部分，陈刚已经分门别类记下，安排相关人员去处理了。财务部门所能做的预算已经比较完善，目前，所有的费用均已在财务管理系统实现接入，包括高管中心最复杂烦琐的人员信息和薪酬模块，但是公司目前的发展战略、流程优化、顶层设计还在摸索当中，单凭财务管理系统，无法实现全过程的风险管控，无法全面实现精细化管理。

图6 著作权登记证书

"应该提议其他部门负责人多沟通，再研究看看有没有什么可以引进使用的新式管理类软件……"办公桌前，陈刚在起草下一步的新计划。事业单位实现精细化管理已是大势所趋，目前已经奠定良好的基础，如何才能保持这种优势，延续良好的发展势头，让中心的管理能力延伸到任意部门和时间节点，例如，从高管中心本级延伸到高管中心全局，从内部走向外部，依托信息化财务管理，信息化建设就不再是"水中月、镜中花"。

## 三、启示

管理大师彼得·德鲁克说："在人类众多的活动中，唯一一条永恒的规律就是变化。因此，只满足于今天的现状，在变幻不定的明天就会感到难以生存下去。"高管中心通过财务信息化变革，开创了一条以顺应时代变化、用技术推动管理创新，以管理促进技术迭代的信息化财务管理道路，为大型国有企业的财务改革提供了较好的借鉴。"财务信息化不是一切，但是没有财务信息化就没有管理的一切。"高管中心财务信息化之路依旧任重而道远。

# 党建文化篇

坚持党的领导、加强党的建设,是我国国企的光荣传统,是国企的"根"和"魂",是我国国企的独特优势。江苏交控高度重视党建工作,打造"五力先锋"党建品牌和各具特色的企业文化,把党建融入公司治理的各个环节,为企业的经营发展提供了强有力的政治保障。

# 锻造五力先锋　铸塑卓越党建
## ——"苏交控·五力先锋"党建品牌建设纪

【内容摘要】——"苏交控·五力先锋"是以多年来江苏交控卓越党建实践和丰富党建经验为基础，凝练形成的具有时代特征、江苏特色、国企特点、交通特性、交控特质的党建品牌。本案例描述的"党建工作做实了就是生产力，党建工作做强了就是竞争力，党建工作做优了就是发展力，党建工作做细了就是凝聚力，党建工作做严了就是保障力"这一党建品牌的核心理念，对国有企业加强党的建设，有着很强的借鉴意义与指导作用。

【关键词】——党建工作；五力先锋；品牌建设

# 引 言

近年来，在省委、省政府和省国资委党委的正确领导下，江苏交控党委以习近平新时代中国特色社会主义思想为指导，认真落实全面从严治党新要求，深入贯彻全国、全省国有企业党的建设工作会议精神，按照江苏省新时代基层党建"五聚焦五落实"三年行动计划，围绕发展抓党建、围绕发展中的热点、难点抓党建、围绕职工群众抓党建，构建了"主动担当有责任、融入中心分不开、发挥作用看得见、喜闻乐见受欢迎"的融合式、实效型党建工作新体系，谋划构建了主业主导、主责主抓、主角主动的"卓越党建＋现代企业"工作格局，为"交通强省、富民强企"打造了稳固支点。在这一过程中，逐渐孕育形成了"五做五力"党建工作理念，并将其固化升华为"苏交控·五力先锋"党建品牌。

## 一、案例背景

江苏交控成立于 2000 年，是江苏省重点交通基础设施建设项目省级投融资平台，全系统共有二级党组织 34 个，基层党支部 576 个，员工近 3 万人，党员 5832 名，占员工总数的 20.6%。

全系统在"苏交控·五力先锋"党建品牌牵引下，以高质量的党建带动企业的高质量发展。近年来，公司资产规模变得更大，结构布局变得更优，质量效益变得更高，支撑作用变得更强，窗口形象变得更美，员工生活变得更好。公司党委被中共中央授予"全国先进基层党组织"，编撰的《党建的力量》一书由中共中央党校出版社出版，让江苏交控基层党建工作的经验做法传播业界、卓越成效享誉全国。

## 二、"五力先锋"打造苏交控党建品牌

"苏交控·五力先锋"党建品牌是以实践为基础形成的品牌，大量丰富的基层党组织工作经验是品牌理念形成的坚实基础。在分析、回顾江苏交控的实践事例过程中，"苏交控·五力先锋"的品牌建设思路与工作理念渐渐清晰起来，即坚持党的领导是国有企业的"根"和"魂"，是江苏交控的独特优势。

### （一）"五力先锋"是什么

"苏交控·五力先锋"党建品牌的核心理念主要包括五个方面。

1. 党建工作做实了就是生产力

抓党建就是抓生产力。江苏交控准确把握好加强国企党建与深化国企改革的关系，把握好加强国企党建与完善治理结构的关系，把握好加强国企党建与企业经营发展的关系，在国家大势、经济形势、行业趋势、企业走势中，潜心做好战略研究和顶层设计，把党的领导力转化为现实生产力，有效形成"围绕一条主线、强化双轮驱动、聚焦三大主业、把握四个维度、提升五大保障、实现六大变化"的发展格局。

2. 党建工作做强了就是竞争力

抓党建就是强竞争力。江苏交控守初心、担使命，把党的组织力转化为核心竞争力，成为江苏国企深化改革的"先行军""交通强国"建设的"先导区"、高质量发展走在全国同行前列的"先锋队"；念好"重、引、育、管、用、留"的人才强企六字经，为企业赢得未来竞争储备了"第一资源"；专心培育的"通达之道"企业文化融入经营、进入管理，"责任、创新、崇实、善为"的核心价值观成为近3万名江苏交控人的共同"标签"。

3. 党建工作做优了就是发展力

抓党建的核心就是抓发展，整合资源走科学发展之路，提质增效走创

新发展之路。江苏交控党委运用"大党建"的系统思维通盘整合党建资源和组织力量，一体化引领推动保障企业的改革发展、转型升级、民生改善、基层治理、和谐稳定，党建资源在"一主两翼"产业布局中得到了共享、流动与融合，党建工作真正成为深化改革的"方向盘"、经营发展的"指南针"、攻坚突破的"动力源"、企业和谐的"稳定器"。

4.党建工作做细了就是凝聚力

抓党建的本质就是做好"人"的工作，了解人、关心人、激励人、凝聚人，是更高层次"人"的管理。江苏交控党委把职工群众"高兴不高兴、满意不满意、拥护不拥护、答应不答应"作为检验党建工作成效的最重要标准，高度关注改革调整过程中的职工思想动态、高度关注繁重工作压力下的职工身心健康、高度关注快速发展进程中的职工利益诉求，通过党建做到"五给五让"，即给人信念，让心更齐；给人公平，让气更顺；给人激励，让劲更足；给人规矩，让风更正；给人使命，让干更实，切实打通服务职工群众的"最后一公里"。

5.党建工作做严了就是保障力

抓党建就是坚持"严"字当头，深刻把握"全面从严治党永远在路上"的重要论断，坚定不移地把党风廉政建设"两个责任"作为重大政治任务，抓在手上、扛在肩上、落实在行动上。针对企业资产规模庞大、行业涉及面广、单位点多线长、监督对象分散的实际，构筑"权力防火墙"、扎紧"规则隔离带"、织密"安全保障网"、长明"监督探照灯"，和苗头性问题较真、和倾向性问题较劲、和突出的问题较量，为干部履职清廉、企业经营安全提供有力保障。

（二）"五力先锋"如何做

在"苏交控·五力先锋"党建品牌积淀过程中，形成了丰富的操作方法和实践经验，真正以江苏交控的卓越党建成效，推动全系统党建工作从有形覆盖到有效覆盖、从大体量到高质量、从党委层到最基层，释放出企业高质量发展的驱动力和对省属国企的示范力、对交通行业的辐射力、对全国基层党建的影响力,具体做法表现为"六个突出"。

1. 突出思想政治守"正"

以政治建设立魂,把学习贯彻习近平新时代中国特色社会主义思想和党的十九大精神作为首要任务,树牢"四个意识"、增强"四个自信"、践行"两个维护"。以学习教育提升思想政治水平,从党的群众路线教育实践活动、"三严三实"专题教育、"两学一做"学习教育到"不忘初心、牢记使命"主题教育,围绕"学懂、弄通、做实"的要求,持之以恒抓教育。以思想解放求新,立足"六对标六突破"全面开展解放思想大讨论,组织开展"对标找差年""攻坚突破年"活动,对标比学招商局集团有限公司、山东高速集团、浙江交通投资集团有限公司(以下简称浙江交投)等国内一流企业,召开"老支书·新思想"开放论坛暨解放思想大讨论成果汇报会,助力高质量发展的"破局"。以宣传矩阵发声,创立江苏交控大讲堂、党建微信公众号、"先锋荟"党建云平台、《江苏交控》报纸、企业门户网站"五位一体"的宣传矩阵,实现了精准化、分众化、矩阵化传播,真实、立体、全面地展现了交控形象、交控风采。

2. 突出制度机制定"律"

牵好主体责任的"牛鼻子",通过主体责任纳入党的建设的重要内容,纳入党建工作责任制,纳入年度工作要点和重要议事范畴,纳入领导班子、领导干部党建和党风廉政建设综合考评,纳入政治纪律和政治规矩的监督检查范围,构建有权必有责、有责要担当、失责必追究的工作机制。把好党委研究的"前置关",将党建工作总体要求纳入公司章程,构建"党委顶层设计、董事会决策、经营层实施执行、纪委和监事会监督、各方共同参与支持""五位一体"的治理架构。划好制度约束的"硬杠杠",把新时代党的建设新精神、新部署、新要求融入60多项党建基本制度,使"强企必先强党"的要求组织化、制度化。用好考评激励的"指挥棒",每年以"政治体检"的形式分级开展党组织书记专项述职评议,通过"述、问、评、测",让党组织书记聚焦"第一责任",报好党建账。

3. 突出高质量发展共"融"

让党建成为企业前行的"发动机",把党建领航工程摆在江苏交控"八大工程"之首,全方位、立体化、多层次突出党建工作的"首位度"。让党建成为企业发展的"助推器",精心构建"通达之道"企业文化体系,确立"责任、创新、崇实、善为"的企业核心价值观,让企业文化入人心、深扎根、结硕果;加大支部带头人、劳模工匠等先进典型的培树宣传力度,系统内相继涌现出钱燕、胡海平、吉林等先进典型;连续三年发布企业《社会责任报告》,近两年拨付、捐赠各类扶贫资金、慈善经费共1820万元。让党建成为企业稳定的"压舱石",在推进"三大难题"攻坚突破、路桥单位区域化整合过程中,当面对劳动用工争议、"事转企"职工安置等问题时,做好"一人一事"的思想政治工作;积极推动新时代职工队伍建设改革,深入开展"六项试点",促进企业改革转型。

4. 突出基层建设固"本"

以"项目化"管理夯实党建根基,创立"三融、两动、一组织"的基层党建工作法,推行党建工作项目化、清单制管理,使党建工作由无形变有形,以"规范化"运行打造党建样板,出台《基层党支部标准化建设实施细则》,创新党支部基本制度标准化"三字诀"工作法,制定《基层党支部"强基提质"三年行动计划》,全力推进党支部"标准+示范"建设,公司所属机场路收费站党支部书记工作室被评为省一级党支部书记工作室示范点。以"智慧化"手段革新党建管理,开辟"指尖上"的党建阵地——"先锋荟"党建云平台,向二级党组织延伸构建了"先锋号"矩阵,把支部"建在线上"、党员"连在网上"。以"特色化"活动彰显党建活力,在全系统开展"五亮五比"主题实践、"两优一先"评选等活动,设立了党员责任区、党员先锋示范岗、党支部书记工作室、党员突击队、党员实境课堂等载体,创新举办书记精品党课赛、先锋行动报告会、初心路上评说会等形式,引导基层党支部把"主题党日"活动搬到项目建设、防汛救灾、扫雪除冰、精准扶贫、维护稳定的第一线。

5. 突出人才队伍提"气"

构建"人在竞争"的源头选拔链,实施"80后""90后"年轻干部选拔培养专项工作,增加考察对象"优缺点清单"、廉洁自律"双签字"等创新做法,落实年度百人引才计划,加大紧缺型人才引进力度。构建"精在研学"的培育提升链,完善自主培训、合作办学、网络教育互为支撑的"1+N+1"人才培训体系,组织好各类专业业务培训;成立江苏交控大学(党校),探索了企业自主培训新模式;建立完善技术、技能、管理3个职业发展通道,破解千军万马过独木桥的成长瓶颈。构建"练在一线"的实践养成链,秉持"'60后'干部正常使用、'70后'干部重点使用、'80后'干部优先使用、'90后'干部大胆使用"的理念,充分运用"上挂下派""科技镇长团"、挂职扶贫、驻村第一书记、援藏援疆建设等多种途径,让干部人才在干事中长本事、在历练中变老练。构建"管在日常"的动态跟踪链,深入贯彻落实"三项机制",对能干事的干部鲜明地"用",对敢作为的干部精准地"容",对不称职的干部果断地"调"。

6. 突出政治生态扬"清"

思想防线不松动,经常性开展廉洁示范教育、警示教育、岗位廉政教育等活动,在系统内建成223个廉洁文化教育基地,打造了3个省级廉政文化示范点。风险防控不松懈,完善"三项清单"体系,重点打造纪检监察、审计风控、干部考核、业务监督、民主监督、效能监察6个监督平台,深入开展高风险领域问题"大起底"、关键岗位廉洁风险"再排查"、规章制度"废改立"、违纪违规所得"零持有"4个专项行动,成立采购中心对工程项目、大宗物资实行集中招标采购。监督执纪不松劲,在省属企业中率先尝试"一派多驻制",建立健全一岗双责、一案双查、履责纪实等机制;以防止形式主义、官僚主义为重点,集中深入整治"四风",不断巩固落实中央八项规定成果。党委巡察不松手,研讨《党委巡察工作办法》,编制近10万字的《巡察工作手册》,两年间完成常规巡察10轮、专项和提级巡察各一轮，巡察二级党组织 36 家次、三级党组织两家，共发现问题 1062 个，问责追责 102 人次，追回直接、间接经济损失上千万元。江苏交控党委巡察工作的经验做法，得到了中央巡视办领导的高度肯定。

## 三、启示

多年来，江苏交控以卓越的党建实践和丰富的党建经验为基础，通过坚持"苏交控·五力先锋"品牌建设，开创了大型国有企业创新党建工作的新路子，成功凝练形成的具有时代特征、江苏特色、国企特点、交通特性、交控特质的党建品牌，很好地诠释了"党建工作做实了就是生产力，党建工作做强了就是竞争力，党建工作做优了就是发展力，党建工作做细了就是凝聚力，党建工作做严了就是保障力"这一党建品牌的核心理念，对国有企业加强党的建设，有着很强的借鉴指导作用。

# "四通""八达""九道"的文化图腾

## ——创建"通达之道"企业文化体系

【内容摘要】 本案例简要回顾江苏交控"通达之道"企业文化体系创建过程,围绕企业文化基础、企业文化最终期望目标及企业文化建设途径等方面,对这一文化体系及其要义"四通""八达""九道"进行阐释,探究促使企业文化落地生根、开花结果,增强员工对企业的认可度和归属感,提升企业的凝聚力和竞争力的成功经验,从而进一步揭示"通达之道"文化体系强大生命力的内在原因和力量源泉,以期对行业企业文化建设提供有益的借鉴和启示。

【关键词】 企业文化;体系建设;通达之道

# 引　言

根据"交通强国"发展战略、现代综合交通运输体系发展环境、公司"三大主业"的发展特点和建设一流企业的要求，江苏交控结合产业发展布局和企业文化根基，有针对性地制定了契合国内外发展形势变化、适合公司高质量发展要求、符合员工对企业发展期望的"通达之道"企业文化体系，深挖企业文化内涵，推动核心价值落地，增强员工对企业的归属感和忠诚度，提升企业的凝聚力和竞争力。

## 一、案例背景

企业文化是企业综合实力和核心竞争力的重要组成部分。高质量、可持续发展的一流企业，需要深扎根、入人心的一流文化来支撑。江苏交控成立之后，虽然有一定的企业文化积淀，但始终未进行过系统梳理和集成，没有形成完整、缜密的企业文化体系架构。面对内外部发展环境的日新月异和公司产业布局的不断变化，原有的企业文化未能更加与时俱进地彰显新时代特征、交通行业属性和企业发展特点，对江苏交控高质量发展的引导、支撑作用逐渐衰减。

为了更好地践行社会主义核心价值观，更好地推动"交通强省、富民强企"，更好地推进企业高质量发展走在行业前列、更好地营造"心齐、气顺、劲足、风正、实干"和"快乐工作、健康生活"的企业氛围，真正实现企业文化建设与企业经营发展同步规划、同步推进、同步落实，自2017年10月起，公司党委结合"十三五"发展战略规划修编和创建一流企业三年行动计划制订工作，把文化铸魂工程上升到更高的高度，切实加强系统层面企业文化的顶层设计和宣传贯彻，全面系统地建立反映时代精神、体现企业特点、引领发展方向的"通达之道"企业文化体系，为企业改革发展、转型升级和全面建设提供强大的精神支柱和动力源泉。公司党委书记、董事长蔡任杰多次强调："要构建好一看就能明白、一听就能记住、一想就能认同的企业文化，在文化建设中切实回答好'我们是谁，我们想成为什么，我们应该怎么做'三个关系到企业发展方向与价值取向的核心问题，真正做到以文培元、以文育人、以文聚力、以文化成。"

## 二、"通达之道"企业文化体系创建

### （一）企"划"：筹划推动中孕育文化体系之成

2017年11月，公司党委在公司"十三五"发展战略规划修编专题研讨会上，鲜明提出"统一领导、综合协调、上下互动、内外结合"的企业文化建设思路，围绕"四个坚持"建设企业文化，即坚持以习近平新时代中国特色社会主义思想为指导，以社会主义核心价值观及中华优秀传统文化为支撑，来优化和丰富企业文化的内涵；坚持从产业发展的生动实践中提炼具有文化特征的理念和精神；坚持从企业发展历程中继承和发扬优秀的文化基因，用广大员工听得懂、记得住、接地气、能践行的语言表述文化；坚持结合江苏交控"十三五"发展战略及长远发展目标，用发展观点、创新理念、系统思维整合企业文化体系，用先进的企业文化指导、服务和推动企业高质量发展的新实践。

作为"全国先进基层党组织"，江苏交控党委坚持把卓有成效的党建工作和企业文化建设有机融合，以"三围绕一构建""五做五力""五给五让"等党建工作理念、"有责任、看得见、分不开、受欢迎"的思想政治工作理念和"低调务实不张扬，撸起袖子加油干"的作风作为先进企业文化的价值导向，将各级层党组织作为滋养先进企业文化的有力阵地，依托组织聚合力和文化融合力提升企业文化建设的层次和水平，形成了"通达之道"企业文化深厚的组织基础和群众基础。

自2017年年底起，江苏交控党委组织力量启动公司《企业文化手册》

起草编制工作。2018年4月,在全体员工中开展企业文化理念征集活动,征集各类理念、用语达550多条。《企业文化手册》初稿形成以后,先后三次组织两级党委班子层面的专题研讨,又历经"五上五下"广泛征求意见。2018年7月,江苏交控《"通达之道"企业文化手册》正式发布,标志着以"通达之道"为核心的江苏交控企业文化体系初步形成(见图1)。

图1 "通达之道"企业文化的组织基础和群众基础

"通达之道"企业文化体系具有以下四个特点。一是正逢其时、影响深远。"通达之道"文化是江苏交控在加快推进现代综合交通运输体系建设的"发展跃进期",投资加码、融资困难、负债上升的"矛盾凸显期",防范风险、撤站撤岗、提质增效的"改革攻坚期"这"三期"叠加下应运而生,迅速成为江苏交控改革攻坚的强引擎。二是结构完备、逻辑清晰。"通达之道"文化提出了新型结构层次模型,让体系内容更为完备、框架逻辑更为清晰,是江苏交控企业文化的突破性成果,为企业标准化管理奠定了文化基础。三是内涵丰富、特征鲜明。"通达之道"文化的核心理念、应用理念、行为准则,既体现了对企业优秀文化的基因赓续,又符合高质量可持续发展的长远需求,彰显了历史传承和未来发展的统一。四是立意高远、科学实用。"通达之道"立足"国际视野、国内一流",实现了价值引领和科学规范的统一,破解了"重概念、轻落地"的文化建设难题,对于提升管理水平、增强核心竞争力和文化软实力有重要的引导助推作用。

这次企业文化梳理、编制过程,经过了项目启动、调研评估、意见征集、体系构建四个阶段的细致工作,外采众长、内集群智,是江苏交控系统宝贵的文化成果和精神财富的一次集中荟萃,也是近3万名江苏交控人的思想升华和精神洗礼的一次精神盛宴。

### (二) 企"画":擘画族谱中生发文化内涵之义

"通达之道"企业文化体系既形象表达了江苏交控的企业使命,也鲜明地体现了江苏交控人永恒的价值追求和行为准则,是全体交控人共同创造的具有国企、交通和交控特别属性的精神财富,是"交通强省、富民强企"的动力源泉。

#### 1. "通达之道"企业文化体系的结构

"通达之道"企业文化体系由文化内核、精神层、制度层、行为层和物质层五部分企业文化内容构成,如图2所示。

文化内核包括"通达之道"文化内核,即"四通""八达""九道"的具体内容,是构成江苏交控企业文化的核心和起源。

精神层包括"通达之道"文化体系中的思想意识形态部分,主要是核心理念6条和应用理念9条共15个方面。

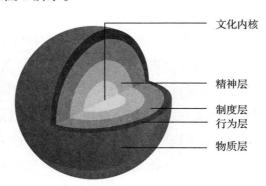

图2 "通达之道"企业文化体系的结构

制度层包括以应用理念为基础展开的各类制度,包括企业管理、员工行为、人力资源管理、服务、技术、财务、资金、投资等各类制度。

行为层包括企业高管行为准则、企业中层行为准则、企业员工行为准则及相关行为管理制度等。

物质层包括办公生产环境建设、环境中的文化氛围营造、公司标识系统、各类物理软硬件投入等。

2."通达之道"文化的内涵

"通达"是江苏交控独有的企业特质与自然属性,"之道"是植根于江苏交控发展实践的思想特质与文化属性。在"通达之道"中,"通"是基础和前提,也是江苏交控履行职责使命的必要条件,"达"是目的与效果,"道"是由"通"到"达"的实现过程中,对现代化综合交通运输体系建设规律、企业发展规律的认识和把握,并在此基础上形成的一系列管理思想与管理理念。如果将"通达之道"文化比作一棵树,那么"四通"就是树之根,"八达"就是树之果,"九道"就是树之枝茎,"通达之道"就是一棵根深、枝繁叶茂、果实累累的参天大树（见图3）。

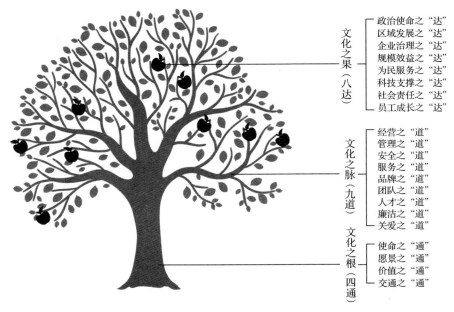

图3 "通达之道"文化的内涵

**"四通"文化内涵**："四通"是江苏交控"通达之道"文化的基础，是"通达之道"文化之根。"四通"包括两部分：一部分为支持公司发展的大交通产业，从业务的层面为"通达之道"文化发展奠定了坚实的产业基础，为交通之"通"；另一部分为公司的意识形态体现，即从思想战略的高度构建企业文化的发展核心，包括使命之"通"、愿景之"通"和价值之"通"。

使命之"通"说明的是"我们为什么存在"；愿景之"通"说明的是"我们想成为什么"；价值之"通"说明的是"我们认同什么"；交通之"通"说明的是"我们主要做什么业务"。

**"八达"文化内涵**："达"是交通发展和交通运输出行的根本目的，"八达"是江苏交控牢记交通主业，在"通达之道"文化引领下不断进行产业深耕、拓展产业链、提升价值链的丰硕果实，是江苏交控保障路网安全运行，为驾乘人员提供安全、便捷、智慧、舒适、多样化的出行体验，着力提升社会满意度和员工满意度的价值追求与行为取向，是江苏交控履行社会责任，通达美好未来的终极目标。

"八达"可以分成四个层面，体现八大方面内容，分别为政治层面、企业层面、公众层面和员工层面，具体为政治使命之"达"、区域发展之"达"、企业治理之"达"、规模效益之"达"、为民服务之"达"、科技支撑之"达"、社会责任之"达"和员工成长之"达"。

**"九道"文化内涵**："道"指万事万物的运行轨道或轨迹，事物发展的客观自然规律均为"道"，企业也有其发展之"道"。江苏交控"通达之道"中的"九道"指明了企业文化建设的思路和途径，是江苏交控企业文化建设的具体制度指导，是"通达之道"企业文化建设之脉。具体概括为经营之"道"、管理之"道"、安全之"道"、服务之"道"、品牌之"道"、团队之"道"、人才之"道"、廉洁之"道"、关爱之"道"。这九个"道"分为两个类型：第一类从企业业务的角度提出，重点在于企业整体性的建设思路和途径；第二类从以人为本的角度提出，重点关注企业中的人，关注人在企业中的发展、人在企业中的行为、企业对人的关爱等。

### （三）企"化"：融化落地中满结文化自信之果

江苏交控以"服务发展"为根本指向，把"通达之道"企业文化宣传贯彻与党的建设、思想解放、提质增效、作风建设、廉政建设、对标找差等深度融合，切实增强了企业文化的影响力；以"深度融入"为基本要求，把企业文化宣传贯彻作为一项全局性的工作，通过企业文化宣传贯彻微动漫、海报、H5、培训教材和闯关趣味游戏、企业文化短剧赛等形式，利用江苏交控"五位一体"宣传矩阵，把宣传贯彻工作渗透到发展的每一个单位、每一个岗位、每一个部位，切实增强了企业文化的吸引力；以"领导垂范"为助推引擎，各级领导干部在企业文化宣传贯彻中发挥示范带头作用、身体力行、当好表率，成为"通达之道"企业文化的大力倡导者、坚定执行者和积极推动者，切实增强了企业文化的感召力；以"循序渐进"为实践章法，把企业文化扎根落地作为一项长期的系统性工程，分类指导、分步实施、分层培训、分级推进，让"通达之道"企业文化内化于心、外化于行、融入经营、进入管理，切实增强了企业文化的渗透力。

高质量的企业文化建设带来的是企业的高质量发展。近年来，公司整体发展呈现出了"六个变"的喜人态势。

一是资产规模变得更大。在国内同行业中，江苏交控资产负债率、利润总额、营业毛利率及通行费收入耗费率始终居首，利润总额更是一枝独秀，连续四年全部过百亿元。

二是结构布局变得更优。江苏交控对标国际国内一流企业，做大了综合大交通投融资为主体的"基本盘"，做优了金融投资和"交通+"为"两翼"的"风火轮"，让"一主两翼"的产业布局更加完善。

三是质量效益变得更高。江苏交控紧紧围绕"建成国际视野、国内一流综合大交通国有资本投资公司"的发展定位，形成了构建大交通、聚焦大主业、防范大风险、强化大党建、开展大创新、推动大发展的"六个大发展"格局。

四是支撑作用变得更强。江苏交控依托高速公路、金融、"交通+"三大板块资本和产业协同来支持铁路、机场、港口、航空四大板块发展的"三带四"模式，以省级重点交通基础设施建设项目投融资的"大平台"来保障江苏综合交通生态圈的"大融合"，成为江苏现代综合交通运输体系最"硬核"的支撑力量。

五是窗口形象变得更美。江苏交控全力建设人民满意交通，让江苏综合交通运输体系的"硬件基础"越来越牢固、"现代特质"越来越鲜明、"动力引擎"越来越强劲、"绿色含量"越来越丰盈、"民生温度"越来越暖心。

六是员工生活变得更好。江苏交控把企业文化建设落实落细落小到民生工程上，不断完善员工薪酬福利增长机制，切实改善吃住行条件，常态化开展教育培训、技能比武、文体竞赛、关爱帮扶等活动，打造快乐班车、温馨宿舍、家庭厨房、职工书吧、心灵驿站等关爱平台载体2000多个，让发展成果更多、更公平地惠及员工。

## 三、启示

"通达之道"充分准确表达了江苏交控企业文化的核心所在、理念统领，形象完整地展现了公司立足江苏重点交通基础设施投融资和运营管理，顺应新时代"交通强国"新战略和"交通强省"新要求，加快构筑现代化综合交通运输体系，不断展示"人民满意交通"的使命担当与不懈追求。

企业文化建设永远在路上。江苏交控将针对"通达之道"企业文化应用理念扎根落地缺少具体指引和基层单位企业文化特色不鲜明、体系不兼容、传播不广泛等问题，围绕九大应用理念建立企业文化分册，强化企业文化理念与行为规范的应用，实现企业经营发展与企业文化的深度融合。同时，将推动所属单位形成与"通达之道"一脉相承又各具特色的子文化体系，打造一批优势突出、特点鲜明的文化阵地和品牌，实现文化管理与企业发展的良性互动。

# 开启心灵之门的"金钥匙"

## ——"四大工程"凝聚企业向心文化

【内容摘要】 本案例描述了连徐公司围绕民主管理、素质提升、职业发展、关怀保障等方面,实施民主、素质、发展、关爱"四大工程"的经过,通过介绍保障员工权益、关心关爱员工工作生活等方面的具体做法,探究该公司增强广大员工获得感和幸福感、对企业的认可度和归属感、对企业的向心力和凝聚力的成功经验,进一步揭示建立和谐融洽的企业内部关系,在构建企业文化、营造积极健康良好氛围,助力企业高质量发展中的重要作用,以期对企业在打造富有自身特色的企业文化上提供有益的借鉴和启示。

【关键词】 企业文化;民主管理;四大工程

## 引　言

　　八个小时的收费工作刚刚结束，收费班组员工列队从岗亭返回站区。一路上，意犹未尽的他们正饶有兴趣地边走边议论一天的工作感触。随后，他们依次进入核销室，把收费箱放到核销台上，开始熟练地点款、填写票据、校对数额、封款上交……这些是收费员老赵每天的工作。公司刚成立，老赵就在收费站从事收费工作，他亲身经历了公司的成长壮大，见证了高速公路的蓬勃发展，被大家称为连徐公司的"活字典"，是大伙儿公认的"消息灵通人士"。看着这熟悉的场景，望着朝气勃勃、充满热情的同事，他很是感慨：常人从事这样日复一日、年复一年的重复、机械、单调、乏味的工作，或许早已没有了对工作的激情。这里却是完全相反的情形。为什么这里的人们始终保持着高昂的工作热情？在常年的机械工作和循环往复中，企业的温度从何而来？广大职工的凝聚力、归属感和幸福感又从何而来？

　　"企业是船，员工是帆。帆的坚实，成就船的远航。""企业是树，员工是叶。叶的繁茂，成就树的茁壮。""员工是企业发展的动力源泉，关爱员工是构建和谐企业文化的关键所在。"每当看到站区里标语牌上的这些话，老赵的心顿时暖洋洋。

　　这些年，连徐公司结合实际和员工特点，着眼于建立和谐健康、积极向上的企业文化，不断完善关心关爱制度，制定关心关爱措施，以民主、素质、发展、关爱四大工程为抓手，全面做好关心关爱员工的各项工作，让广大员工共享企业发展成果，提升员工幸福指数，进一步增强企业凝聚力、向心力，激发员工的工作激情和干事热情。此时，老赵想到很多……

## 一、案例背景

　　连徐公司于2001年11月开始运营，负责连霍（G30、236千米）、京台（G3、75千米）、淮徐（G2513、20千米）、济徐（S69、79千米）等高速公路江苏段，共计410千米的经营管理。公司坚持扁平化两级管理模式，本部设7部1室，下辖两个管理中心、1个调度指挥中心、27个收费站、10对服务区、6个排障大队、3个养护管理中心，共计49家基层单位。

多年来，连徐公司秉持"让社会更美好、让企业更兴旺、让员工更满意"发展理念，充分发挥党建在服务公司发展大局、服务群众需求中的主导作用，以服务企业发展、维护职工权益为己任，加强对职工的思想政治引领，加大对职工的服务和关爱力度，真诚地关注、关心、关爱、关怀职工的生活、工作、成长、安全，坚持为职工办实事、解难事、做好事，对职工关心更有温度、关爱更有力度，不断增强广大职工的凝聚力、归属感和幸福感。

## 二、用"金钥匙"开启员工心灵之门

如何通过有效的关爱帮扶措施，唤起员工的主人翁意识和干事创业热情，是构建和谐职企关系，推动企业与职工共同成长的重要环节。但怎样才能答好这份发人深思的问卷，找到开启员工心灵这把大锁的"金钥匙"，这是一道很难解答的难题。

2017年开春，一件"大事"火遍了公司上下：公司全体员工参与正在如火如荼开展的全员建议征集活动。大家纷纷填写意见簿、参加座谈会、拨打建议征集电话，把自己的想法、需求、建议、意见坦诚地反映给公司党委，充分地享受自己的民主权利。这次在公司所属49家基层单位广泛征求意见建议、开展谈心谈话、进行走访调研，在经过数十轮的商讨研究后，有关民主、素质、发展、关爱这四大工程的雏形终于浮现出来，开启员工心灵这把大锁的钥匙似乎就在眼前。

### （一）民主工程："我们都是主人翁"

1. 始终坚持"职代会"这一重要制度

2013年1月的一天下午，连徐公司多功能厅内座无虚席，不时传来热烈的掌声、讨论声。一场年度述职大会正在这里召开。会上，各基层单位负责人向在座的全体员工详细汇报一年来各项工作的开展情况，现场解答员工反应强烈的问题和提出基层实际面临的困难。公司领导不时记录，现场点评。此次会议收集了40余条关于职工参与民主管理的可行建议，集中反映了基层工作实际和群心群志。

接下来，怎样才能把这些建议梳理汇总融入一系列制度，在具体工作体现出来，做到真正有效，是摆在公司领导面前一个迫切需要解决的重要问题。为此，公司党委多次召开专题会议，讨论民主管理推进的方案和措施。在一次次推倒和一次次重建中，形成了这项以"职代会""厂务公开""基层民主"三大制度为主线的"民主工程"。这项看似简单的制度设计，却融汇了公司上下的心声和期盼，显示公司迈出了关心关爱职工的关键一步。

现如今，坚持年度工作以及重大事项向职工代表报告制度，充分发挥职代会作用；坚持公司领导班子成员在江苏交控组织的年度考核中，向职工代表"双述"、接受评议制度；坚持各基层单位负责人述职述廉、接受评议制度，这些已经成为惯例。这"三项坚持"制度的落实，最大限度地确保职工民主参与的广泛性、公司民主决策的科学性、职代会制度执行落实的严肃性，保证了职工参与民主管理的有效性。

2. 始终依托"厂务公开"这一重要平台

2016年5月，公司党委班子成员像以往一样定期深入基层调研。就在这次调研中，一些问题显露了出来：许多基层单位员工没有途径获知他们最关心的信息、了解他们最切身的利益问题。还有的基层单位员工对工资发放明细、单位费用预算等事宜非常关注。

公司党委意识到，向职工群众公示各类信息这块"白板"亟须尽快填补，切实保障职工的知情权。本着以解决职工群众疑惑为目的，公司探索建立了厂务公开机制，制定了《厂务公开办法》，并不断修订完善厂务公开制度，将员工关心关注的事项均纳入公开范畴。公司建立了从职责分工、检查考核、监督追究到整改反馈等一整套机制，进一步拓展了公示内容。目前，厂务公开制度已包含人员选拔、岗位转换、工资奖金、福利待遇、社会保险、物资采购、员工考核奖惩等近30项公示内容。公司每季度组织开展厂务公开情况大检查，确保了厂务公开制度的有效落实、厂务公开内容的全面及时，切实保障了职工的知情权、参与权、监督权。"在公司干了半辈子，我一直相信公司党委会时刻把职工群众的需求记在心上，瞧，大家关心的问题以后都可以在这里直接查看了。"刚刚出车回站的公务车服务中心驾驶员刘朝君，指着站区的厂务公开栏兴奋地说。

通过持续实施厂务公开制度，各单位公开项目持续增多，职工的知情权、参与权、监督权得到了有效保障，为职工群众高质量参与民主管理提供了有利条件。

3. 始终把握"基层民主"这一重要环节

一年一度的单位负责人考核测评，牵动着全体职工和基层单位负责人的心。在服务区的负责人测评中，服务区服务员、保洁人员、保安人员齐聚一堂认真阅读测评表，对单位负责人一年来的各项工作情况进行真实评价。大家现场认真如实地填写测评表，庄重行使着自己的权利。此次评价结果将作为单位负责人年度考核的重要依据。

在此基础上，公司进一步推行基层单位"一长三制"管理模式。"一长"指基层单位只设一名负责人，不设副职和管理员，进一步明确了责任担当，调动了工作的主动性和积极性；"三制"，即实行群众监督制，基层单位负责人考核测评群众满意度达不到80%的，将被从管理岗位上调整下来。为了进一步深化基层民主，公司党委又在基层推行了集中核算制，各基层单位不设专职会计，由公司核算中心集中核算，加强了对资金使用的约束与监督；推行民主理财制，基层单位成立由员工组成的民主理财小组，小组可查阅单位各项费用支出，并对其进行监督，所有物资采购、费用支出全部向员工公示。

通过推开实施"三制"，公司所属49家基层单位均按时公开了经费支出，所有涉及职工权益的事项均得到有效监管。单位账务经过会计核算中心的二次核算，突破了地域的限制，实现了统一的财务运营和管理，提升了核算质量和效率，提高了核算的标准化和规范化，也提高了财务信息的一致性和透明度。各单位职工群众纷纷表示，对单位的认同感更加深刻了，参与管理的主人翁意识也得到了进一步激发。

## （二）素质工程："帮助员工强筋补钙"

为帮助职工实现赋能提升，满足职工学习需求，公司搭建多维度平台，实现全体职工能力素质共同提升。

### 1. 提升职工业务技能水平

考虑到基层单位职工工作内容单一、工作创新性低、灵活性差的特点，公司为激励职工立足岗位、岗位成才，组织开展收费员、值机员、排障员、驾驶员、厨师、水电工等各类岗位技能竞赛，鼓励大家积极主动学技术、练技能、当能手，有效激发了职工刻苦钻研、岗位成才的热情，切实提升了职工业务技能水平。同时，立足本职工作特点，组织法务、文秘、人力资源、审计、安全、招标投标实务等外部培训，开展公文写作、档案管理、财务知识、绿化养护、信息技术等内部培训，使职工在各类培训和竞赛中学到真本领、练出真功夫。

连徐公司机电设备维护中心的谢建明是一位技术精湛的"老机电工"，他没有高学历，却拥有多项发明创造，已拥有两项国家专利；他始终在业务上精益求精，依靠技术革新，为公司节约经费1400多万元。谢建明先后多次被上级评为优秀共产党员、被徐州市授予"劳动模范"称号，他负责的机电中心和"劳模工作室"分别被省总工会、省部属企事业工会授予"工人先锋号"称号，他负责牵头攻克的课题多次被省质量协会、省交通运输厅评为一等奖。谢建明的先进事迹在公司员工中广泛流传，形成了崇尚劳模、发扬工匠精神的良好氛围。公司又先后涌现了陈若升、赵衍斌等劳模和创新创效先进者，以及翟娟、韩静等一大批爱岗敬业奉献者。

2. 满足职工学习教育需求

2016年，公司党委副书记李海滨和基层员工座谈，有员工反映，由于工作需要，在单位时间较长，业余时间较为枯燥。"怎样才能既丰富职工精神文化生活，又提升职工文化素质？"李海滨把这个问题带到了公司党委会上。经讨论研究，公司党委决定在基层单位试点推行"职工书屋"建设，并把苏皖省界收费站作为试点单位率先配置。"职工书屋"建设完成后，图书借阅率持续增高，试点单位员工反响热烈。"自从单位配置了'职工书屋'，在业余时间再也不像从前那样无所事事了！"员工纷纷感叹道。

随后，公司全面推进"职工书屋"建设，为基层单位购买各类图书、教育光盘、报纸杂志。公司依托徐州市总工会网络教育平台，把徐州市总工会"网上书屋"与公司各基层单位联通，提供8000余册电子书、1700余种杂志使各基层单位的职工随时在网上阅读。公司还积极构建职工学习平台，为职工举办学历提升班，鼓励职工参加南京大学、中国石油大学、徐州开放大学等大学的网上学历教育，满足了职工接受继续教育的需求。

3. 丰富职工业余文化生活

为进一步丰富职工业余文化生活，公司组织开展职工书法、征文、绘画、摄影、歌唱比赛等活动，创造条件为大家提供展示技能和风采的舞台，并印制了职工书法、征文集，将职工的优秀作品在基层单位进行巡回展示。公司集中开展篮球、乒乓球、羽毛球、足球、棋类、拔河等多项活动，各基层单位坚持每季度组织开展职工喜闻乐见的群众性活动，极大地丰富了职工业余文化生活，使职工群众在身心愉悦的环境中工作。

### （三）发展工程："我与公司共成长"

职工和企业的共同成长、共同发展是和谐职企关系的关键。对此，公司在打破固有机制、畅通职工职业发展通道上寻求突破。

1. 人才库建设打破职工上升瓶颈

公司关注职工职业发展需求，不断优化人才选拔任用工作机制。建立了班长、首席班长、基层单位负责人和中层人员四个层次的管理岗位人才库，持续充实计算机、文秘、排障、报核、值机、系统维护员等技能岗位人才库。根据"在岗有压力，在库有希望"的原则，实行动态管理，缺员选库中人，不达标退库，不仅打破了员工"上升"的瓶颈，而且弥补了以往"只升不降"的不足，推动公司内部形成了能者上、庸者下、劣者汰的用人导向，实现了真正意义上的岗位能上能下、人员能进能出。

2. 岗位历练助力职工赋能提升

公司着力破解人才队伍"系统所有""经历单一""岗位疲劳"等困局，引导干部职工在不同环境、不同岗位经受锻炼，在磨砺中弥补知识弱项、能力短板和经验盲区，在实践中"增益其所不能"。公司把重要和关键岗位作为人才培养的"主战场"，通过轮岗交流、主持工作、上挂下派的方式，加大公司本部与基层单位之间，收费站、服务区、排障大队等不同系统之间的人才纵向、横向交流力度，让职工在实践中得到赋能、提升。

3. 典型激励带领职工创新创效

近年来，连徐公司赵衍斌工作室被省交通运输企业协会命名为"江苏省交通运输行业优秀质量管理小组"，他个人先后荣获江苏省交通运输厅"交通行业技术能手"江苏交控系统吊车操作竞赛第一名、创新创效工作先进个人等荣誉。为进一步扩大典型的名人效应，公司通过先进典型引路，积极开展各类文明创建，通过创建活动激励职工立足本职、勤奋工作、学赶先进、争创一流，有效调动广大职工的积极性、主动性和创造性。先后成立了谢建明劳模创新工作室、陈若升劳模创新工作室、赵衍斌工作室等以先进典型姓名命名的工作室。这些工作室带领职工发扬能吃苦、讲奉献精神，不仅提升了职工的业务技能，还在各项创新创效活动中取得了优异成绩。公司所属基层单位多次获得国家级和省市级"青年文明号""工人先锋号"等荣誉。

### （四）关爱工程："你的幸福指数提升了吗"

职工的生活一直是公司党委放在心头的大事，如何才能帮助他们走出困境？公司党委深入基层调研，在摸清全体困难职工特点的基础上，分类分析，建立了直接关爱职工的有效机制。

1. 为职工提供安全保障

将职工生命安全放在首位，通过基层单位自查、党总支督查、公司综合检查、安全专业机构协查的形式定期对职工工作、生活环境的安全状况进行检查。扎实开展"安全消患攻坚季"专项行动、危险源再辨识等工作，对各类风险进行定量、定性分析，制定管控措施；大力推行作业现场全要素实时稽查制度，"三场一方"安全监管更加科学规范；升级安全防护设备，为职工提供安全保障；组织开展"安全隐患随手拍"、警示教育、预案演练等形式多样的安全文化活动，全面提升职工安全意识。

2. 为职工送去组织关怀

"谢谢单位像家人般的关心。"2015年5月8日上午，苏鲁省界收费站站长崔大鹏、首席班长张磐、工会主席裴文明，把15 300元爱心捐款送到了徐树家中，徐树激动地再三道谢。徐树是苏鲁收费站一线职工。他8个月大的女儿因发烧住进徐州中心医院治疗，病情不见好转，且逐渐加重，后又转入市儿童医院ICU重症监护室治疗，其间两次生命垂危。10余万元的治疗费用，令这个原本就十分困难的家庭雪上加霜……大家庭的真情与真爱能够托起生命之舟，大家真诚的爱心传递着一份对生命的热度。在进入ICU重症监护室45天后，徐树的女儿终于康复出院。

由此事，公司党委萌发了走访慰问全体职工的想法。经过多次研究讨论,公司决定推行"四带四优先"走访工作法,由公司领导班子、各党总支书记、支部书记带着真情、带着关爱、带着主题、带着责任,对困难职工、患病职工、先进职工及思想有波动的职工优先走访。公司管理层通过这种方式,主动同职工群众手握手、心连心、交朋友。

这项活动开展以来,已经对全公司1500多个家庭开展了四轮全员家庭走访。为保证这项活动落实下去、坚持下来,还制定《公司互助基金管理办法》,进一步完善了帮扶救助制度。遇职工及其亲属突发重病或遇到重大困难时,第一时间安排人员携钱物救助慰问。不断加强维权服务机制建设,为有需要的职工提供法律援助,帮助职工解决实际困难,切实维护了职工合法权益,让职工充分感受到大家庭的温暖,为企业又好又快发展营造了和谐稳定的环境。

3. 为职工做好后勤服务

为了能为职工提供优质的伙食条件,公司坚持把"员工的食堂、家庭的厨房"的理念落到实处,通过多番对比论证后,对食堂物资采用麦德龙集中配送的方式,保证了食品安全;通过"红旗食堂""五好厨师"评比,让职工吃得放心、吃得安心、吃得舒心。深化"职工之家"建设,为各基层单位配置了乒乓球桌、职工书屋、电子阅览室等文体设施,改造基层单位的宿舍、浴室、食堂等,确保职工身心健康。坚持开展"冬送温暖、夏送清凉"活动,做好班车接送职工上下班服务,每年组织职工进行体检。通过一系列举措,体现了组织的关怀,不断营造"快乐工作、健康生活"的良好氛围。

## 三、启示

连徐公司情为职工所系、心为职工所牵、利为职工所谋,从小事做起,从点滴做起,不断推进关爱职工各项工作良性发展,通过构建和谐关爱、积极向上的企业文化氛围,逐步形成了发展有后劲、克难有力度、干事有氛围的良好局面，为推进企业高质量发展提供了有力保障。如何继续深入实施"四大工程"，在企业发展进程中不断总结经验、改善措施，致力于提升全体职工获得感、幸福感？如何顺应社会发展和行业改革现状，满足职工日益多样化的需求？如何继续凝聚职工力量，推动企业高质量发展？面对这些问题，连徐公司还需要立足时代背景，持续做好制度设计和统筹谋划。

# 快乐工作　健康生活

## ——员工小食堂做活"舌尖"大工程

**【内容摘要】** 创新食堂管理，提升企业食堂管理质量，是现代企业后勤管理改革不可缺失的重要一环，也是人文、关爱、和谐的企业文化的组成部分。本案例以江苏宁宿徐高速公路有限公司（以下简称宁宿徐公司）食堂管理为样本，阐述该公司如何通过改革管理体制、改造硬件设施、改善伙食品质、改进菜品价格、提升软件功能、延伸定制服务等一系列创新举措，进一步激发整体食堂竞争力，做到构建员工的"家"，抓住员工的"胃"，守住员工的"钱"，吸引员工的"眼"，解放员工的"手"，温暖员工的"心"，让员工食堂"活"起来、"动"起来，实现员工小食堂做活成"舌尖"大文章的目标。

**【关键词】** 企业文化；食堂管理；健康生活

## 引　言

　　2015年年初，面对内部食堂品种单调、环境一般、众口难调的现状，时任宁宿徐公司党委书记、总经理孙雷提出了"一定要让员工满意，要把小食堂做活成'舌尖'大文章，既吃得饱、吃得好，又吃得美"的要求。面对这个要求，公司综合管理部负责人高峰深感"压力山大"。公司食堂位置分散，具体到每个食堂不过四五十平方米、两三名厨师、每餐平均20人吃饭。"民以食为天"，员工只有吃得好才有可能干得好。但是吃得饱容易实现，想要吃得好、吃得美，哪有那么简单。尽管这些年公司在员工食堂上做了很多的尝试和改进，食堂饭菜质量也有一定提升，但是效果始终是不尽如人意，员工的评价也是时好时坏，食堂基本上也只能满足员工吃饱的需求。如果任凭这种现状持续下去，就无法让1000多名员工满意，更别说达到公司领导提出的"饱、好、美"的要求了。

　　怎么办？军令已下，使命必达。带着问题，高峰和部门人员一起，对全线23个基层食堂逐个进行了实地调研。通过调研，高峰发现员工对站区食堂期望很多，但满意度很差，导致就餐人数越来越少，形成了"办不好，吃得少，办得就更不好"的死循环。究其原因，食堂管理理念滞后，食堂管理体制机制与员工日益增长的需求不相适应，是直接导致食堂缺乏"活力"的主要因素。要实现"让员工满意，把小食堂做活成'舌尖'大文章"的目标，食堂管理就必须大胆改革创新、攻坚突破。

## 一、案例背景

　　宁宿徐公司成立于2001年12月7日，注册资本为20.78亿元，地处苏北腹地，连接淮安、宿迁、徐州3市7个县区，全线管养里程359千米，现有员工1151名，下设调度指挥中心、机电维护中心、收费站、养护大队、清排障大队和服务区等42家基层单位，是江苏交控内管辖里程较长、工作站点较多、跨越市县范围较广的国有路桥企业。

公司目前现有员工食堂 23 个，厨师（厨工）64 名，每天就餐人数约 1100 人，每年就餐人数达到 40 万人次。食堂实行自主经营管理模式，由站区负责对食堂人员实施考核管理，每个站区食堂均配置了现代化的设施、设备，员工就餐采取智能刷卡计费模式消费。

## 二、一场轰轰烈烈的食堂"革命"

为了搞好食堂"革命"，高峰带领综合管理部开展了密集的调研"对标"工作，希望从"别人家的食堂"里找到改革的切入点和主要抓手。

"这里的食堂不仅有卡座，还有书吧。各类菜肴品类琳琅满目，看着就舒服，我得都拍下来。"胡曼丽羡慕地说。胡曼丽是这次综合管理部组织食堂管理工作外出观摩学习"对标之行"的成员之一。临行前，高峰组织后勤管理人员专门召开会议时提出：既然问题原因已经找到，当务之急就是要先为食堂"输血"和补血，努力让它"活"起来；要主动走出家门到系统内外的优秀食堂去对标，看看我们与"别人家的食堂"的差距到底在哪；要认真看、详细记、多拍照；只要是适合、适用的，我们就拿来用。

为期一周的"对标之行"很快结束了，高峰的本子记得密密麻麻，胡曼丽的相机里也存满了照片。

### （一）一场取经后的改革风暴

此番对标不虚此行。"别人家的食堂"软硬件设施、管理体制、菜品质量和服务等方面，让参与此行的成员大开眼界。"原来食堂还可以这样搞！"大家的心里一下子敞亮了起来。带着收获，高峰决定回来放手一试。

1. 打破"大锅饭"，用激励机制激发竞争活力

改革前，公司所属站区食堂日常就餐人数最少为 30 人左右，人数多时有近百人，就餐需求不可谓不大。但对厨师来说，在公路上当厨师，福利

待遇远不及在地方餐饮公司任职。厨师之间绩效工资差别不大，多劳不多得、少劳不少得。技术好的厨师留不住、待不长，留下来的厨师要么技能跟不上，要么凑合着干，工作缺乏积极性和竞争性。

对此，高峰决定从体制机制上着手改革，在当时全线 51 名在岗厨师中推行考核激励机制。公司突出"同岗不同酬、贡献定报酬"的激励导向，推广实行厨师长竞聘上岗和厨师轮岗培训制度；用硬性指标和刚性考核，将薪酬管理由"铁工资"向"活绩效"转变，让就餐员工掌握考核打分的主动权，彻底打破"大锅饭"局面。

同时，利用服务区餐饮经营外包，实施厨师分流的契机，为每个站点食堂增配了专业厨师和面点师。通过举办食堂"厨艺大赛"、开展员工满意食堂评比等方式，不断激励厨师的竞争意识，提高厨艺水平。

"现在一个月算下来，干得多、干得好的，要多拿五六百元。如果年底被评上'满意食堂'，我还能有奖金。干得不好的，不仅少拿钱，还有可能走人。"改革后，老厨师邵长春深有感触，"现在的机制既有危机感又有激励性。干多干少、干好干坏一个样的现象基本上没有了，大家也很珍惜这碗'饭'了。"

2. 旧貌换新颜，用温馨的就餐环境构建员工的"家"

要想"吃"得好，还得有一个好的就餐环境。改革前，公司大部分食堂自建成投入使用以来就没有好好维护、改造过，历经多年运行，环境陈旧、设施老化，食堂的空间布局和使用功能，已经无法满足员工的就餐需求。高峰决定以公司收费道口拓宽及老办公楼改造契机，对站区食堂开展全面改造升级，为员工营造一个像"家"一样舒心满意的就餐环境。最终根据员工意见，按照"一站区一特色"的风格，对全线 23 个站区食堂先后进行了改造升级。

当升级改造完成，重新启用的食堂展现在大家面前时，所有人都感到耳目一新。宿迁收费站管理员陈海燕惊叹地说："这是我们的食堂吗？简直不敢相信自己的眼睛了。"改造后的食堂环境发生了巨变：餐厅装修旧貌换新颜，雅座、包间一应俱全，卡座、沙发新颖时尚，灶台、洁具光洁明亮，大厅平板电视闪耀"亮相"，环绕立体声音响让身处餐厅每个角落的人都有身临其境的感觉。"现在的食堂明亮宽敞、温馨如家，还有大平板电视观看新闻、球赛，吃饭的时候聊天都有了话题，真是高颜值、高大上！"有食堂"常驻大使"之称的盱眙收费站收费员王勇这样说。

3. 汇聚南北味，用美味食堂抓住员工的"胃"

就餐环境好了，厨师积极性提高了，提升伙食质量档次这个问题，就更加突出。由于公司员工来自东南西北，饮食习惯差异较大，厨师很难做出不同口味的菜肴。

怎么办？答案就一个字——"学"。高峰联系了烹饪学校，对厨师进行技能培训，同时要求厨师根据员工居住城市的不同和饮食习惯的差别，结合"南甜北咸东酸西辣"的多样化菜系特点，分批次到地方特色餐馆尝菜学艺，回来之后再一起研究探讨，直到做会为止。几番培训和"偷艺"之后，大家对地方特色菜肴的制作水平已经不亚于餐馆了，还能根据所学，将徐州"把子肉"、宿迁"地三鲜"和盱眙"小龙虾"等特色菜系逐步引入并加以改良推广。现在，各个食堂每顿菜品均保持在6种以上，每周自主创新两三道新菜，充分满足了员工的不同口味。"原来我们在馆子里才能吃到不同口味的菜，如今在食堂里就能品尝到各种地方口味了，还能经常出新，实在是没有想到。"泗洪排障大队排障员高勇满意地说。

## （二）一张菜价表引发的吐槽

食堂改革成果刚一落地，问题接踵而来。

"这个月伙食费又要超标了""中午一顿好的吃下来要十几块呢，感觉要吃不起了""羊毛出在羊身上呗"……当这些抱怨陆续传到高峰耳中时，高峰脸色凝重起来，食材价格上涨，成本增加，导致一个两难的问题：饭菜价格涨，食堂有盈余，员工却有意见、满意度低；不涨价，食堂要亏本，伙食质量势必滑坡。涨还是不涨？怎么取舍？高峰再次召开公司后勤工作会议。经过一番讨论，决定从食材进货源头、开源节流等方面作文章。

1. 加料不加价，用平价食堂守住员工的"钱"

要降低采购价格就要在进货源头上"开刀"。超市和菜市场到底谁更"亲民"？没有调查就没有发言权，高峰决定带部门人员去看一看、比一比。一个星期跑下来后，高峰觉得没有白跑，还真发现了一些门道。规模大一些的超市基本上能囊括百余种菜品，各种时令蔬菜摆放得整整齐齐、满满当当，不仅肉、蛋、鱼、蔬菜等菜品应有尽有，而且米面、油盐酱醋等也比菜市场要丰富得多。原以为超市的菜价可能要比菜市场高，但是不比不知道、一比吓一跳，以西红柿为例，菜市场里的1.5元左右一斤的西红柿，在超市里是1元一斤，足足便宜了5毛钱，而其他时令蔬菜的价格，也普遍比菜市场低一点，同时超市菜品的质量相比菜市场也更加干净卫生。"就是它了"。高峰立即着手与各大超市、电商等洽谈，经过多次谈判和招标，最终选择了一家大型的品牌超市和京东商城"慧采"平台合作，采用统一采购、集中配送模式，对食堂菜品及原辅材料实行上门配送，最大限度地降低了食堂采购成本，食堂饭菜回归实惠。

2. 开辟小菜园，丰富菜篮子

"这个黄瓜口感很好，跟以前吃的味道还真不一样。""那是，都是我们自己种的无公害绿色食品。"有一次，高峰在徐明省界收费站调研食堂管理情况时，站长王顺东向他展示了站内的小菜园，还别说，时令蔬菜品种还挺多，最主要的是省钱又健康。高峰暗想：高速公路远离城区，我们大部分收费站院内均有闲置的土地，如果每家食堂都把这些空地利用起来，建立自己小菜园的话，那么员工都能吃上免费的绿色蔬菜。说干就干，在高峰的鼓励倡导下，公司各站区食堂根据各自实际需求开垦播种，根据各个季节种植了白菜、青菜、黄瓜、葱、蒜、西红柿、豆角、辣椒等各种蔬菜，收获的蔬菜直接供应给食堂，产量多的还可以补充产量低的食堂，这样一来，一些离集镇较远的站区食堂在蔬菜供给上完全可以自给自足、自给自养，基本上每个食堂每个月仅蔬菜的花销就减少了1000多元。"现在单位房前屋后的空地上，随处可见长势喜人的蔬菜，在闲置土地资源得到充分利用的同时，大家也随时能够吃上免费的绿色食品，真的很棒。"双沟收费站收费员吴昆对"小菜园"赞不绝口。

3. 精打小算盘，记好小账本

除了降低采购成本外，管理作用至关重要，为了避免食堂在成本核算上的漏洞和菜品定价上的随意，高峰要求各站区成立食堂伙食管委会，挑选各岗位员工代表作为成员参与管理，在成本核算和菜品定价上精打细算、严格把关、合理把控，做好收支情况记录，保持收支平衡，每月向员工公布一次食堂经营情况，定期召开伙管会会议，听取大家的意见和合理化建议，不断改进管理方式，提高食堂管理效能。

通过一系列措施，之前抱怨的员工逐渐改变了观点。"一顿饭一荤两素＋米饭＋水果五六块钱搞定，一天三餐也就10来块钱，价格降了，质量仍然杠杠的。"员工纷纷反映，"现在的饭菜好而不贵，平价而不廉价。这样亲民价的饭菜，员工吃得好、吃得美，也能吃得起了。"

### （三）一波贴心的福利带来的便利

食堂改革尘埃落定，成果有目共睹。但是高峰等人不满足于现有成绩，"食堂搞得好，不光是场面光鲜，更重要的是把服务跟上，要让食堂成为全体职工的贴心伙伴"，高峰向后勤团队提出了新的要求。

1. 微信搭桥，用智慧食堂吸引员工的"眼"

公司员工以年轻人居多，用手机微信点单、"晒"美食是现代年轻人的一种生活方式。高峰暗想，以前员工每天只有到了食堂才能知道吃什么菜、打什么菜，现在何不借助微信平台来提供饮食服务呢。说干就干，2017年5月，"宁宿徐家的味道"食堂微信公众平台正式上线，这款以"员工喜欢吃的，就是我们为之努力的"为服务宗旨，定期发布"一周菜谱""新出菜品"等栏目，通过图文并茂的美食文案向员工及时提供各种食堂美食资讯，这给员工带来了强烈的视觉冲击。

"哇，今天中午有我最爱吃的小龙虾。"公司人力资源部的林丽兴奋地说。与公司其他年轻员工一样，林丽现在每天都会关注食堂公众号，以前不知道有什么吃的，现在动动手指就可以随时掌握食堂最新动态，了解特色菜肴品类信息，体验微信订餐等特色服务。"用一个小小的公众号就架起了与员工的'连心桥'，员工再也不用为每天不知道吃什么而为难了，这在以前我们是不敢想象的。"公司副总经理穆中明感慨道。

2. 私人定制，用贴心食堂解放员工的"手"

"平时上班比较忙，下班回家还得买菜做饭，时间来不及，人也很累。"机关里的翁会计既要照顾老人又要照顾上学的孩子，根本没有时间料理家人的一日三餐。

针对很多员工"上得厅堂"劳累一天后，回到家还要"下得厨房"的情况，为了让员工拥有更多属于自己的休息时间，高峰和他的团队决定趁热打铁，由食堂管理人员胡曼丽牵头成立"曼丽工作室"。公司在全线食堂推出一日三餐美食和时令水果定制外带服务；精选各种食材，进行独立小炒烹制。员工只需通过微信留言，就可以轻松搞定"私人定制"。食堂会提前将定制菜品用环保麦秸秆纸盒包装好，放到食堂指定位置。员工下班后就可以直接刷卡领取，彻底将员工从家庭"后厨"中解放出来。

3. 全天备餐，用爱心食堂温暖员工的"心"

高速公路员工工作性质特殊，尤其是养护、排障员工在路上出勤作业时间不固定，经常是过了饭点还未回来，有时夜里还要出勤作业，就餐极为不便，时常靠方便面和饼干等充饥。对此，高峰看在眼里、记在心里，经过多次沟通协调，拿出解决方案，在获得公司党委的大力支持下，对中心站点增配1名厨师（工），在相关服务区增加送餐服务，实行24小时备餐制度，实现食堂全天"不打烊"，彻底解决了养护和排障等特情人员、外出作业人员订单用餐问题。"我们现在出勤在外或是出勤回来，随时都能吃到热饭热菜。"刚刚处理完事故回来的盱眙排障大队排障员张虎再也不用为过了饭点而担心了。

自对食堂开展"大刀阔斧"改革以来,员工"舌尖上的幸福指数"逐年攀升。全公司员工每日在食堂就餐的人数从 2015 年的 500 人增加到了 2018 年的 1100 人,员工用餐满意度也从过去的 73.56% 上升到现在的 94.45%。公司有 6 家站区食堂分别被江苏交控系统命名为"五星级""四星级""三星级"员工满意食堂,在食堂就餐的员工越来越多,在外面吃饭的越来越少。"吃得饱、吃得好,又吃得美"的目标基本实现了。

## 三、启示

食堂管理不仅是企业后勤服务保障工作中不可缺失的重要一环,也是展示优秀企业文化的窗口。宁宿徐公司通过在食堂管理上的改革之举和创新之路,将员工饮食与企业文化相互融合,不断开创后勤保障工作新局面,致力于打造温馨、温情和温暖的"家"文化,展现了宁宿徐公司浓厚的"家的氛围""家的幸福"和"家的味道"。像"家"一样的食堂,现在不仅成为员工繁忙工作中轻松用餐的首选之地,也俨然成为员工沟通交流、举办生日聚会的文化场所。这些生动地诠释了江苏交控积极倡导的"快乐工作,健康生活"的企业理念,员工的幸福感与归属感得到有效提升,企业的凝聚力和向心力得到进一步增强,切实使员工能够以更好的精神状态和工作热情投入公司高质量发展的进程。

后勤服务改革之路未来漫长,进入数字化、快节奏时代,后勤管理工作如何开启智慧时代?如何利用智能化为企业员工提供更加优质的服务水平?如何在市场经济的撞击下获得更好的竞争优势?面对这些问题,高峰和他的管理团队仍在积极探索。